犯罪被害者支援とは何か

附属池田小事件の遺族と支援者による共同発信

酒井　肇・酒井智恵
池埜　聡・倉石哲也

ミネルヴァ書房

子どもたちへ
生まれてきてくれてありがとう

酒井　肇
酒井智恵

はしがき

二〇〇一年六月八日、私たちは、最愛の娘、麻希を犯罪によって奪われました。同時に、私たちは犯罪被害者遺族となりました。

私たちの家族が被害に巻き込まれるなど、想像すらしたこともありませんでした。何が起きたのか。これは現実のことなのか。私たちは、混乱の極みに身を置かれました。

麻希の死とともに、「すべては終わってしまった」と感じました。私たちは、ただ呆然と立ちすくむことしかできませんでした。私たちは、抑制しようのない絶望感を抱き、自分たちが生きているのかどうかさえもわからない状態に陥りました。

しかし、現実社会は、私たちに娘を亡くした喪失感に向き合う時間さえ与えてくれませんでした。葬儀の準備、警察や検察とのやりとり、群がる報道陣への対応、事件の発生現場である小学校との連絡調整、文部科学省との話し合い、刑事裁判への関わり……。経験したこともない難題が、次から次へと私たち家族に押し寄せました。そして、私たちの生活は一変しました。

私たちは、普通の生活を送ることができなくなってしまったと感じました。そのなかで、よりいっそう強い絶望感に支配されました。

これからどうなっていくのだろう――。

事件から、三年の月日が経ちました。私たちは混乱し、不安を抱えながらも歩み出しました。私たちは、もう事件の前に戻ることはできません。しかし、少しずつではありますが、自分たちの足で立ち、自分たちの手によって生活を営むようになりました。

私たちは、麻希が受けた被害の事実を知ることによって、麻希の「生きたい」という心のメッセージを受けとることができました。そして、麻希の死を無駄にしたくない、と心から思うようになりました。親として、もし麻希が生きていたとしたら費やしたであろう時間とエネルギーを、形は変わろうとも麻希のために使いたい、と願うようになりました。

でも、何をすればいいのか。その答えを簡単に得ることはできませんでした。しかし、私たちを取り巻くすべてのことに関わることによって、私たちなりにその答えを見つけることができたような気がします。

私たちは、数多くの被害者支援の恩恵を受けることができました。裁判での傍聴席の確保や意見陳述の権利、さらに警察による早期の被害者支援などです。それらは、犯罪被害や事故などで家族を亡くされた多くの方々が、これまで大変な努力をして獲得してくださったものです。

しかし、犯罪被害者支援のシステムは、まだ十分に整備されたとはいえません。さらなる充実が求められています。私たちも、これまで努力されてこられた方々の思いを引き継ぎ、被害者のために少しでも役に立ちたいと考えるようになりました。こうした思いのもと、附属池田小学校事件の遺族である私たち自身と、私たち家族の支援者である倉石哲也先生、池埜聡先生との共同で、一冊の本を書くことができました。

倉石先生は、事件直後から遺されたきょうだいへの関わりを中心に貴重な支援をしてくださった方です。倉石先生の支援がなければ、私たち家族はより深い混迷のなかに身を置かれたことでしょう。現在も、附属池田小学校との調整や遺された子どもの成長を支えてくださっています。長きにわたる支援には、本当に感謝しております。倉石先生の支援については第6章に記されています。

池埜先生は、倉石先生とのつながりからボランティアの学生の調整や支援に関わる情報提供、そして被害者支援に関する英文資料の翻訳など家族を支えてくださいました。今回の出版については、私たちの思いを十分理解してくださり、企画から長期間にわたるインタビュー、内容の検討、構成、執筆、そして校正に至るまで、度重なる私たちとのやりとりを厭わず、力を尽くしてくださいました。

本書の企画段階で、池埜先生は「最初から内容を限定せず、これまでの経験をありのままふり返ることから始めてはどうですか」と示唆してくださいました。方法としてインタビューを提示していただき、私たち二人が池埜先生のインタビューを受けることになりました。池埜先生とのインタビューは、これまでの経験を自由に話す機会となり、自分でも驚くほどさまざまな記憶や思いが湧き出てきました。池埜先生の質問によってもさらにふり返り作業が深まったと思います。

結果的に、インタビューは経験のふり返りにとどまらず、私たちにとってさまざまな思いを整理する「カウンセリング効果」をもたらしたと思います。本当にありがたい支援となりました。インタビューによって、より深く私たち自身の経験を見つめることができ、支援のあり方について掘り下げて考えることができたと感じています。池埜先生は、「被害者と支援者の共同発信」というこの本の趣旨をしっかり体現してくださいました。

この本は、犯罪被害者支援のあり方を一般化することに目的を置いていません。そうではなく、私たちと同じように犯罪被害に遭われた方々、さまざまな立場の専門家、そして同じ社会に生きる多くの方々に犯罪被害の一端を知っていただき、今後の支援の可能性と方向性について考える材料にしていただければと思い、出版しました。今後の犯罪被害者支援の発展と充実に、少しでも貢献することにつながれば、これほどの喜びはありません。

私たちは、多くの人々を混乱と悲しみに陥れた附属池田小学校事件から、「何らかの教訓を得てそれを心に刻む」ことが事件の風化防止となり、再発防止につながると思います。それが私たちにとって、「麻希の死を無駄にしない」ことにもなるのです。この本が、事件の風化を阻止する一助になることを願ってやみません。

多くの方々の支えがあったからこそ、私たちは生きる力を取り戻すことができました。事件以前から関係のある家族、肉親、友人、知人、勤務先、附属池田小学校ＰＴＡ諸氏。迷いながらも勇気をもって寄り添ってくださいました。心から感謝申し上げます。

事件があったゆえに出会った方々とは、悲しい、しかし尊い出会いでした。この事件で同じくお子様を亡くされた七遺族の方々、自ら被害者支援に携わる被害者の方々、被害者支援組織の方々、家族を支えてくれたボランティアの大学生、代理人としてではなく支援者として、時には手を引き、時には背中を押しながら私たちに寄り添ってくださった垣添誠雄弁護士と五人の支援弁護士、吉岡良治、杉本吉史、西村英一郎、喜多裕之、坂井希千与の各先生、そして、私たちの声に耳を傾け、忍耐強く寄り添ってくださった常磐大学教授の長井進先生に心から感謝申し上げます。

最後に、常に私たち家族の手に届くところで寄り添い、支え、応援し、勇気を与えてくださった私たちの家族の支援者であり、共同執筆者である倉石哲也先生、池埜聡先生に心から感謝申し上げます。ありがとうございました。

二〇〇四年六月八日

酒井　肇
酒井　智恵

犯罪被害者支援とは何か

――附属池田小事件の遺族と支援者による共同発信

目次

ルリビタ
2000、9.19
さかいまき

プロローグ

池埜　聡

はじめに

犯罪被害者への支援が語られるようになったのは、そう遠い昔ではありません。一九九五年の阪神淡路大震災によって、突発的なストレスが「心の病」を引き起こすという認識が社会に広まりました。心的外傷後ストレス障害（PTSD）[1]という精神疾患名が、新聞をにぎわすようになったのも震災以降のことです。

その後、同年の地下鉄サリン事件や一九九七年の神戸児童殺傷事件など、被害者に何の落ち度もない悲惨な殺人事件が起きました。これらの事件により、犯罪被害者は突然強いストレスに見舞われ、長期的な心理的負担や生活上の苦難に陥るという事実がようやく社会に理解されるようになりました。これは、ほんの数年前のことに過ぎません。その意味で、犯罪被害者への支援は、いまだ「萌芽期」にあるといっても過言ではないでしょう。

そのような中、大阪教育大学附属池田小学校児童殺傷事件は起きました。二〇〇一年六月八日のことです。八名の幼い命が奪われ、十三名の児童と二名の教員が負傷しました。学校内で起きた殺人事件としては、日本の犯罪史上、もっとも甚大な被害をもたらした事件といえます。

本書は、この事件で命を奪われた酒井麻希ちゃん（当時七歳）の遺族、酒井肇さん（父親）と智恵さん（母親）、酒井さんの家族支援に携わった武庫川女子大学大学院臨床教育学研究科助教授・倉石哲也氏、そして私の四人で作り上げた本です。

これまで出版された犯罪被害者支援に関する文献を紐解くと、被害者の手記か理論や支援制度を紹介した専門書の両極に分かれることに気がつきました。私たちは、ともに酒井さんの経験をふり返り、専門的な視点や理論を照

附属池田小学校旧本校舎および運動場

合させることで、具体的な被害者支援のあり方について何らかの示唆を導き出すことができるのではないかと考えました。何よりも、酒井さん自身の「子どもの死を無駄にしたくない」「他の犯罪被害者に少しでも役立つことができれば」という真摯な思いからこの本は作られました。

犯罪被害といっても、被害の質や大きさ、さらに状況などに違いがあり、一言で語ることはできません。その意味で、本書によって犯罪被害者支援を一般化することはできません。しかし、酒井さんの経験を酒井さんとともに「徹底的に」ふり返ることで、一般的な犯罪被害者支援に求められることや、回復プロセスの中で現実に起こりえる問題について理解を深めることはできると考えます。本書が、今後のよりよい犯罪被害者支援システムの構築に少しでも寄与できれば、これほどの喜びはありません。

インタビュー

「酒井さんの経験を徹底的にふり返る」。この目的を達成するため、酒井さんご夫妻との長期にわたる直接インタビューが実施されました。一人あるいは夫婦同席でインタビューに応えていただきました。インタビューアーは私が担当しています。インタビューは、二〇〇三年九月から二〇〇四年三月まで計十九回行われ、総時間は四〇時間を超えるものとなりました。酒井さんの了承を得て、すべてのインタビューはテープに録音され、逐語録化されました。

逐語録をさらにふり返り、内容分析を施しました。その結果を四人で吟味するなかで本書の構成と内容が浮き彫りにされていきました。インタビューの方法をとり、内容分析の過程をたどることで、酒井さんの事件後の経験や思いをさまざまな角度から深く掘り下げることができたと考えています。

また、酒井さんが「はしがき」に記しているように、酒井さん自身もインタビューによってこれまでの思いや考えを整理することができ、本の出版という目的を越えた「気づき」の効果もあったことがうかがえます。

共著者について

共著者である倉石哲也氏は、社会福祉学方法論を専門領域としながら、臨床心理士として家族療法や行動療法などの臨床に携わってきました。現在では、家族ソーシャルワークの見地から、子ども虐待問題や保育問題について実践・研究を行っています。

私・池埜聡は、同じく社会福祉学方法論を専門領域とし、家族療法、行動療法の臨床に従事してきました。現在は、トラウマ被害者の臨床と研究を専門領域としています。

このように、支援者側の二人は、ともに社会福祉学、なかでも臨床ソーシャルワーク（Clinical Social Work）を基盤として臨床と研究に携わってきた背景があります。本書における犯罪被害者支援への提言も、両者がもつソーシャルワークの価値基盤を反映しているといえます。

本書の構成

以下、本書の構成について説明します。

第1章では、附属池田小学校事件の概略と酒井さんに押し寄せた多くの課題や波紋を紹介します。犯罪被害による痛みだけではなく、あらゆる難題に向き合わなければならない被害者の実情を理解してもらいたいと思います。

第2章から第8章までは、どの章も五つのパートから成り立っています。酒井さんの言葉による【イントロダクション】(本文ではこの表記を省いています)、理論的な枠組みを示した【被害者支援の視点】、酒井さんの経験をまとめた【私たちの経験】、犯罪被害者支援の実践的な示唆をまとめた【今後の被害者支援に向けて】、そして支援のエッセンスをまとめた【犯罪被害者支援の窓】の五パートです。

先ほども示したように、理論と酒井さんの経験を織り交ぜるのは、本書が今後の犯罪被害者支援に少しでも役立つことをめざしているためです。そのために、次の三つの段階を設定して本書を作成しました。

① 被害の実情や回復プロセスといった側面について知識体系や理論的枠組みを示すこと。

② それら知識や理論と酒井さんの経験との間を何度も往復して検討を重ねること。

③ その検討の中から実質的な支援のあり方を抽出すること。

私たちは、この三段階のプロセスをたどることで、思いつきや勘に頼らない具体的な支援方法をより多くの人に発信できると考えました。

では、第2章以下、各章の内容について紹介していきます。

第2章は、事件発生から酒井さんご夫妻が病院に搬送された麻希ちゃんに再会するまでを「超混乱期」と呼び、その際の危機支援について考えます。犯罪被害発生時に、被害者と家族は同じ場所にいるとは限りません。この章では、被害者と家族を結ぶ支援の重要性について取り上げます。

第3章は、被害発生から通夜、そして葬儀などの喪の儀式を含む数日間を「混乱期」と呼び、酒井さんの経験をふり返ります。危機介入の原則をふまえ、混乱期における支援のあり方について提案します。

第4章は、犯罪被害者とその家族が受ける「二次被害」に焦点を当てます。とくに、酒井さんが経験された司法解剖、報道被害、そして支援者からの被害を取り上げ、二次被害の実態と防止策について検討します。

第5章は、犯罪被害者への「生活支援」について考えます。酒井さんが直面せざるを得なかった多くの難題（裁判、文部科学省との交渉など）を理解するとともに、信頼関係によって広がった支援者の協力の輪について紹介します。

第6章は、犯罪被害者への「家族支援」を取り上げます。犯罪被害が家族に及ぼす影響について整理し、酒井さんが経験した、遺されたきょうだいへの支援について言及します。

第7章は、回復をテーマに、犯罪被害者が被害経験から何らかの意味を求めるプロセスに注目します。そして、「意味の探求」が被害者の回復に果たす役割について考察します。ＤＮＡ鑑定によって麻希ちゃんの最期を知ることで、酒井さんご夫妻に起きたさまざまな変化から、意味を探求する被害者の心情と回復過程について考えます。

第8章は、同じく回復をテーマにしながら、被害者の「自律と信頼関係の再生」について考えます。アメリカ、アリゾナ州の「殺人事件遺族の会」（Homicide Survivors Inc.）を立ち上げたゲイル・リーランド氏、そしてコロラド州のコロンバイン高校で起きた銃乱射事件の遺族と酒井さんとの交流を紹介し、自律した感覚と人とのつながりの再生、そしてそれを阻む被害者への偏見問題について検討していきます。

第9章は、犯罪被害者支援の今後について、「心のケアの位置づけ」という視点から考察します。さらに、酒井さんからも今後の被害者支援について提言がまとめられています。

期待する読者

本書は、以下の方々に広く読んでいただきたいと思い、執筆されました。

・一般の方々
・犯罪被害に遭われた方、何らかの被害を受けた経験をもつ方
・被害者支援に携わる専門家やボランティア・スタッフ
・社会福祉や臨床心理の仕事に従事する専門家
・医師・看護師
・検察・警察・弁護士
・マスコミ関係者
・小中高校の教師
・小中高校のＰＴＡ
・幼稚園教員・保育士
・社会福祉学、心理学、看護・保健学、医学、保育学、教育学、教育心理学、犯罪学などの研究者、学生

できるだけ幅広い層に読んでいただけるように、わかりやすい表現と平易な言葉で文章を構成するように努めました。専門的な学びを始めたばかりの大学一年生が読解できる「読みやすさ」をめざしたつもりです。そのねらいが果たせたかどうか、読者の皆様のご判断を仰ぎたいと思います。

犯罪被害者支援とは何か――。犯罪被害者支援には、何が求められているのでしょうか。何を変えなければならないのでしょうか。附属池田小学校事件の遺族と支援者がともに考え、発信していきます。

注

（1）心的外傷後ストレス障害（ＰＴＳＤ）――生死に関わる強いストレスを受けた後、侵入症状（その体験の記憶が、当時と同じ恐怖と現実感を伴ってよみがえる）、過覚醒症状（自律神経系の緊張状態。物音などに過敏となり、落ち着かず、不安、不眠、いらだちを生じる）、麻痺・回避（体験の記憶・現実感が麻痺し、思い出させるものを無意識に避ける）の三症状が一か月以上持続するもの。持続が一か月未満のものは含まない。一九八〇年、全米精神医学協会が示した精神疾患診断マニュアルⅢ（ＤＳＭ-Ⅲ）で初めて診断名として示された（現代社会福祉辞典・有斐閣より）。

第1章 突然の閃光——事件の概要

「ママ、お勉強って、おもしろーい」

「だって、不思議なことがいろいろわかるんだもん」

そういって、私を感激させました。こんな風に思えるなんて、本当にまっすぐなんだなと。きっと私も小さなときは、こう感じたに違いないと、忘れていた気持ちを思い出させてくれる、大事な存在でした。私にとって、子どもは心の中を明るく照らす、光そのものです。子どもの笑顔に慰められ、勇気づけられます。

この日々の幸せを神に感謝していました。あの悪夢の六月八日までは。あの日の朝も、いつものように麻希と主人を送り出しました。

1 事件発生時の状況

池埜　聡

第1章では、大阪教育大学附属池田小学校（以下、附属池田小学校）での児童殺傷事件の詳細と、その後、酒井さんに押し寄せた多くの試練について取り上げます。[1] 事件は、酒井さんの愛する麻希ちゃんを奪っただけではなく、多くの波紋を呼びました。酒井さんは、ありとあらゆる困難を突きつけられたのです。酒井さんとのインタビューをもとに、ここではその波紋の全体像を紹介したいと思います。

事件発生

二〇〇一年六月八日午前十時十分過ぎごろ、附属池田小学校の校内に男が刃物を持って侵入し、児童八名（一年生男子児童一名、二年生女子児童七名）の命が奪われ、十三名の児童（男子五名、女子八名）と二名の教員が負傷しました。

附属池田小学校は、大阪府の西北部、兵庫県と隣接する池田市に位置します。池田市は、箕面山脈を背景に、人口十万人を有する大阪府のベッドタウンとして発展してきました。この閑静な住宅街に衝撃が走りました。

附属池田小学校事件の犯行状況は、図1に示されています（図1参照）。犯人は、自動車専用門（東門）から学校に侵入し、一人の教員とすれ違いながらも、校舎にたどり着きました。この教員は、体育館の横で犯人とすれ違ったとき、軽く会釈をしています。しかし、この人物を不審者だと認識することはできませんでした。犯人は、最初に一階の二年南組テラス側の入り口から担任不在の二年南組教室内に入り、五名の児童に刃物を突き刺し、五名とも死に至らしめました。

犯人は、次に二年西組に移り、教室に入ると同時に三名の児童を突き刺しました。そして、一名を死に追いやりました。さらに西組教室内で児童を追い回し、教室内や出入り口付近、そして廊下で五名の児童に次々と刃物を振るいました。そして、そのうち一名を死に至らしめました。

犯人は、さらに二年東組に向かい、教室に入って二名の児童に刃物を振るいました。この様子を見た東組の担任教員が椅子をもって追いかけたため、犯人は教室を出て校舎出入り口に向かって逃げました。その途中でも二名の児童に刃物を突き刺していきました。

犯人は、逃げる途中で一人の教員にタックルされ、取り押さえられそうになりました。しかし、この教員にも刃物を突き刺し、傷を負わせました。その際、一人の教員から椅子を投げつけられましたが、犯人はひるむことなく、さらに一年南組教室に入り、三名の児童を突き刺していきました。そのうち、一名の児童を死亡させました。このあと、犯人は教室内で刃物を振り回しているところを教員らに取り押さえられ、疲れ果てるがごとく教室内に座り込みました。そして、現場に到着した警察官に身柄を引き渡されたのです。その間、約十分弱の出来事でした。

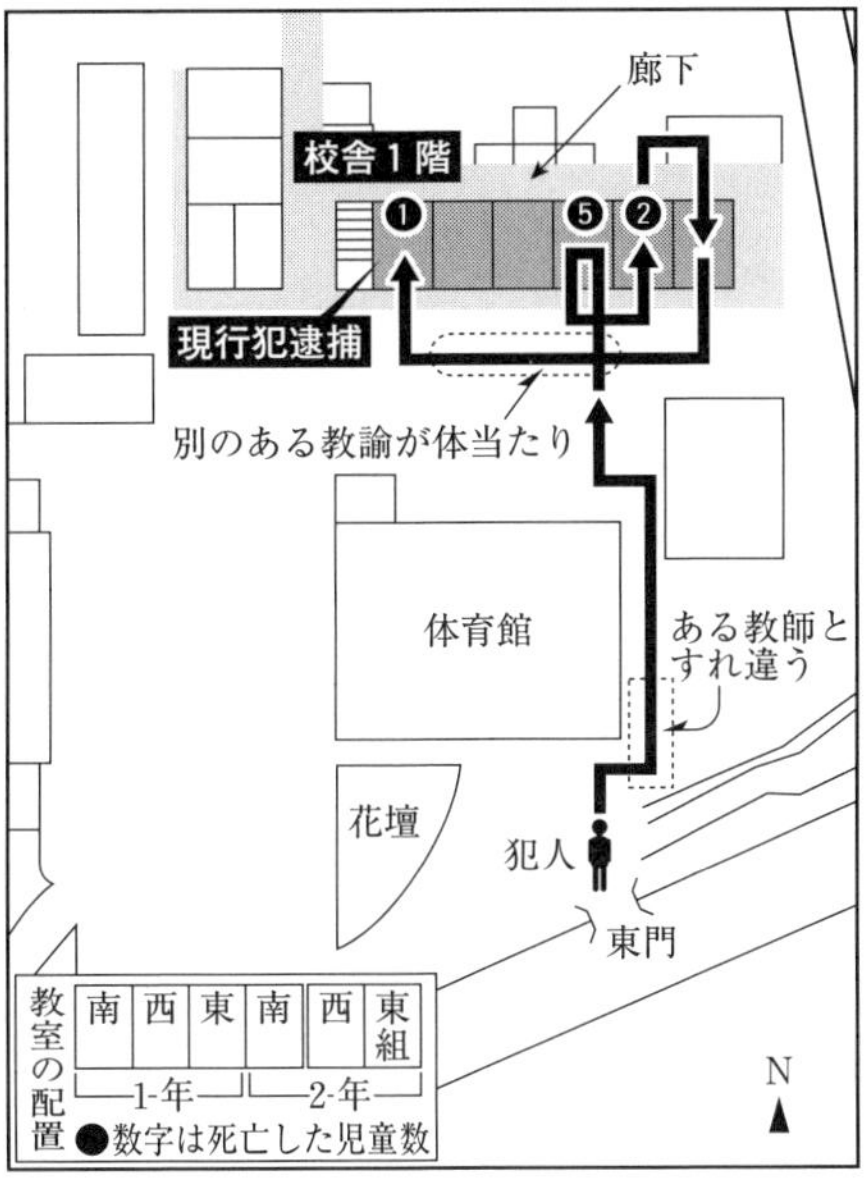

図1　犯行の経路

注：共同ニュースホームページを参照に作成，http://news/kyodo.co.jp/kyodonews/2001/osaka/rightmenu/keirozu.html

あまりに突発的で凄惨な事件であったため、現場である小学校は混乱をきわめました。警察への通報や児童の誘導、救助活動などにおいても教員や救急隊、それに警察の連携がうまく取れず、情報が錯綜しました。保護者やマスコミ対応もままならず、現場は、わが子を探す声と、救急車やパトカーのサイレン、そして、マスコミの取材ヘリコプターの音が鳴り響くばかりでした。

この混乱により、保護者に対して負傷児童の搬送先病院に関する連絡に遅れが生じ、負傷した児童に家族が再会するのにかなりの時間を要する結果となりました。

小学校という最も安全だと信じて疑わなかった場所での惨劇。この事件は、八名の幼い命が奪われるという日本の犯罪史上まれに見る凶悪な犯罪として、マスコミをはじめ世間の大きな注目を浴びることになりました。

事件の波紋

この事件は、「児童の無差別殺人」という異常性だけでは語れない、さまざまな波紋をよぶことになりました。とくに遺族に対しては、犯人の不起訴の可能性、署名活動、裁判、附属池田小学校への事件経過説明の要請、校舎改築問題、大阪教育大学との交渉、そして文部科学省との折衝など多岐にわたる難題が押し寄せました。遺族にもたらしたこれらの波紋は、図2のように示すことができます（図2参照）。また、これらの課題を時系例・対象別に整理したものが15頁の表1となっています（表1参照）。

以下、遺族に押し寄せた課題について一つひとつ概略を示し、どのように対処されたのかについて見ていきたいと思います。

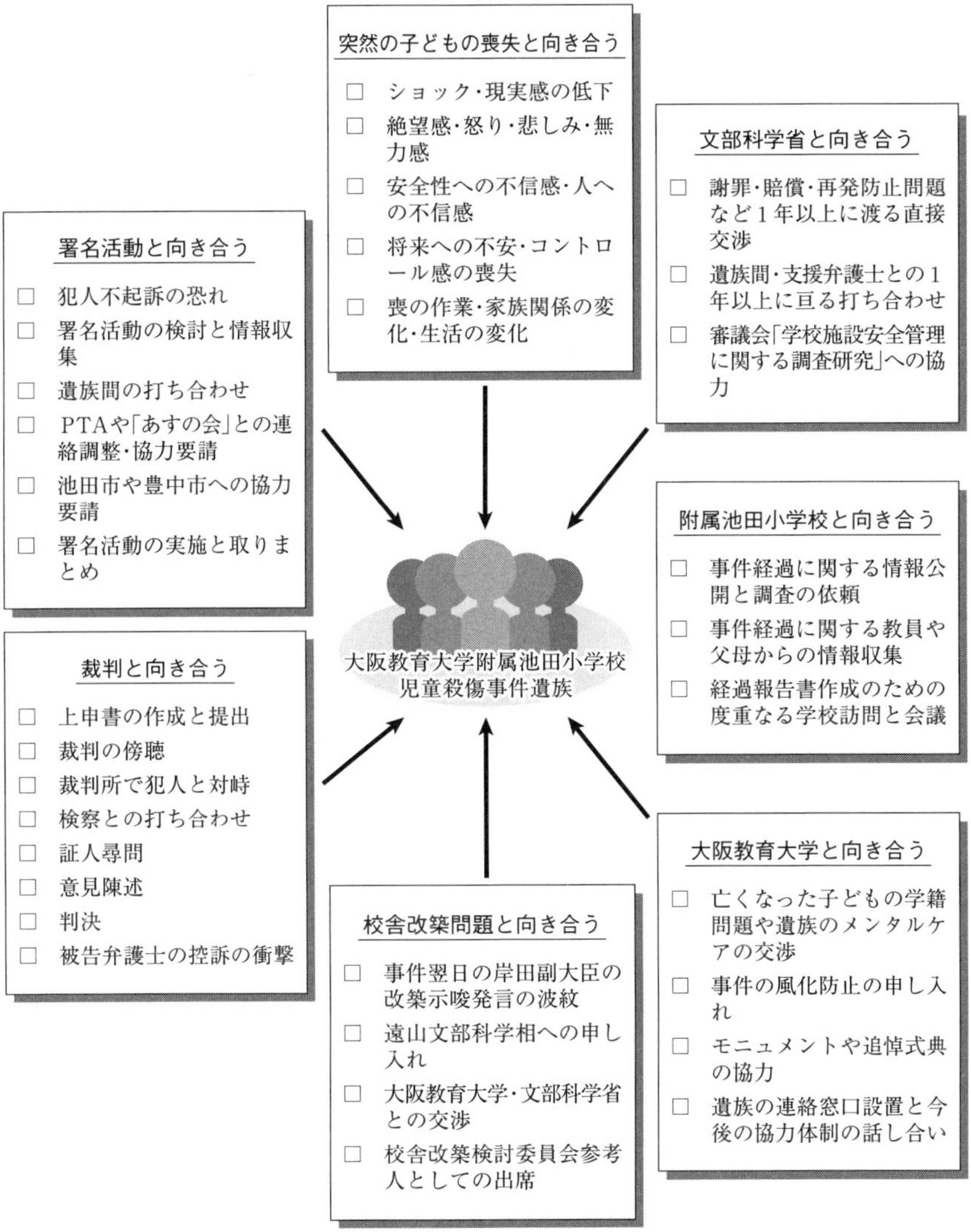
突然の子どもの喪失と向き合う
□ ショック・現実感の低下
□ 絶望感・怒り・悲しみ・無力感
□ 安全性への不信感・人への不信感
□ 将来への不安・コントロール感の喪失
□ 喪の作業・家族関係の変化・生活の変化
文部科学省と向き合う
□ 謝罪・賠償・再発防止問題など１年以上に渡る直接交渉
□ 遺族間・支援弁護士との１年以上に亘る打ち合わせ
□ 審議会「学校施設安全管理に関する調査研究」への協力
署名活動と向き合う
□ 犯人不起訴の恐れ
□ 署名活動の検討と情報収集
□ 遺族間の打ち合わせ
□ PTAや「あすの会」との連絡調整・協力要請
□ 池田市や豊中市への協力要請
□ 署名活動の実施と取りまとめ
附属池田小学校と向き合う
□ 事件経過に関する情報公開と調査の依頼
□ 事件経過に関する教員や父母からの情報収集
□ 経過報告書作成のための度重なる学校訪問と会議
大阪教育大学附属池田小学校
児童殺傷事件遺族
裁判と向き合う
□ 上申書の作成と提出
□ 裁判の傍聴
□ 裁判所で犯人と対峙
□ 検察との打ち合わせ
□ 証人尋問
□ 意見陳述
□ 判決
□ 被告弁護士の控訴の衝撃
大阪教育大学と向き合う
□ 亡くなった子どもの学籍問題や遺族のメンタルケアの交渉
□ 事件の風化防止の申し入れ
□ モニュメントや追悼式典の協力
□ 遺族の連絡窓口設置と今後の協力体制の話し合い
校舎改築問題と向き合う
□ 事件翌日の岸田副大臣の改築示唆発言の波紋
□ 遠山文部科学相への申し入れ
□ 大阪教育大学・文部科学省との交渉
□ 校舎改築検討委員会参考人としての出席

図２　事件後，遺族に押し寄せた多次元の課題

2 押し寄せる波

池埜　聡

犯人について

犯行の異常性と動機は、事件直後から多くの専門家によって議論され、犯人に関する情報がマスコミ各方面で報道されました。過去に例を見ない、幼い子どもをターゲットにした無差別殺人であり、事件直後から「犯人の精神状態に何らかの問題があったのではないか」という推測が飛び交いました。犯人の生い立ちや犯罪歴から統合失調症などの精神障害の疑いがもたれ、不起訴になる可能性もささやかれました。

犯人は過去、何度も精神科医にかかり、入退院を繰り返してきました。その都度、神経症や精神分裂病（統合失調症）といった異なった診断を受けています。また、数回の逮捕歴を有し、犯行当時も精神障害による影響が疑われました。弁護側は、事件当時の被告の精神状態について「心神喪失状態で責任能力はない」などと主張しました。

一方、検察側は、争点の刑事責任能力について、捜査段階で最初の精神鑑定を行い、「情性欠如者（人間らしい良心をもたない者）で妄想性、非社会性など複数の人格障害は認められる」[2]としながら「意識障害はなく、事件時は（刑事責任を問えない）精神病ではなかった」という鑑定結果を得ました。

その結果を踏まえ、二〇〇一年九月、犯人を殺人および殺人未遂などの罪で起訴するに至ったのです。公判中も二回目の精神鑑定を行い、同様の鑑定結果を得ています。

署名活動と向き合う

犯人の不起訴処分になる可能性に対し、被害者遺族は、模倣犯の出現を食い止め、このような悲しい出来事を二

表１　酒井さんの事件後の対応（時系列・対象別）

		署名運動	裁判	附属池田小学校	校舎改築問題	大阪教育大学	文部科学省	支援者との出会い
2001年	6月	遺族初顔合わせ	警察調書作成開始	第１回保護者説明会（遺族不在） 副校長弔問：事件の状況説明 第２回保護者説明会 遺族初顔合わせ	保護者会にて，文部科学省：事件対策部長：岸田文雄副大臣（当時）より校舎建て替えの示唆 保護者会にて，校舎建て替えに対し，慎重な審議を行うことを要請			大阪府警・被害者支援対策室担当・婦警２名の支援開始(18日まで)，幼稚園の先生，ピアノの先生，友人，親類。葬儀会社の担当者 幼稚園Ｉ先生，倉石来宅：支援開始
	7月	「八人の天使の会」発足 署名活動開始	警察調書提出	第１回遺族説明会		遺族側と大学側の会合（01年12月まで計10回開催）	遠山文部科学大臣面談（要望書提出）	全国犯罪被害者の会メンバー弔問 長井先生とメールでの相談開始。「小さな家」主宰・大久保恵美子さん・井上さんご夫妻を紹介される ボランティア大学生２名，倉石来宅：支援開始
	8月		検事調書作成 検事調書提出		「大阪教育大学附属池田小学校校舎改築検討委員会」設置			長井先生，大久保恵美子さん：遺族の集まりに招聘，支援開始
	9月	大阪地検宛ての62万通の署名（犯人の起訴と厳罰を嘆願するもの）提出	刑事裁判開始：大阪地検が「殺人及び殺人未遂の罪」で起訴 上申書提出		「大阪教育大学附属池田小学校校舎改築検討委員会」第１回委員会開催		継続的なやりとり	大阪府警：ＤＮＡ鑑定結果説明
	11月			保護者に対する，学校からの報告書提出				
	12月	文部科学省宛ての90万通の署名（学校における安全対策の検討を嘆願するもの）提出	初公判（以降裁判の大まかな流れは表２を参照）					垣添弁護士と初面談
2002年	2月				第10回（最終回）開催			
	3月						遺族・文部科学省の初回会合（03年５月まで計10回開催：２回目以降，長井教授と垣添弁護士が加わる）	
	4月				第１回校舎設計諮問会議			
	5月							殺人事件遺族の会ゲイル・リーランドさんとの出会い：アメリカ／フェニックスにて コロンバイン高校遺族（ドーン・アナさん含む）と面会・コロンバイン高校訪問:アメリカ・デンバーにて
	7月							池埜との面談：支援開始
	11月				第９回校舎設計諮問会議			
2003年	6月		結審				合意書取り交わし	
	8月		死刑判決					
	9月		被告弁護団による控訴手続き・犯人本人による控訴取り下げ・死刑判決の確定					本著のためのインタビュー開始：池埜

度と繰り返さないためにも、犯人を起訴し罪を償ってもらいたいという声明を出しました。

この希望をかなえるため、八遺族や附属池田小学校のPTAが立ち上がり、二〇〇一年七月に「八人の天使の会」が作られ、署名活動が展開されました。署名活動は、①大阪地方検察庁（大阪地検）検察官ならびに大阪地方裁判所裁判官に宛てた犯人の起訴と厳罰を願い出るもの、そして②当時の文部科学大臣、遠山敦子氏に宛てた学校における安全対策を講じるための本質的な検討を願い出るもの、といった二つの問題に分けて実施されました。

署名を求める願い書、そして大阪地検ならびに文部科学大臣に宛てた嘆願書は巻末の資料一（6頁）および資料二（7頁）に記載しています。遺族の思いに賛同した多くの人々が、「八人の天使の会」や小学校へ郵送で署名を送付しました。附属池田小学校のPTAが街頭で署名活動を展開したり、「全国犯罪被害者の会（あすの会）[3]」も活動に協力するなど支援の輪は広がり、さらに多くの署名が集まることになりました。

また、遺族ならびに当時のPTA・大谷一哉会長を中心として、大阪府池田市、箕面市、宝塚市、豊中市の各教育委員会にも提出するとともに署名活動への協力を要請し、賛同を得ることになりました。

最終的に、大阪地検宛ての署名（犯人の起訴と厳罰を嘆願するもの）は、全国から六二万通あまりが集まり、二〇〇一年九月十七日、遺族から大阪地検に提出されました。また、文部科学省宛ての署名（学校における安全対策の検討を嘆願するもの）は、その三か月後の二〇〇一年十二月十七日に文部科学省に提出されました。この署名は、最終的に九〇万通を越えるものとなりました。大阪地検に署名を提出した後、遺族の「八人の天使の会」から全国の署名活動に協力した人々に向けて声明が出されています。その内容は資料三（8頁）に記載されています。

裁判と向き合う

捜査段階での精神鑑定の結果を受けて、犯人は二〇〇一年九月十四日、大阪地検に起訴され、刑事裁判が開かれ

表２　大阪教育大学附属池田小学校児童殺傷事件の裁判経過

2001年12月27日	初公判 罪状認否　検察側の冒頭陳述　遺族調書も要旨告知
2002年１月７日	第２回公判 弁護士側の冒頭陳述
１月31日—３月28日	第３回公判—第６回公判 過去に被告を診察した医師の証人尋問
４月11日	第７回公判 精神科医の証人尋問　被告の父親，元妻らの供述調書要旨告知
５月23日	第８回公判 被告の父親証人尋問内容の開示
６月13日	第９回公判 被告供述調書の要旨告知　元妻らの証人尋問内容の開示
６月27日—８月８日	第10回公判—第13回公判 被告人尋問
９月12日—９月26日	第14回公判—第15回公判 担当医師の証人尋問
10月10日—10月24日	第16回公判—第17回公判 遺族証人尋問（４児童の父母８人）
2003年１月23日	第18回公判 遺族の意見陳述（３児童の父母５人）
３月13日—３月28日	第19回公判—第21回公判 精神鑑定担当者らの証人尋問
４月11日	第22回公判 精神鑑定担当者らの証人尋問，教員の意見陳述，被告人質問。 証拠調べ終了。
５月22日	第23回公判 論告求刑　死刑求刑
６月26日	第24回公判 弁護側の最終弁論　被告最終陳述 結審
８月28日	判決（死刑判決）
９月10日	被告弁護団による大阪高等裁判所への控訴手続き
９月26日	被告自身による控訴取り下げ 死刑判決の確定

ることになりました。初公判は年の瀬の二〇〇一年十二月二十七日に設定されました。結局、翌々年の二〇〇三年八月二十八日に判決が出されるまで、約二年三か月の間、計二十四回の公判が大阪地方裁判所で繰り広げられました。裁判の大まかな流れについては、表2に記されています（表2参照）。

二〇〇一年九月、事件から約三か月経過した時点で、犯人は大阪地検に起訴されたことになります。起訴をうけ、八遺族はそれぞれ、検察官および裁判官に対して「上申書」を提出しています。上申書とは、犯罪被害者やその遺族が、検察官や裁判官に対して犯人の起訴や厳正な処罰を請願するための書類であり、被害者や家族の現状、心情などを含め、具体的な要望をまとめたものを指します。

上申書では、生前の子どもたちの思い出、そして犯人の自己中心的で短絡的な動機によってわが子の命を奪われた悔しさ、悲しみ、怒りなどが率直に述べられています。犯人に対して極刑をもってしても子どもの苦しみや悔しさ、そして家族としての喪失感は償えるものではない、という思いが明確に記されています。ここで、酒井さんの上申書に盛り込まれた言葉の一部を紹介しましょう。

「この世で麻希が最後に見たものは何だったのでしょう。恐ろしい殺人鬼ではなく、大好きだった自然観察園を見下ろせる校庭の風景だったことを望むばかりです。私たちが愛して大切に大切に育ててきた我が子が、こんな惨いかたちで、いとも簡単に殺されてしまうなんて、どんな理由があっても決して許すことなどできません。夢と希望に満ち溢れ、生きて生きて生き抜きたかった子どもの命を奪うに値する理由など、どこにもあるはずがありません。麻希は、犠牲になるために生まれてきたわけではありません。生きるために生まれてきたのです」

（酒井智恵・上申書より抜粋）

麻希ちゃんが大好きだった附属池田小学校内の自然観察園

「私が死して、たとえ魂だけになっても、もし、死後に魂さえも存在しないのがこの宇宙の定めであるとしても、永遠に私は犯人を許しません。自己の一方的なわがままで、私の家族、両親、親戚、友人・知人、私を知るすべての人にこの苦しみと悲しみを与えた罪は、その死をもってしても償えるものではありません」（酒井肇・上申書より抜粋）

このような率直な遺族の気持ちとともに、亡くなった子どもや家族の写真を添付した上申書が、八遺族それぞれから大阪地検に提出されたのです。上申書だけではなく、各家庭で生前に撮られた八人の子どもたちの映像を編集したビデオテープも提出されました。

現在の日本の司法制度においては、刑事裁判では遺族は原告になり得ません。被告である犯人と対峙するのは検察であり、国です。国家が、刑事事件を起こした被告を裁くのが刑事裁判なのです。法廷では、遺族は基本的に傍聴人という立場にしかなり得ないのです。しかし、遺族としては、手をこまねいて裁判の成り行きを傍観してはいられなかったことでしょう。検察官、ならびに裁判官に自分たちの思いを伝えたい。その気持ちが酒井さんの上申書から伝わってきます。

公判が始まっても、犯人からは、謝罪はおろか反省の態度すら見ることはできませんでした。それどころか、「反省の気持ちはない」「世の中のやつは全部敵や」「謝罪する気持ちはない」「幼稚園ならもっと殺せた」といった暴言を法廷で吐き続けました。

裁判では、遺族の証人尋問と意見陳述(4)が許され、八遺族が裁判に直面しました。どの遺族も生前の子どもとの関係、事件の衝撃と痛み、犯人への怒りと極刑を望む気持ちを示したのです。これら遺族の証言を受けても、犯人は「立場を置き換えて、自分だったら（被告から）謝罪されても何とも思わない」と答えるなど、反省はおろか検察官に食ってかかるありさまでした。

二〇〇三年六月二十六日に結審し、二か月後の八月二十八日、裁判官は被告の刑事責任を全面的に認め、死刑判決を下しました。被告人弁護団は、九月十日に控訴の手続きをしましたが、被告本人が控訴を取り下げ、死刑判決が確定するに至りました。このとき、事件から約二年二か月の月日が流れていました。

死刑判決を受け、「判決を迎えた『八人の天使たち』の親の思い」と題して八遺族から声明が出されました。その内容は資料四（9頁）に記してあります。このメッセージには、死刑判決をもってしても、子どもが受けた痛みや遺族の苦悩は償うことはできない、まして被告の傍若無人の態度は許されるものではない、という遺族の心情が如実に盛り込まれています。

附属池田小学校と向き合う

酒井さんが、附属池田小学校関係者から初めて事件経過の説明を受けたのは、事件から五日経った六月十三日のことでした。しかし、このときは事件がどのような経緯で起こり、なぜ八名もの尊い命が奪われなければならなかったのか、詳細は何一つわからない状態だったと聞きます。

さらに五日後の六月十九日に行われた保護者説明会では、事件の詳しい事実確認と、それを実現させるための情報公開・情報収集の要望が遺族から附属池田小学校に出されました。遺族にとって、犯人逮捕は事件の終わりを意味しませんでした。遺族は、一刻一刻の時間経過の中で、わが子の身に何が起こり、なぜ命を奪われたのか、事件のすべてを知りたいという思いを抱いたのです。

事件に関する事実確認には、大変な時間と労力が必要となりました。遺族説明会と称して、すべての教員を交えた事実のすりあわせを行う会合が何回ももたれました。また、電話や電子メールでの情報のやり取りは絶え間なく続き、何度も記録の改訂がなされました。

最終的に学校から報告書としてまとめられたのは、二〇〇一年十一月八日のことです。すでに事件から五か月が経過していました。このように、遺族の強い要望でようやく実行に移された事件の事実確認作業も難航を極め、子どもを失った痛みや悲しみを抱える遺族にさらなる重圧を加える結果となったのです。

校舎改築問題と向き合う

事件が生じた校舎の建て替え問題については、事件翌日（二〇〇一年六月九日）、文部科学省から事件対策部長として派遣された当時の岸田文雄文部科学副大臣が保護者会で、建て替えを示唆したことに端を発します。当然のことながら、どの遺族も保護者会が行われるという連絡を受けておらず、遺族不在のまま校舎建て替えの話が先行しました。

校舎は、遺族にとって亡くなった子どもが最後の時を過ごした場所です。事件の忌まわしい記憶だけではなく、友だちと遊んだり先生と一緒に学んだりした大切な記憶や思い出が込められた場所でもあります。また、遺族は、校舎を建て替えてしまうことによって、事件の風化を促進させてしまうという危惧も抱いていました。

二〇〇一年六月十九日に附属池田小学校主催の保護者説明会が再度開催されました。これを受け、遺族の立場から校舎建て替えについて慎重な審議を行うよう、要望が出されました。

遺族側は、校舎建て替えに反対を表明し、理由として三点を挙げました。それらは、①子どもたちの思い出が詰まっている場所である、②校舎建て替えは事件の風化につながる、そして③安易に建て替えを進めるのではなく事件の事実確認と安全管理体制の検証を行うべきである、とまとめられます。

その後、約二か月の間、附属池田小学校関係者、大阪教育大学関係者、そして遠山文部科学相らとの懇談の機会をとらえ、遺族からあらためてこの三つの理由が示され、建て替えの見直しが要望されました。

これらの経過をふまえ、二〇〇一年八月八日、校舎の取り扱いを諮問する「大阪教育大学附属池田小学校校舎改築検討委員会」が設置されるに至りました。この委員会は大阪教育大学学長の決裁で大阪教育大学内に設置され、安井義和大阪教育大学附属学校部長を主査とし、学識経験者も交え、計九名の委員で構成されました(5)。

第一回目の委員会は二〇〇一年八月三十日に行われ、その後、翌二〇〇二年二月三日まで計十回の委員会が開催されました。二〇〇一年九月三十日に開かれた第三回目の委員会では、八遺族から計十五名の父母が参加し、遺族としての意見を述べる機会も設けられました。さらに、各学年代表六名の保護者およびＰＴＡ役員五名も同じく意見を述べることになりました（大阪教育大学、二〇〇二）。

この委員会による検討の結果、事件が起きた南校舎の全面建て替えという案は見直され、一部改築という方向性が示されました。委員会の最終報告書には、以下の文言が記されています。

「亡くなった子どもたちを思い続けることの意義、また事件を忘れない責任、社会の不正に屈しない理念を大切にするためにも南校舎の骨格を変えることなく改修整備することが望ましい」（大阪教育大学、二〇〇一）

残された子どもたちが校舎を見たり、そばに近づくことでフラッシュバックなどの苦痛が生じないように、一階を普通教室から交流スペースなどに改修される案がまとめられました。同時に、事件の風化の阻止と、学校の安全を永遠に願うモニュメントの設置も提案されました。さらに、安全対策を万全にするため、警備員の配置や監視通報システムなどの安全装置も完備されることになりました。

この委員会の報告書をうけ、附属池田小学校において、「校舎設計諮問会議」が構成され、二〇〇二年四月二十日から二〇〇二年十一月二十一日まで計九回の会議がもたれました。構成メンバーは、当時の校長、副校長、校舎改築委員会代表（附属池田小教員）、ＰＴＡ職員代表、遺族、負傷児童の保護者、ＰＴＡ代表（会長、副会長など）といった面々でした。この会議で、具体的な改築の方向性が話し合われました。

大阪教育大学と向き合う

事件後、八遺族は、学校における亡くなった子どもの扱いや遺族のメンタルケアなどについて、附属池田小学校の母体である大阪教育大学との交渉を余儀なくされました。犯人は事件当日に逮捕されましたが、事件が起こった背景や犯行の実態は、事件後数か月経っても不明な点が多く残されていました。教職員が安全管理指針に基づいて責任ある行動を果たしたかどうか、という点についても疑問が残されたままでした。

このような状況の中、事件の事実確認と遺族への今後の対応について、遺族側と大学側との間で検討する必要が生じました。事件から約一か月経った二〇〇一年七月二十一日、大学側は副学長、附属部長、校長らが参加し、八遺族との間で初めての会合がもたれました。

それ以降、二〇〇一年十二月までの約半年間、十回ほど会合がもたれました。そして、最終的に八項目に関する互いの確認事項をまとめるに至りました。八項目とは、亡くなった子どもの卒業までの学籍に関すること、遺族へのメンタルケア、遺族との連絡窓口、事件の風化防止、モニュメント建設、亡くなった子どもの兄弟姉妹へのサポート、追悼式典、そして今後の協力体制に関すること、といった項目です。

文部科学省と向き合う

この事件は、単独犯行による無差別の殺人・傷害事件であり、犯人は、死刑が確定しました。しかし、安全だと信じて疑わなかった小学校で、このような単独犯に容易く校舎に侵入され、多くの児童の命が奪われたのも事実です。小学校の安全管理に問題はなかったのか、通報体制は機能したのか、事件後の救急対応は効果的に行われたのか、避難誘導は万全だったのか、などの点について遺族は明らかにしたいと切望しました。

事実、一九九九年十二月二十一日に京都市立日野小学校で起きた児童殺害事件の後、(6)文部科学省（以下、文科省）から附属学校を置く国立大学長に対し、安全管理に関する通知が出されていました。安全管理が徹底されていなかった事実は重く受けとめられるべきものでした。

文科省の通知後においても、二〇〇〇年一月の和歌山県かつらぎ町立妙寺中学校における不審者の校内侵入による生徒殺人未遂事件(7)などが発生していました。それにもかかわらず、通知の内容は置き去りで、附属池田小学校では、教職員に対して通知の内容を一度口頭で伝えたに過ぎませんでした。

このように、過去においても学校内で凶悪事件が起きており、それに伴う文科省からの安全管理通知があったのです。それにもかかわらず、安全対策が徹底されていなかったことが今回の事件を発生させ、被害の拡大を招いたのではないかという問題が提起されたのです。

事件が起きた附属池田小学校は、大阪教育大学教育学部の附属であり、国立の小学校でした。つまり、この小学校を管轄するのは国であり、文科省が担当となります。そのため、酒井さんを含む八遺族は、文科省と粘り強い交渉を重ね、結果として安全管理義務を怠ったことに対する謝罪と損害賠償、そして再発防止に向けた具体的な方針と安全管理に関する合意書を取り交わすことになりました。この合意書の本文および別紙として添えられた事件の概要は資料５（11頁）に掲載しています。

遺族と文科省間の交渉は、事件から一年を迎えようとする二〇〇二年三月に初めて会合がもたれ、それ以降二〇〇三年五月まで計十回にわたって会合がもたれました。そして、事件からちょうど二年経った二〇〇三年六月八日に、合意書が取り交わされています。この期間、刑事裁判も始まり（二〇〇一年十二月二十七日）、公判が続けられていました。遺族は、子どもを突然奪われた悲しみと怒りを抱き、傍聴や証人尋問などと向き合いながら、同時並行で文科省との交渉を積み重ねてきたことになります（15頁、表１参照）。

文科省との交渉二回目からは、犯罪被害者支援に詳しい長井進教授（常磐大学）と、弁護士として被害者支援に実績のある垣添誠雄弁護士も加わりました。遺族と専門家がチームとして協力し、合意書に含まれている項目について実質的な交渉が続けられたのです。

一方、「遺族は文科省の安全管理義務を怠ったことに対する損害賠償だけをめざしたのではない」という点を、ここで強調しておくべきでしょう。国を相手にした民事訴訟などは遺族の念頭になかったと聞きます。国や文科省を糾弾することが目的ではなかったのです。

この事件の真相解明と支援のあり方の反省、そして二度とこのような事件を起こさないための徹底した安全管理体制の構築について、遺族は真正面から話し合いたいという希望をもたれていました。垣添弁護士らも加わりましたが、決して代理人交渉のような役割を担うためではありませんでした。あくまでも司法の専門家として遺族の思いを効果的に文科省に伝えるための「支援者」としてその場に臨席したのです。

以上、附属池田小学校事件の概要と、事件後、遺族が向き合わざるを得なかった問題について概略をまとめました。遺族は、突然の閃光のごとく、事件に巻き込まれ、日常を引き裂かれました。遺族を待ち受けていたのは、わが子を人の手によって、それもきわめて自己中心的な動機で奪われるという信じ難い衝撃や苦悩だけではありませんでした。裁判、小学校、大学、文科省と向き合いながら事件の解明と学校の安全管理のあり方を粘り強く問いかけていったのです。その苦難は、想像を絶するものといっても過言ではないでしょう。

最後に、二〇〇三年六月八日、事件から二年後、附属池田小学校で行われた追悼集会「祈りと誓いの集い」に際して、遺族から寄せられたメッセージ（酒井さん作成）を紹介します。今後二度とこのような事件を起こさせないために、安全で安心できる学校作りに努めていく誓い、そして多くの方々への感謝の気持ちが記されています。このメッセージは巻末の資料6に記載されています（17頁）。

注

（1）事件の概要は、遺族と文部科学省との間で交わされた「合意書」に記載されている事件経過をもとに作成されています。この事件経過は、裁判における検察側の冒頭陳述、附属池田小学校長作成の「学校の教育責任に関する反省点（事件後五か月時点）」および「事件の経過および教職員の行動と課題」をもとにまとめられています（http://www.8angels.net）。

（2）人格障害——認知、感情性、対人関係機能、衝動の制御などの領域において、平均からの偏りが著しく大きく、柔軟性を欠くために、青年期ごろから持続的に苦痛や対人関係の問題を引き起こす状態。全米精神医学協会が示した精神疾患診断マニュアルⅣ（DSM-Ⅳ）では、境界性人格障害、分裂病型人格障害、反社会性人格障害、演技性人格障害など十型を特定している。純粋に人格障害のみを呈する場合のほか、他の精神疾患と合併することもある（現代社会福祉辞典・有斐閣より）。

（3）全国犯罪被害者の会（あすの会）――犯罪被害者自らが権利と被害回復制度の確立を求めて設立した会。犯人の逆恨みによって妻を奪われた岡村勲弁護士を代表とし、二〇〇〇年に設立された。犯罪被害者の権利の確立、被害回復制度の確立、実際の被害者の支援、被害者の実情や権利擁護に関する啓発活動、シンポジウムの開催などを全国規模で実践している（全国犯罪被害者の会（あすの会）・http://www.navs.jp/index.html）。

（4）証人尋問と意見陳述――犯罪被害者の権利を保護するための「犯罪被害者等の保護を図るための刑事手続きに付随する措置に関する法律案」（犯罪被害者保護法案）と、刑事訴訟法、検察審査会法の改正案（「犯罪被害者保護関連三法」）が、二〇〇〇年五月十二日参院本会議において全会一致で可決、成立した。この法改正で、従来、証人として出廷し、質問に答えることしかできなかった被害者が自らの意思で心情を述べることができる「意見陳述権」が認められた。

（5）校舎改築委員会のメンバーは以下の通りである（肩書きは委員会構成時のもの）。主査＝安井義和（大阪教育大学附属学校部長）、副主査＝舟橋國男（大阪大学大学院工学研究科教授）、委員（五十音順）＝大谷一哉（大阪教育大学教育学部附属池田小学校ＰＴＡ会長）、瀬渡章子（奈良女子大学生活環境学部助教授）、竹内脩（大阪府教育委員会教育長）、長井進（常盤大学人間科学部教授）、藤森和美（聖マリアンナ医学研究所カウンセリング部長）、矢野克巳（大阪教育大学教育学部附属池田小学校副校長）、山根祥雄（大阪教育大学教育学部附属池田小学校長）

（6）京都市立日野小学校児童殺害事件――一九九九年十二月二十一日、京都府伏見区日野小学校の二年生の児童（当時七歳）が、同校庭で若い男に刺殺された事件。付近にはナイフ・農薬容器・金槌・塗料缶・枕カバー・手書きのコピー六枚（犯行声明）が落ちていた。この犯行声明は、日野小学校に恨みがあること、捜さないでほしいことが記載され、最後に自分を認識する記号として「てるくはのる」と書いてあり、「てるくはのる事件」と呼ばれることもあった。犯人は捜査過程で自殺を図り死亡した。

（7）和歌山県かつらぎ町立妙寺中学校生徒殺人未遂事件――二〇〇〇年一月十一日、和歌山県かつらぎ町立妙寺中学校で、野球部の練習を終えて着替えていた少年が、侵入してきた男に、持っていた包丁（刃渡り約二十㎝）でいきなり切り付けられ、少年は首に約三週間のけがを負う。男はそのまま逃げたが、一一〇番通報で駆けつけた同県警妙寺署員が自宅にもどっていた同町内の無職の男を、殺人未遂と銃刀法違反の疑いで現行犯逮捕した。

第2章

「超混乱期」における支援——家族と被害者を結ぶ支援

報道陣は、どの子がどの病院に搬送されたか、すでにつかんでいました。そして、大挙して病院に到着していました。警察もそう……。警察も知っている。報道陣も知っている。知らないのは被害者だけ。でも私たち被害者には「一刻も早く肉親のもとに駆けつけたい」という心の叫びがあるのです。

「犯罪被害は、何の前ぶれもなく突然襲ってくるもの」

言葉にするとごく当たり前のことのように聞こえます。しかし、附属池田小学校事件の被害者遺族になり、「犯罪被害は、何気ない日常の中で誰にでも起こり得るのだ」という当たり前の現実を、わが身をもって体験することになりました。

今回の事件で、私たちは最愛の娘、麻希を亡くしました。ずっと続くと信じて疑わなかった家族の営み。そこに突然暴漢が侵入し、何よりも大切な娘の命を奪い去ったのです。まるで、きちんと用意した夕食のテーブルが、いきなり他人によってひっくり返され、粉々にされたかのようでした。

この瞬間からさまざまな困難に立ち向かう日々が始まりました。散在した夕食をどうにかして元に戻し、再び家族として歩んでいくために。

1 被害者支援の視点

池埜　聡

いよいよ本章から、酒井さんの経験を一緒にふり返り、犯罪被害者支援のあり方について考えていきます。

第2章では、「被害直後」の支援について考えます。酒井さんの実体験をより深く理解するため、まず犯罪被害がもたらす「危機」の基本的なとらえ方を示します。そして「危機介入」と呼ばれる危機時の支援の原則について紹介します。

本章では、とくに事件発生後、酒井さん夫婦が麻希ちゃんに再会するまでを「超混乱期」と呼びます。そして、犯罪被害に遭った、まさにその瞬間から広がる支援の可能性について考えてみたいと思います。

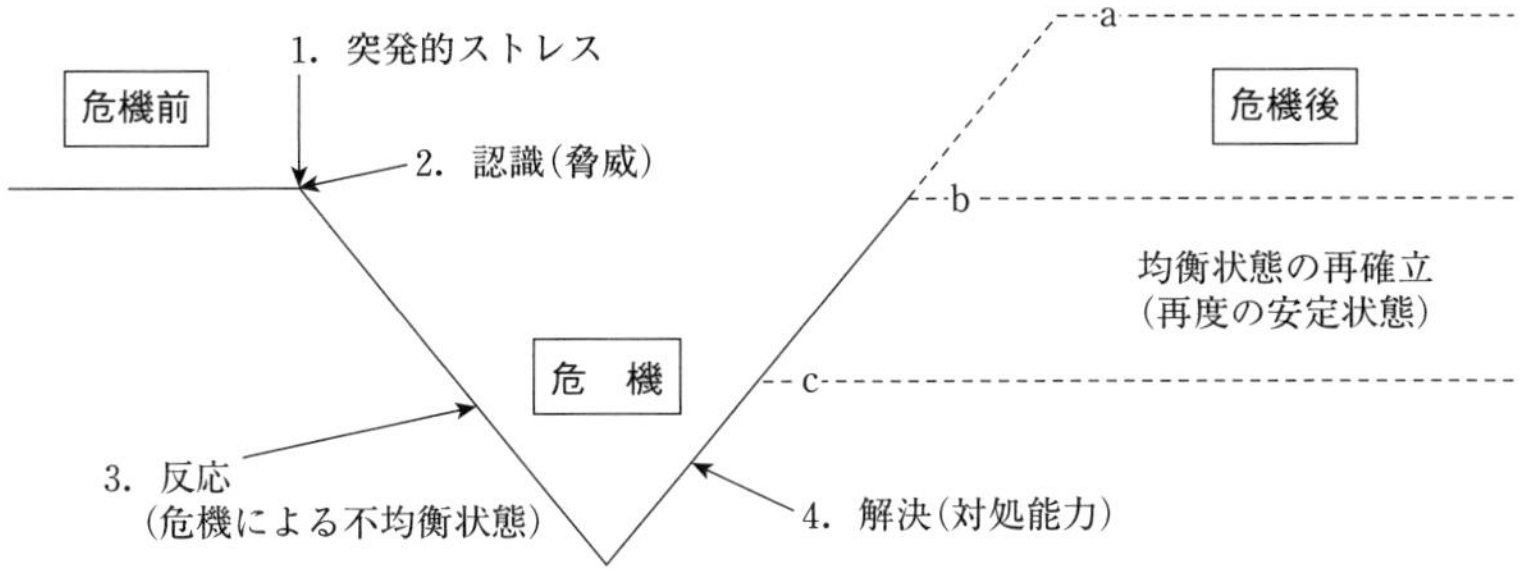

1. 突発的ストレス（出来事の引き金）
2. 認識（人生の目的，親密な関係，安全への脅威）
3. 反応（不均衡をあらわした危機状況）
4. 解決（危機への，適応的あるいは不適応的な克服作業）
    a. 危機後の新しい均衡は危機前の安定状態よりよい。
    b. 危機後の均衡は，危機前状態とほとんど同じ。
    c. 危機後の新しい均衡状態は危機前状態よりよくない。

図3　危機のジェットコースター

Parad, H.j., & Parad, L.G. (1999). *Crisis intervention book 2 : The practitonner's sourcebook for brief therapy.* Manticore Publishers. 河野貴代美訳（2003）.『心的外傷の危機介入：短期療法による実践』金剛出版（pp. 16）から引用。

危機について

犯罪被害に巻き込まれること、それは、まわりの急激な変化と、それに伴う強いストレスを意味します。その状況は、よく「危機」という言葉で表されます。

危機という言葉から何が連想されるでしょうか。突発的、大変、差し迫るもの、ショック、混乱、不安、死、けがといったイメージでしょうか。あるいは、個人的な体験を思い出す人もいるでしょう。

社会福祉学や臨床心理学など、人の支援を目的とした専門分野は、古くから人々の直面する「危機」について研究を重ねてきました。その成果の一つとして「危機理論」が構築されています（Caplan, 1964 ; Taplin, 1971）。

危機理論では、危機を以下のように定義しています。

「一時的な動揺や混乱状態を表し、これまでつちかってきたさまざまな困難に対する対処方法を駆使してもうまく乗り切ることのできない特殊な状況で、良い悪いにかかわらず急激な変化を引き起こす可能性のある状態」（Slaikeu, 1990 : 15）

この定義をよく読むと、「危機」を正確に理解するためには、前述した「突発的」とか「ショック」といった言葉では十分とはいえないことがわかります。危機とは、①突発的な出来事の発生、②その出来事に対する認識、③それに伴う不安定な反応、そして④克服のための努力、といった一連の「流れ」の中で理解することが必要となるのです（Parad & Parad, 1999）。それは図3にある「ジェットコースター」のような軌道で表されます（図3参照）。

この「流れ」に沿って考えてみましょう。酒井さんにとっての突発的な出来事は、わが子の命を奪われるという犯罪被害にほかなりません。しかし、酒井さんを危機に導いた出来事は、麻希ちゃんを奪われたことだけではありませんでした。被害後から今日まで続くさまざまな出来事——学校の対応、支援者と呼ばれる人々から受けた痛み、報道による被害……。

これらの出来事については、本書を通じて詳しく述べていきます。ここで強調しておきたい点は、第1章でも述べたように、酒井さんは、麻希ちゃんを失うこと以外にも多くの危機に遭遇せざるを得なかったという事実です。その都度、酒井さんなりにその危機を認識し、対処しようと試みてきました。

本章だけではなく、この本全体を通じて、危機をめぐる一連の流れ——出来事、認識、反応、克服——をふまえ、犯罪被害直後から今に至る、酒井さんが経験されたさまざまな危機的状況をふり返ります。

危機への支援——危機介入について

支援の側面からも危機介入について触れておきたいと思います。これは、危機理論から生まれた援助方法で、危機に直面する人々への多様な支援を総称して「危機介入」と呼びます。危機介入を定義すると以下のようになります。

表３ 危機介入の原則

〈危機介入の原則〉
1．危機介入の目標は，危機に直面した人々が，できる限り危機が起こる前の状態に戻れるように支援することにある。
2．危機介入はタイミングが重要であり，危機直後からできるだけ早く支援を行う必要がある。
3．危機介入は短期間で行われる。
4．危機介入は具体的で目に見える支援を目指す。
5．危機介入の支援者は，より積極的かつ指示的な役割が望まれる。

「危機に直面する人々に対して、危機を乗り越え、成長していけるような効果的な対処方法を身につけるように支援すること」（Kirst-Ashman & Hull, 1999）

この定義にも見られるように、危機介入は単に危機から人を守るだけではありません。危機によって発生するストレスに対処し、後々同じような危機に見舞われても、再び克服していける能力を身につけるように支援することです。それは「成長」という言葉で表されています。

しかし、一言で危機といっても、いろいろな状況が考えられます。災害、事故、病気、突然死、失業、離婚、そして犯罪被害。これらの出来事は、それぞれ独自の問題を含んでいます。巻き込まれる人の数、インパクトの強さ、対処に必要な資源、回復に必要な時間など、人や状況によって異なってきます。危機介入といっても実際の方法はケース・バイ・ケースであり、その時々の即時的な判断が求められるのです。

危機介入は、一九六〇年代以降、多くの事例検討によって深められてきました（Slaikeu, 1990）。その結果、現在では危機介入を実践するにあたり、表３のような原則が定められています（表３参照）。

危機直後から積極的な役割を担い、具体的な支援を展開する危機介入は、他の支援方法とは区別して理解される必要があります。また、先ほども述べた通り、危機の「流れ」をふまえて危機介入を計画し、実践することを忘れてはなりません。

とくに、「危機直後」の支援は、その後の支援の方向性と回復過程に大きな影響を及ぼします。危機への適切な対応が遅れると、被害者は孤立感を深め、現実のコントロール感を獲得できない事態に陥ります。「なぜ私だけこんな目に遭わなければならないのか」という意識を強くもつようになり、支援を受ける動機づけが低下してしまいます。その意味でも、「危機直後＝超混乱期」に必要な支援を展開する意義は深いといえます。

附属池田小学校事件。あの忌まわしい出来事から三年の月日が経ちました。酒井さんが一遺族として、この危機にどのように直面し、対処してきたのか。とくに、「危機直後」にどのような経験をし、どのような支援を受けたのか。事件直後の様子について紐解いていただきます。

2 私たちの経験

酒井　肇・智恵

事件発生から再会まで

二〇〇一年六月八日、金曜日の朝、父親は職場、母親は外出先、麻希は小学校、もう一人の子どもは幼稚園というように、私たち家族は、それぞれ別の場所にいました。

事件に遭遇して、私たちがまずしなければならなかったことは、麻希のところに一刻も早く到着することでした。その過程で私たちは実に多くのことを経験しました。そして、犯罪被害直後の支援のあり方について、いろいろな思いをもつに至りました。以下、事件発生から麻希に再会するまでの状況を母親、父親それぞれの経験を通じて述べていきたいと思います。

〈母親として〉

六月八日の朝、主人と麻希は一緒に家を出ました。私は、二人を玄関で見送りました。今思えば、麻希の元気な姿を見たのは、このときが最後でした。

この日、私は友人宅を訪問することになっていたので、九時ごろに家を出ました。友人宅で時間を過ごしているとき、たぶん十時三十分過ぎだったと思います。私の携帯電話に、幼稚園に通う子どもの友だちのお母さんから電話が入りました。

「車のラジオを聞いていたら、麻希ちゃんの学校で大変なことが起こっているらしいよ。麻希ちゃんは大丈夫なの」

これが第一報でした。友人宅でテレビをつけてもらうと、すでに校舎から校庭に子どもたちが走っている様子が映されていました。いても立ってもおれず、すぐに主人と連絡を取り合いました。もちろんこのときは、まさか自分の子どもが被害にあっているなんて思いもしませんでした。

私は、「子どもに何かあったら必ず学校から連絡があるはず」と信じていました。一方で、「もし何かあったら麻希を連れて帰らなくては」という思いがあったので、すぐに自分の車で学校に向かいました。学校の近くに住んでいる友人に、とりあえず様子を見に行ってもらおうと思って車中から電話をしました。すると、その友人は事件が起きていることを知りませんでした。この時は、テレビを観たりラジオを聞く以外に情報を得る手段がなかったのです。

その友人は、電話を切るなりすぐに学校の運動場に駆けつけ、麻希を探してくれました。しかし、麻希の姿が見えなかったため、「麻希ちゃんが運動場にいない」という電話をくれました。

「ひょっとして麻希がケガをしたのかもしれない」

とっさにそう思いました。そのあと、再度その友人に電話し、テレビのニュース速報に流れる子どもの名前と搬送先の病院について調べてもらいました。しかし、ニュース速報にも麻希の名前は流れませんでした。

道路が渋滞していたので、学校からずいぶん手前のコンビニエンス・ストアに駐車し、走っていきました。学校の正門には黄色いテープが張られていました。「ひょっとしたら私たち父母でさえ中には入れないかもしれない」と思い、一瞬そこに立ちつくしてしまいました。

するといきなり、報道関係者に「ご父兄ですか」「何か一言おっしゃってください」とマイクを向けられたのです。私は驚きました。混乱状態にあるのにマイクを向けられたことがすごく腹立たしくて、マイクを向けた記者に「どこの方ですか」と怒鳴りました。それでも「とにかく何か一言おっしゃってください」の一点張りです。

「それどころではないからどいて！」

そんなやりとりをしているときです。

「父兄は体育館の方に来てください」

という声が聞こえました。思わず報道陣をかき分け、テープをくぐって中に入りました。体育館で「ケガをした方の名前を呼びますから前に出てきて下さい」とマイクで言われたので、一番前の方に移動しました。

そうすると、名前を呼ばれたのです。「サカイマキ」と。「次に搬送先の病院を言いますので」と言われ、順々に名前と病院名が発表されていきました。しかし、最後になっても麻希の搬送先が言われません。「麻希は？」と尋ねると、「どこの病院に行ったかわからない」というのです。

私は、とにかく主人に麻希がケガをしたということを携帯電話で連絡しようと思いました。しかし、取材ヘリコプターの爆音がすごい。相手の声が聞こえない。そのとき、一件電話がかかってきましたが、実際には誰からなのか聞き取れなかったのです。

そうこうするうちに、「搬送先がわかりました」という人が現れました。近づいていくと、その人が手に持っていたメモが一瞬目に入りました。

「酒井マキ・重体」

頭が真っ白になりました。

搬送先は、大阪大学医学部附属病院（阪大病院）でした。

「学校事務所にいって搬送先の電話番号を確認してください」と言われたので、とるものもとらず事務所に走りました。

事務所に行くと、職員に「とりあえず病院に行って下さい」と言われました。でも車も置いてきているし、通行止めにもなっています。どうやって行っていいのかわかりません。

「誰か助けてください！」

私は思わず叫びました。でも反応はありません。たった一人、ＰＴＡの大森一彦役員が「僕が送ってあげます」と言ってくれ、彼の車まで一緒に走りました。事務所から運動場沿いの道を走り、自然観察園を越えて学校の外に出ました（図４参照）。その時点でも、まさか自分の子どもが死んでしまうとは思っていませんでした。

阪大病院には、すでに報道の中継車が着いていました。私たちが必死の思いで駆けつけたにもかかわらず、どうして報道陣はもうそこにいるのか。わけがわかりませんでした。救急部の入り口ではカメラを向けられたのがわかりました。

中に入ると、「至急、処置室の外から顔をのぞいて下さい」と言われました。見ると麻希でした。ひょっとしたら間違いかもしれないと思っていましたが、顔を見たらやっぱり麻希でした。でも、朝送り出したときの麻希の顔ではありませんでした。

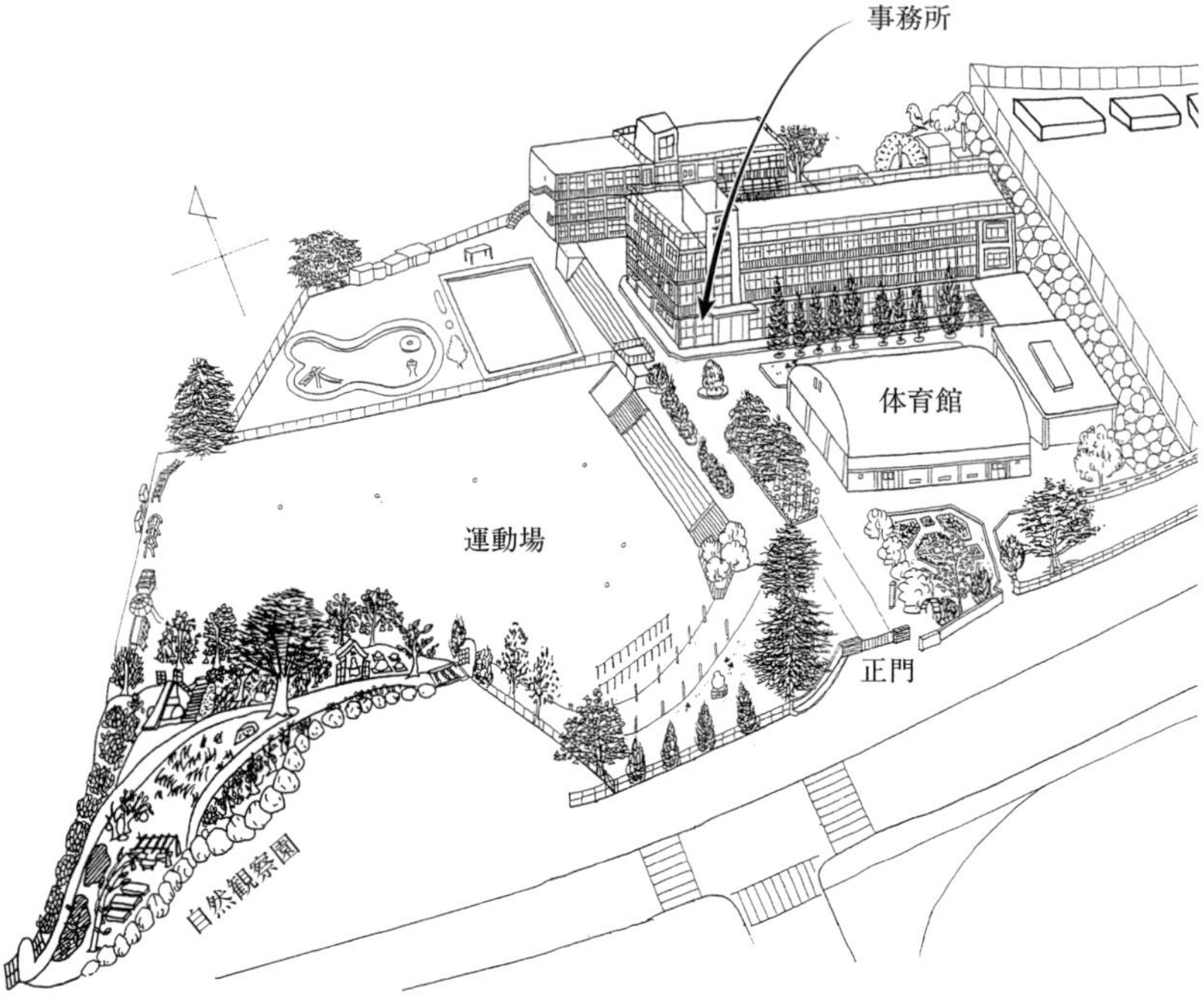

図４　大阪教育大学教育学部附属池田小学校

「とにかく近くに行かせてほしい」と言い、許可を得て処置室に入りました。口の中にチューブが入って、心臓マッサージを受けていました。それでも私は麻希が死んでしまうとは思っていなかったので、手を握って「がんばれ、がんばれ」と言い続けました。

「ひょっとしたらこのまま意識が戻らないかもしれない」

そんな思いが、かすかに頭をよぎりました。それでも「死んでしまうわけがない」とも思っていました。私は「とにかく主人が来るまでは心臓マッサージをやめないでほしい」と医師にお願いしました。

そこに主人が入ってきたのです。

〈父親として〉

六月八日は、会社で仕事をしていました。会議中、「酒井さんの子どもの学校で何かあったよ」という上司の話で始まったと思います。会議は十時ごろから始まったので、会議が始まったころだったと思います。会議室にはテレビがありました。スイッチを入れると、子どもたちが校庭に出て行く空撮の映像が流れていました。「附属池田小学校に包丁を持った男が侵入してきた」というようなことをアナウンサーが言っていました。

至急、妻と連絡をとり始めました。その後「犯人は二年生のところに行っていて、麻希がケガをしたみたいだ」という話になったので、上司に「うちの子が怪我したみたいだから小学校に向かいます」と言って会社を出ました。十一時過ぎだったと思います。

そう、最初は小学校に行こうと思ったのです。しかし、会社を出ようとしたとき、妻から再び電話があって「ケガどころじゃなくて、阪大病院に運ばれている。かすり傷じゃなくて、大変なことになっているみたいなの」と言われました。

会社は大阪の江戸堀にあります。タクシーで淀屋橋駅まで行き、淀屋橋から地下鉄に乗りました。地下鉄に乗るころには麻希の状態がかなりひどくて、すでに阪大病院に着いているという連絡を受けていました。その後、再び妻から電話がかかってきました。

「麻希が大変なことになっている！」

もう座っていられなくなって、車両の中をうろうろして、「麻希、死ぬんじゃないよ。がんばれ。がんばれ」と心の中でずっと叫んでいました。地下鉄が新大阪を過ぎた頃、電車の速度がすごく遅く感じられ、いても立ってもいられなくなったので、江坂という駅で降りました。そこでタクシーに乗って、阪大病院に向かいました。

病院には、おびただしい数の報道陣がいました。私はその瞬間、「臓器移植の手術が入ったために取材に来ている」と思ったのです。今でもそう思った瞬間を憶えています。阪大病院は臓器移植で有名ですから。事件とは全く関係のない報道陣だと思っていました。

私は妻と連絡を取り合って、誰よりも早く病院に着いたという思いがありました。だから、まさかそこに今回の事件の報道陣がすでに集まっているとは思いもつきませんでした。「今日もまた臓器移植があったんだな。だからこんなに報道陣が来ているんだな」と思ってしまったのです。

救急部に行って「こちらに搬送された酒井麻希の父親です」と言うと、看護師の顔色がサッと変わりました。「だめなのか」と直感しました。処置室に入ると、もう麻希の顔は土色に変わっていて、妻が「がんばれ、がんばれ」と叫んでいる状況でした。

被害者と家族を結ぶ

このようにして、私たちは阪大病院の救急部で麻希との再会を果たしました。事件を知ってから再会まで、時間にすると二時間以上経っていたことになります。しかし、この二時間あまりがどれだけ長く感じられたかわかりません。

おわかりいただけると思いますが、犯罪被害者家族は、「一刻も早く被害にあった肉親のもとに駆けつけたい」という切実な思いがあります。これはもう「心の叫び」ともいえます。学校は混乱状態にあり、病院への移動について、私たちは夫婦間の携帯電話による連絡を頼りに阪大病院に駆けつけました。

でも、そんな被害者家族よりも、報道陣が早々に病院に到着している。本来知らされるべき人に対して情報が流れていないのです。取材陣も知り、被害者も知るというのならまだわかります。しかし、命を失いつつある子どもの親には、搬送先の情報はなかなか入らなかったのです。

自力で、必死の思いで現場に駆けつけざるを得ない。警察、救急は早々に被害児童のことや搬送先のことを知っている。報道陣も知っている。知らないのは被害者だけ。この構図は、やはり危機対応としては問題があると言わざるを得ません。

今回の場合、本来なら学校が把握して連絡すべきことだと思います。学校だけで知り得ない情報であるなら、警察や消防、そして医療機関が協力して被害者家族に伝える方策を考える必要があると思います。この「伝達」が今回の超混乱期において、何よりもの貴重な支援になる可能性があったからです。

事件後、麻希を搬送した大阪府箕面市の消防署の救急救命士に話を聞いたことがあります。やはり救命士の方も、「この子の親は知っているのか。この目の前にいる酒井麻希という子の親は、自分の娘がこういう状態になっているのを知っているのか」とすごく気になったと話してくれました。何とか親に伝えたいと思い、麻希が身につけていた制服の名札を見て名前を確認し、連絡先を確認できるものはないかどうか、ポケットの中を探してくれたそうです。結局、ポケットには何も入ってはいませんでした。

でも、不幸なことに親は何も知らないのです。救命士が一生懸命人工呼吸をし、「生と死の間を行き交っているこの子のことを親は知っているのか」と危惧している間、親はその状況を何も知り得なかったのです。

今回の事件は、突然暴漢が小学校に押し入り、多くの児童や教員を殺傷するという前例を見ない凶悪犯罪であったことは確かです。そのとき、大きな混乱が生じたのは当然のことかもしれません。しかし、このような危機状況の場合でも、まず「誰が被害にあったか」をいち早く把握し、その家族や関係者に連絡するシステムの存在が何よりも大切だと思います。一刻も早く被害者本人と家族を結びつける支援。これは犯罪被害が起こったときの危機介入として優先されなければなりません。

附属池田小学校も、他の学校と同じく保護者の緊急連絡先のリストを確保していました。親の携帯電話の番号も学校に伝えおり、家を不在にしているときでも連絡が取れるようにしていたのです。しかし、今回の事件では、その連絡網は全く機能しませんでした。学校、警察、医療、そして報道の関係者が小学校を舞台にうごめき、混乱の中で被害者家族は結局実質的な支援を得られませんでした。自力で情報をたぐり寄せ、友人にお願いして何とか家族の居場所にたどり着いたのです。

今回、学校関係者は、誰も緊急連絡網を通じて連絡してくれませんでした。たとえ私たちが病院に着いた後であったとしても、学校関係者から「麻希ちゃんの居場所は阪大病院です！」「麻希ちゃんはどうですか？」といった何らかの連絡をもらえていたなら、後々どれだけ気持ちとして救われていたかわかりません。これは悔やみきれない事実なのです。

3 今後の被害者支援に向けて

池埜　聡

超混乱期の支援

犯罪被害は何の前ぶれもなく突然襲ってきます。そして、被害者本人と家族は同じ場所に居合わせているとは限りません。あらゆる支援は、被害者の安全を確保すると同時に、一刻も早く被害者と家族を結びつけることを優先するべきであると考えます。

「危機介入はタイミングが重要であり、危機直後からできるだけ早く支援を行う必要がある」

この原則は、すでに33頁の表3のところで紹介しました。これを読んだとき、「危機介入は支援者と支援を受ける人の出会いから始まるもの」と思われたかもしれません。でも、それでは遅いのです。被害が生じた、まさにその瞬間から、まるでストップウォッチのスタートボタンが押され、時間が刻々過ぎていくかのように、支援のタイミングとスピード、そして質が問われているのです。

酒井さんが経験した事件当日の状況から、今後の犯罪被害者支援について以下の三点を提言したいと思います。

①「まさか」では済まされない

第一に、これからは、「予測を超えた被害だったから」という理由で被害者支援の至らなさを容認することはできません。とくに学校で起きる犯罪被害などの危機については、学校関係者と保護者が協力して万全の危機管理体制を築く必要があります。「学校は安全である」という神話はすでに崩れ去りました。

一九九〇年代に入り、神戸児童殺傷事件[1]、日野小学校児童殺害事件、そして附属池田小学校事件など、時と場所をかまわず、被害者に何の落ち度もない凶悪な犯罪が横行しています。「まさか私たちのところで起こるなんて！」という感想はもう言ってはならない段階に来ています。あらゆる危機は「起きるもの」として受けとめ、対応策を講じていかなければならない時代です。

②　危機連絡網の徹底

第二に、危機時に「何が起こったのか」、そして「どのように対応するべきなのか」といった情報について、どのように連絡を取り合い調整するのか、その情報システムを各施設や機関内で共有しておくべきでしょう。

今回の場合、事件は「学校」という教育機関で起きました。学校の場合、学校関係者と保護者双方が互いに連絡を取り合える体制を築いておかなければなりません。学校では、誰が、どのような方法で、誰に連絡を入れるのかを明確にし、保護者は複数の連絡方法をもっておくべきでしょう。まさに「危機連絡網」の整備です（Pitcher & Poland, 1992)。

大切なことは、単に連絡網を作っておくだけでは十分ではないということです。その連絡網が使えるものでなくては何の意味もありません。実際に使うためには、何回も予行演習を行う必要があります。いわゆる「危機演習」です。

学校関係者・保護者双方からいざというときに連絡を取り合うことができるかどうか、予行演習のみならず抜き打ちの演習も導入するべきでしょう。

アメリカでは、二十四時間体制の危機対応を行っているソーシャルワーク機関に対しては、各州の当局が年に何回か抜き打ち試験を実施し、迅速な連絡調整を行っているかどうかを評価しています。警察や医療機関の協力も得ながら「使える危機連絡網の整備」を進めていく必要性を痛感します。

また、予行演習は「訓練」としての機能を果たすだけではありません。危機場面を想定し、幾度となく双方が連絡を取り合うシミュレーションを行うことで、保護者と学校関係者が問題点や改善点を話し合う機会が生まれます。その話し合いこそが何よりも価値あるものになります。互いに危機に対して準備し、問題点を出し合う。その共同作業によって、よりよい危機管理体制を築いていく。ここに信頼関係が生まれてくるはずです。

危機を乗り越えるためには、マニュアルや体制を整備するだけでは不十分です。そこに参加する人々に信頼関係が生まれてこなくては、いくら詳細なシステムを作ってもうまく機能しないでしょう。なぜならば、危機に陥るのも助けるのも私たち人間なのですから。危機を乗り越える協働体制を支えるのはまさに信頼関係そのものだと考えています。

③　マスコミとの協働

第三点として、「危機状況におけるマスコミの役割」についてです。酒井さんも述べているように、混乱状態にある小学校で、マスコミはとにかく情報を得ようとやぶから棒にインタビューをしてきます。取材ヘリコプターも次から次へと空を舞い、爆音を響かせます。

酒井さんは、「今なお『あのヘリコプターで子どもが病院に運ばれていたなら……』『あのヘリコプターで私たちを子どものそばまで連れて行ってほしかった』という思いを抱いている」とインタビューで述べています。

現在、欧米に比べて日本は救命ヘリコプターの配備が遅れているといわれています。今回の事件現場は大阪伊丹空港からわずか数キロの距離で、しかも小学校で起こり、校庭に着陸できる可能性がありました。さらに、阪大病院はヘリポートを備えた病院でした。その意味で、救命ヘリコプターが、その本来の力を発揮するにふさわしい環境にあったのです。この支援によって、麻希ちゃんをはじめ、被害を受けた児童をより迅速に救急搬送できたかもしれません。救命ヘリコプターの配備を含めた救命システムの充実が今後強く求められます。

現実的にはヘリを使うことは無理にしても、附属池田小学校事件のような混乱状態の中では、少なくともマスコミは警察と協力しながら被害者の支援を第一義に考え、行動する義務があるでしょう。

酒井さんは、池田市消防署から大阪府警察本部に提出された加害事故報告書を閲覧する機会を得ました。題名は「大阪教育大学教育学部附属池田小学校加害事故概要について」というものです。この報告書には、以下のような記述があります。

「最も危惧すべきはマスコミの取材攻勢である。現場では数多くの低空飛行によるヘリの騒音により無線情報が正確に伝わらず、また早い時間の電話取材で電話回線がパンク状態となり、必要な情報も伝わりにくかったのは現実で、今後の教訓とすべきである」

救命のために連絡すべきことがあります。消防署は救急車と迅速な連絡を取り合って、「どこの病院に搬送すべきか」とか、「救命状況はこうだからこんな薬を用意してくれ」といった連絡をしなければなりません。けれども今回の場合、取材ヘリの騒音のために、情報が正確に伝わらなかったのです。また電話取材が学校や病院に殺到したために、救命関係者に情報が伝わりにくくなりました。結局、被害者家族にも病院や学校の情報が伝わらない、ということになってしまいました。

取材するのはマスコミの仕事でしょう。しかし、救命活動のための無線や電話の情報を妨げないことが大前提であるはずです。取材が救命活動の妨げになってはいけません。

このように、行き過ぎたマスコミ取材が、救命活動を阻害しているのは自明の事実です。この点をマスコミ関係者にまずしっかり理解してもらいたいと思います。その上で、人命救助を最優先に考える取材のあり方について再検討するよう強く望みたいと思います。

一九九五年の地下鉄サリン事件で夫を亡くされた高橋シズヱさんと報道被害の勉強会でお会いする機会を得ました。高橋さんの夫は大混乱の中で救急車の対応が追いつかず、見るに見かねたある報道関係者が自分の車に高橋さんの夫を乗せ、病院に搬送したという事実を教えてくれました。高橋さんはその報道の方に今でも感謝の気持ちを抱いていると述べられました。

高橋さんのケースは、極めて異例のことなのかもしれません。しかし、酒井さんは、病院に駆けつけたときには、すでに報道陣が多数詰めかけていたことに大きな疑問とやるせなさを感じられました。酒井さんは、『なぜそんなに早くここに来ることができたの？』と問いかけたい衝動に駆られた」と述懐しています。

報道の役割、報道の権利と被害者支援の接点については議論が十分になされているとはいえません。今後、危機的状況におけるマスコミの果たす役割について、この本の執筆を契機にマスコミ関係者とともに考えていきたいと思っています。

注

（1）神戸児童殺傷事件――一九九七年五月二四日、神戸市須磨区の北須磨団地（友が丘）で当時小学校六年生の男児が行方不明となり、三日後、発見されるという痛ましい殺人事件。逮捕された犯人は当時十四歳で、関東医療少年院に送致された。事件の二か月前にも、隣の団地で小学生二人が殺傷されており、この二件の事件も同一犯人であることがわかった。遺族ならびに地域に対して過剰な報道が行われ、報道被害の問題が社会的に認識される大きなきっかけとなった。

犯罪被害者支援の窓①

被害直後の支援

1．犯罪被害者およびその家族への支援を考えるとき，被害者と専門家との出会いが支援の始まりではない。犯罪被害に遭ったその瞬間から，まわりの関係者はすべて支援者としての意識をもって行動するべきである。この意識から，支援の可能性は大きく広がるのである。

2．被害直後は，被害者の安全確保と同時に，いち早く被害者と家族を結ぶ危機介入を最優先するべきである。

3．被害者と家族を結ぶためには，警察，マスコミ，医療関係者などの協力を前提とした危機管理体制を構築しなければならない。今回のように犯罪被害が学校で起きたときは，学校も大きな役割を果たすことが望まれる。

4．犯罪被害をはじめ，あらゆる危機場面におけるマスコミ取材のあり方を，被害者支援の視点から再検討する必要がある。混乱場面における被害者とマスコミの協働の可能性を模索していく意義は高い。

5．学校では，学校関係者，保護者ともに「学校は安全である」という神話を捨て去り，「あらゆる危機が起こり得るのだ」ということをしっかり認識する必要がある。

6．学校での危機場面では，学校と保護者が連絡を取り合う「危機連絡網」を整備しなければならない。

7．危機連絡網は，定期的な予行演習に加え，抜き打ちによる試行によって機能性を絶えず確認するべきである。

8．危機連絡網が使えるかどうかの確認を含めた危機演習は，機関における人々の信頼関係を熟成させるきっかけを与える。学校の場合，学校関係者と保護者との信頼関係を促進させる可能性を含んでいる。信頼関係こそが危機管理体制を支える土台となるはずである。

第3章

「混乱期」における支援——危機介入の実際

「これから一体何をすればいいの？」

阪大病院から家に帰ったときに、まずそう思いました。すると、一緒に帰ってきた婦警さんたちが表に干してあった洗濯物を取り込んでくれました。私が家に帰るといつもすることです。それを婦警さんがしてくれたのです。

病院で麻希との再会を果たした後、多くの難題が私たちを待ち受けていました。麻希の帰宅、通夜、葬儀、警察やマスコミの対応、学校との交渉……。すべてが折り重なるように私たち家族に押し寄せました。同時に、家事、仕事への復帰など、家族の営みを取り戻す努力もしなければなりませんでした。

麻希を連れて帰り、通夜そして葬儀に至る数日間は、全く現実感をともなわない混乱状態でした。何をどうすればいいのか。混迷の中であらゆることがコントロール不能の状態に陥ったような、そんな感覚でした。しかし、多くの人の支えがそこにはありました。この支えによって私たちは混乱期と向き合うことができたのです。

1　被害者支援の視点

池埜　聡

犯罪被害など危機を体験した人は、その直後からショックや現実感の低下など、心の変化を実感します。自分が自分でなくなるような感覚です。しかし、現実には通夜や葬儀をはじめ、日常とはかけ離れた多くの課題に対処していかなければなりません。

そのような混乱期にどのような支援が必要なのでしょうか。第3章では、「心のケア」という枠組みにとどまらず、実質的な支援のあり方を模索します。

本章では、まず、危機後の心と生活への影響について、基本的な枠組みを示します。次にその枠組みをふまえ、酒井さんに経験をふり返ってもらいます。そして、危機後の混乱期における支援のあり方について考えます。

危機がもたらすもの

前章で、危機は、①突発的な出来事、②その出来事の認識、③その後の反応、そして④克服のための努力、といった一連の「流れ」からその全体像を理解しなければならないことを紹介しました。酒井さんは、麻希ちゃんを犯罪被害で奪われるという経験をしました。その脅威を受けとめ、生活を取り戻そうと模索してきました。前章の図3にあるような「危機のジェットコースター」を歩んできたのです。

しかし、酒井さんが実際に歩んだ道は、この図にあるような単純な軌道ではありませんでした。上がったり下がったり、急カーブあり宙返りあり……。決して一直線で進んでこれたわけではありません。もちろん、今でも克服のための歩みは続いているのです。

このように考えると、危機を理解するためには、「流れ」の視点だけでは十分ではないといえます。多くの犯罪被害者は、危機の流れに沿ってまっすぐに回復していくことはありません。新たに別の危機に見舞われることも少なくありません。流れに加えて、さまざまな波紋、すなわち危機が及ぼす影響の「範囲」をしっかり理解することも大切になります。

犯罪被害など人を危機的状況に陥れる突発的な出来事は、人々の生活を根底から揺さぶります。静寂の湖に突然石が投げ込まれ、波紋が広がるかのごとく、ありとあらゆる側面に負荷を与えます。

このような危機を体験した人々の支援を考えるとき、心にとどめるべきことは、「危機は心（内的側面）と生活（外的側面）のいずれをも脅かす」という視点です（Kirst-Ashman & Hull, 1999）。

この両側面における影響について考えてみましょう。

心と生活への負荷

犯罪被害者やその遺族の場合、被害が及ぼす「心」への影響は計り知れません。昨今、「トラウマ」という言葉が日常でも使われるようになりました。トラウマとは、

「対処能力を超えた圧倒されるような出来事（外傷体験）による心理的・感情的苦痛を伴う状態」

と定義されます（Figley, 1985 : viii)。酒井さんも、まさにトラウマと呼べる心の葛藤を経験されました。混乱期における現実感の低下、混乱、無力感、絶望感、将来への不安、落ち込み、やるせなさ、怒り……。このような心の揺れと向き合う日々が続きました。

もちろん、現在もこれらの揺れがなくなったわけではありません。酒井さんとのインタビューでわかったことは、被害から間もない混乱期に限っていえば、本当に麻希ちゃんの命が奪われたのかどうか、それすらもよく理解できない非現実感、そして「これからどうすればいいんだろう」という強い不安と混乱に支配されたという事実です。

危機が心に及ぼす影響は、長年にわたって心理学や精神医学の研究対象になってきました。犯罪被害のような突発的なトラウマ体験が心に及ぼす影響とその変遷過程は、図5のように一つのプロセスとして集約されています。

この図は、横軸に時間の流れを示し、時系列で心の動きを表しています。縦軸は感情の表現を示しています。上方に行くごとに「怒り」や「不安」といった強くて明白な感情表現になることを表します。下方に行くほど抑うつなど表現が乏しく、内向的な感情の表れ方をすると仮定しています。

最初はショックの状態です。次に、「無感覚」あるいは「現実感の低下」といった状態が待ち受けています。「感情が出てこない」「ふわふわした感じ」「信じられない」といった感覚です。

危機直後の混乱期においては、この感覚は、決して異常なことではありません。あまりにも強い衝撃であるため、

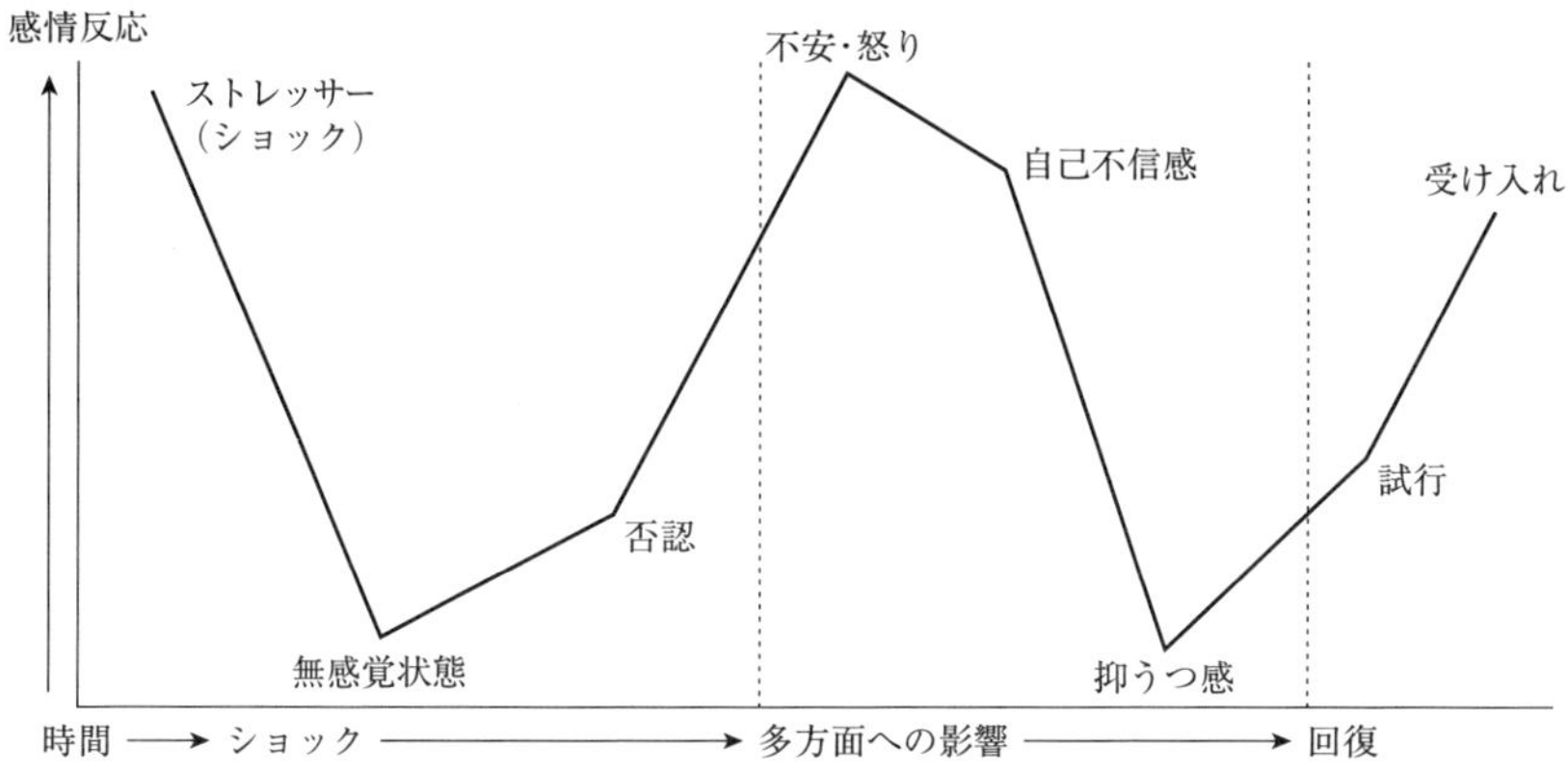

図５　危機と心理反応の変遷プロセス（Williams, 1993：927）

これまでつちかった対処能力を駆使しても、受けとめることが困難になるのです。現実感のなさや無感覚状態は、少しずつ現実を受けとめていくための心の自然な防衛本能であると理解できます。

二〇〇一年九月十一日に起きたアメリカ同時多発テロ事件で、マンハッタンのワールド・トレード・センターに旅客機が飛び込んだ場面は、いまだに鮮烈な記憶としてとどまっていることでしょう。その場面を直接目撃した多くのニューヨーカーたちは、事件後「まるで映画を見ているようだ」「本当に起こったことなのか実感がわかない」といった共通の印象を語っていました。このような状態も、「現実感の低下」として理解することができます。その後、怒りや不安を表す時期を経て抑うつを経験し、事実を受け入れていくという心のプロセスが存在しています。

危機は「心」の部分だけを脅かすわけではありません。「生活の営み」そのものにも大きな負荷を与えます。酒井さんも、麻希ちゃんを亡くした直後から、これまで想像もできなかった課題を突きつけられ、多くの生活上の変更を余儀なくされました。

通夜に始まる喪の儀式、弔問の対応、警察への対応、報道への対応、学校との交渉、きょうだいへのケア、そして裁判。被害直後は、日常を取り戻すどころか、次々と押し寄せる難題に対処するだけで精一杯だったと聞きます。

さらに見落としてはならないことは、心の側面と生活の側面は、まるで車の両輪のようにお互いに影響し合っているという点です（図6参照）。気持ちが落ち込むことによって仕事がはかどらない。仕事がはかどらないから落ち込んでしまう。皆さんも一度はこういう経験をされたことがあるのではないでしょうか。このように考えると、危機から脱却し、再び元の状態に戻るためには、心のケアだけ、生活のケアだけ、という考え方ではなく、心と生活の両面から支援を考える必要があるのです。

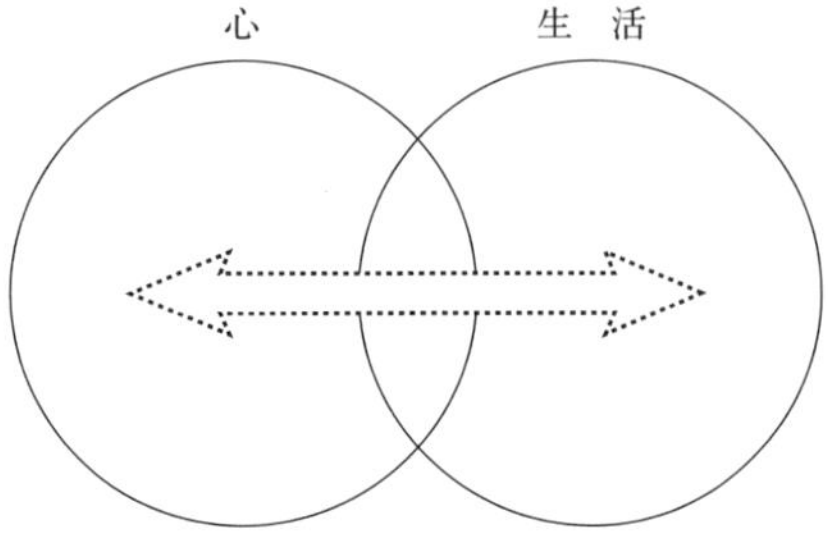

図6　心の側面と生活の側面

危機時に支援を受け入れる

危機に直面した人々への支援は危機介入と呼ばれ、「危機直後からできるだけ早く、短い期間で目に見える支援」という原則に基づくことは、前章で述べました。

実は、この危機介入の原則は、「危機状態にある人々は、多くの場合、支援を受けることについて柔軟になっている（Parad & Parad, 1999）」という前提に基づいています。この点も危機介入を考える上で重要となります。

危機状態は、よく「パニック」とか「混乱」という言葉で表現されます。一方で、危機的状況にある人々は、他者からの助言やサポートを受けることにあまり抵抗感を示さないというのも事実です。

普段、あまり人のアドバイスを聞かなかったり、変化に対して動機づけが低い人でも、自分や家族の身の上に災いが生じたり、生死にかかわるような事態に陥ると、得てしてアドバイスやサポートを受け入れることがあるのです。

そういった意味で、適切かつ素早い支援を展開すると、危機に見舞われた人々はその支援を受け入れる可能性が高くなるといえます。そして、心の葛藤や生活上の問題が複雑化することを未然に防ぐことが可能となります。素早い適切な支援とは、心の部分＝心理的・情緒的な支えと、生活の部分＝子育てや仕事を営むための支え、といった両面から計画され、実践されることが望まれます。

表４　バイスティックの対人援助の７原則（Biestek, 1957）

１．相談者の存在を受けとめる
２．相談者の自己決定を可能な限り尊重する
３．相談者を非難したりレッテルを貼ったりしない
４．相談者の個別性を尊重する
５．相談者の感情表出を大切に扱う
６．支援者は自らの情緒的な関わりをよく吟味し客観的にふり返る
７．相談者のプライバシーを保護する

被害者中心の原則

ただし、ここで注意しなければならないことがあります。危機に直面している人々は、支援を受け入れやすい状態にあるといっても、支援者の一方的な都合でサポートの内容が決められたり、介入のタイミングがはかられたりすることがあってはなりません。

あくまでも被害者の実情に合わせて、被害者のペースで受けとめることができるように支援を考えなければなりません。支援の主体はあくまでも被害者本人にあるのです。このように考えると、支援者には支援そのものを支える「倫理観」あるいは「理念」が改めて問われることになります。

Ｓ・Ｊ・バイスティックは、人を支援するための倫理と価値を七つの原則にまとめています（Biestek, 1957）（表４参照）。この七原則は、ソーシャルワークや看護における支援者の心得として、長く実践に取り入れられてきました。この原則にある「相談者」を「犯罪被害者」に置き換えると、犯罪被害者支援の倫理・価値としても位置づけることができます。

この支援の原則は、犯罪被害者への危機介入においてきわめて重要となります。危機に見舞われた被害者は、突然のストレスで身動きがとれなくなり、自己決定を下すことが難しくなります。また、「たましいが裸になる」状態、つまりちょっとした支援者の言動や態度にとても敏感になり、傷つきやすい状態に置かれます（藤井・藤井、二〇〇〇）。弱い立場に追い込まれてしまうのです。このような被害者に向き合うと、「自分が何とかしなければ」と気負ってしまう支援者をよく見かけます。逆に、被害者の悲しみや痛みに圧倒され、積極的な関わりを避けてしまう支援者もいます。

危機介入の時こそ、被害者を個人として受けとめ、自己決定を尊重し、自ら回復の途につけるように支援していくことが求められます。被害者の利益と人権の尊重という価値を最優先し、その理念を実践に反映していくことが何よりも重要なのです。

2　私たちの経験

酒井　肇・智恵

再び私たちの経験に戻りたいと思います。ここでは主に母親（酒井智恵）の立場から混乱期をふり返ってみたいと思います。

宣　告

やっとの思いで阪大病院に到着し、麻希と再会しました。しかし、そこで待ち受けていたのは、変わり果てた麻希の姿と医師からの非情な宣告でした。まず夫が担当医に呼ばれ、別室に通されました。しばらくして、夫が部屋から出てきました。夫に表情はありませんでした。

そして、今度は担当医がやってきて、私たち夫婦に「助かる見込みはありません」という宣告をしたのです。気持ちが動転していましたから、そのときの様子を細かく思い出すことはできません。しかし、担当医から、しっかりした口調で麻希はもう戻ってこないことを言われたように思います。

説明を受けた後、再び心臓マッサージを受けている麻希に目をやりました。もう、麻希の姿が痛々しくてなりません。そして、言葉にできない思いとともに「ありがとうございました」と医師に告げたのです。

二〇〇一年六月八日十二時三二分のことでした。

その後、警察関係者が私たちのところにやって来て、何かの書類の記入を求めました。なにせショック状態でしたから、どのような書類だったか、はっきり思い出すことができません。でも、警察関係者が所定の用紙を示し、住所や氏名を書くように言われたと思います。

このような対応をしていると、一刻も早く麻希をつれて帰りたいという衝動に駆られました。麻希の髪の毛には砂のようなものが付着していました。指のつめの中には血液まじりの砂が入っていました。それで、「きれいにしてやってください」と看護師にお願いしたことを覚えています。少しでもきれいにして家に帰してやりたいと思ったからです。看護師はうなずき、麻希を別の場所に連れて行きました。しばらく待たされた後、すぐ近くの小さな部屋に通されました。そこには、きれいになった麻希が横たわっていました。

ただ、呆然と麻希のそばに立ちつくしていたら、警察から「検死をしなければなりませんので、いったん部屋の外に出ていただけますか」と言われました。そのとき、検死とは一体何なのかわかりませんでした。尋ねると「写真などを撮ることです」と言われ、やむを得ず部屋の外に出ました。検死にはそれほど長い時間はかからなかったと思います。検死が終わると、再び麻希のいる部屋に通されました。

その後も、呆然としながら麻希と一緒に時を過ごしていました。すると、再び警察関係者が入ってきて「これから司法解剖を行います」と言われました。幼い娘が突然刃物で刺され、その上に「司法解剖」と言われた衝撃は言葉にしつくせません。この司法解剖にまつわる思いは次章で詳しく述べたいと思います。結局いくら交渉しても私たちの希望は通じず、麻希はその日のうちに司法解剖を受けることになったのです。

◎「私は何をすればいいのだろう」

しばらく待たされていると、大阪府警から被害者支援対策室担当の婦警[1]が二人、私たちのところに来ました。「この二人が酒井さんの手助けをします。よろしくお願いします」と言われました。二人は「何でもしますから」とも言われました。その時、私は、何かをしてもらえるのであれば、麻希のためにしてもらいたいと思いました。でも、もう麻希は死んでしまったのです。

「もう何もしてもらうことはありません」

こう二人に告げました。

司法解剖にずいぶん時間がかかることがわかり、夫がこの場に残り、私はとりあえず麻希が帰ってくるための準備をするため、家に帰ると伝えました。そうすると、この二人の婦警さんが「私たちが送ります」と声をかけてくれました。これをきっかけに十一日間という短い期間ではありましたが、二人からさまざまな支援を受けることになりました。

私は、まだ実家で暮らしていたとき、祖母と曾祖母の葬儀を家でした経験があります。ですから、家に帰ってくる麻希を迎え入れるための準備をしたいと単純に思いました。でも、まさかこのような突発的な事件に巻き込まれて、亡くなるとは夢にも思っていません。このような犯罪被害に遭って家族を失った場合、この先何をしていいのか全くわかりませんでした。

家に向かう車中で、私は婦警さんに尋ねました。

「これからどうしたらいいんでしょう」

今思うと、その時は別に婦警さんでなくてもよかったのかもしれません。とにかく誰かに尋ねたかった。これから何をすればいいのか。これからどうなっていくのか。ちょっとしたことでもいいから、犯罪被害に遭ったあとの行動について、「指示」がほしかったのだと思います。でも結局、この時は具体的な答えをもらうことはできませんでした。

多くの支え

司法解剖の後、通夜、葬儀といった混乱の中で、私たちは多くの方々に出会い、支えてもらいました。被害者支援対策室の婦警さん、麻希の幼稚園時代の先生や友人、親友、そして葬儀会社の人たち。その支えに共通するのは、「具体的で目に見える支援」をもらえたということです。それぞれの出会いと支援についてふり返ります。

病院から被害者支援対策室の婦警さんに送ってもらい、家に到着しました。自分の車は学校の近くのコンビニに置いたままでしたから、本当に助かりました。

家の前まで来ると、マスコミが何人も待ち受けていました。これも大きな驚きでした。必死の思いで病院に駆けつけて、司法解剖を待つ間、身を切られるような思いで何とか帰宅しました。でも、もうマスコミが家の前にたむろしています。

「どうしてうちがわかるの？」

正直、愕然としました。結局、表から入れなかったので、裏口に廻って家に入りました。

「何をしていいのかわからない」

これが家に帰ったときにまず感じたことです。とにかく何をすればいいのかわからない。「自分をコントロールできている」という感覚がきわめて乏しい状態でした。

するとと、表に干してあった洗濯物を一緒に帰ってきた婦警さんたちが取り込んでくれました。私が家に帰るといつもすることです。それを婦警さんがしてくれたのです。

婦警さんは、「カーテンを閉めた方がいいですよ」と指示もしてくれました。マスコミから身を守るためです。はっと思って、あわててカーテンを閉めました。隙間から窓の外を見ると、近くのビルの屋上からマスコミがカメラをこちらに向けているではありませんか。もはや異様としかいえない光景です。言葉にできない恐怖と怒りを感じずにはいられませんでした。

その後、蒲団をしきました。それ以上のことは、何もすることはありませんでした。そのうち、母が「これからまだまだ長いし、何か食べなさい」と言い、おにぎりを握ってくれ、みそ汁を作ってくれました。今でもその光景をよく覚えています。母は事件を聞き、実家から駆けつけてくれていました。

しばらくしてから、麻希が幼稚園に通っていたときに知り合った友人から電話がかかってきました。

「酒井さん、関係者に連絡していい？　どこまで伝えたらいい？　どうしてほしいか教えて」

この電話に応えて、麻希が亡くなった事実を関係者に連絡してもらうように依頼しました。さらに友人は、「幼稚園のI先生やK先生が病院に駆けつけた」という事実も教えてくれました。

この話から、「麻希が以前通っていた幼稚園にも連絡をしなくては」と思いたちました。この電話をきっかけに少しずつ思いつくことを行動に移していったように思います。

私は、思い切ってI先生の自宅に電話を入れました。

「先生、麻希が死んでしまいました」

「わかっているよ。病院まで行ったよ。酒井さん、力になるから。どうしてほしいか教えて」

こんなやり取りだったと思います。そのとき、私は麻希を可愛がってくれた人や麻希の友だちに、葬儀場ではなく、この家で麻希に会ってもらいたいと直感的に思いました。

「きっと麻希も会いたいだろう」

そう思ったのです。Ｉ先生からどうしてほしいかを尋ねてもらえたので、「とにかく通夜の前に、うちに会いに来てほしい」とお願いしました。

その後、私の友人そしてＩ先生が多くの人に連絡を回してくれました。そして、事件の翌日、通夜の会場に移動する前に、幼稚園時代にお世話になった先生全員が麻希に会いに来てくれました。さらに、麻希がお世話になったピアノの先生、そして友だちにも通夜に行く前に自宅で麻希に会ってもらうことができました。

この日、七月に予定されていたピアノの発表会のパンフレットが刷り上がっていました。ピアノの先生がパンフレットを持って来てくれたのです。ピアノの先生は、その場で麻希が弾く予定だった「人形の夢と目覚め」を弾いてくれました。麻希は、家族と過ごしたこの家で、いつも通りに自分の蒲団に寝ている状態で、安心してみんなに最後の挨拶ができたのではないかな、と今では思っています。

また、私の親友五人の突然の訪問は、驚きとともに心が救われた瞬間でした。学生時代からの親友五人が、事件当日の夜に、とるものもとらずというかたちで遠方から自宅に来てくれたのです。それぞれまだ小さな子どもをもつ母親たちです。おそらくマスコミ報道を聞いて事実を知り、子どもを預けるなどして駆けつけてくれたのだと思います。まさかその日のうちに来てくれるとは思ってもみませんでした。

私にとって、彼女たちは心許せる友人たちです。いろいろな話をしました。事件を知ったときのこと、学校に駆けつけたこと、病院で麻希に再会したこと……。「こんな風だったの」と彼女たちに話すことができたのです。とにかく「来てくれた」「近くにいてくれた」という事実が、何よりもの支えになりました。一時的にせよ、孤独感にさいなまれることなく、心を開いて話をすることができたのは、本当にありがたかったと思います。

もう一つ忘れてはならない支援として、葬儀会社を挙げることができます。二人の担当者が私たちについてくれました。そして、葬儀にまつわる現実的なこと、やらなくてはならないことをはっきり提示してくれました。

葬儀とは、実に煩雑な手続きを伴います。遺影の選択、通夜と葬儀での参列者への対応、お花の順番、準備するべきもの、あいさつ。どれも避けては通れないことばかりです。担当の二人は、常に「どうしたいですか」と尋ね、こちらの希望を汲んでくれました。

葬儀会社は、通夜や葬儀の当日、マスコミの排除にも協力してくれました。会場まで、できる限りマスコミのいない道を選んで車を走らせてくれました。また、会場は道路に面していたので、大きなバスを用意し、私たちが会場に入った後、正面玄関にそのバスを横付けしてくれました。会場の中を見えなくしてくれたのです。式が終わって斎場に移動するときにも、その様子がマスコミに撮られないように、暗幕などを用意してくれました。これらはすべて葬儀会社の配慮によるものでした。

「なぜ学校から連絡がないのだろう」

事件の翌日に通夜、そして二日後に葬儀が組まれ、はっきりとした現実感をもてないまま、何とかその場に身を置いていたような気がします。そうした中でも、麻希が司法解剖を終えてようやく帰宅したころから、「なぜ学校の先生や関係者から連絡が入らないのだろう」という疑問を抱いていました。母からも「なぜ学校から連絡がないの？」と何度か尋ねられたのを憶えています。

電話もなかったし、学校関係者の誰も家に来ることはありませんでした。通夜と葬儀には、学校関係者は一般の参列者のなかに紛れていたようで、誰が来てくれたのかもわからない状態でした。麻希は二年生でした。学校で過ごした時間はそう長くはありません。先生方の顔と名前もはっきり結びつかなかったのです。

本当に誰が参列してくれたのかわかりませんでした。正直なところ、学校で起こった犯罪被害で娘を失ったわけですから、自分たちだけで葬儀を出していいのかどうかについても迷いがありました。でも、学校からは何の連絡もなかったのです。

事件後、学校との接点がないまま通夜と葬儀を迎えました。両日とも、多くの保護者の方々が参列してくれました。ありがたい気持ちとともに、「なぜこんなに多くの方々が、ここで葬式をしていることを知っているのだろう」と不思議な感覚も抱いていました。

後から聞いたところによると、学校の体育館に亡くなった児童の名前と、葬儀に関する日時や場所が掲示されていたようです。学校は、葬儀のことなどはすべて把握していたことになります。それにもかかわらず、事件当日だけではなく、次の日も、また次の日も何の連絡もしてくれなかった。これは、いまだに驚きとともに残念でなりません。

葬儀が終わり、夜帰宅した後、ようやく当時の校長先生から電話をもらいました。

「今から弔問に伺わせていただきたいのですが、よろしいでしょうか」

その時は、いいも悪いもわからない状態でした。ただ、その当時、校長先生が動くとマスコミも一緒に動くという状況でした。そのため、校長先生に「マスコミを連れてくるのはやめてほしい」と伝えた覚えはあります。校長先生はただ一人で弔問に来られました。しかし、事件のことや今後の学校の対応については、一切報告してもらえませんでした。

3　今後の被害者支援に向けて

池埜　聡

目に見える支援

被害直後、犯罪被害者遺族は「間に合わなかった」「終わってしまった」という絶望感を強く抱きます。酒井さんも、インタビューで以下のように述べています。

「麻希が阪大病院で息を引き取った時から『すべては終わってしまった』という感覚に支配されました。犯罪対策室の婦警お二人から支援の手をさし延べていただきました。でも、『もう麻希は生き返らない』『どうすることもできない』という思いが強く、『支援はもう必要ありません』としか言えませんでした」

突発的な事件で家族を失うことは、すなわち「終わり」の感覚を強く抱くことを意味します。被害者遺族にとって、この状態では、これから待ち受けている難題を想像し準備することは不可能に近いといえます。しかし現実には、葬儀の準備や関係者への連絡など、具体的に対処しなければならないことが山のように押し寄せてきます。家族を奪われたという現実感がないまま、実際には新たな問題が遺族をさらに苦しめることになるのです。

先に述べたように、突発的な危機を経験すると、人は現実感の低下や無感覚の状態を経験することがあります。この現実感をもてないという感覚に対して、人はなんとか自分をコントロールしようと試みます。現実に起こっていることを理解し、対処しようと努力するのです。

このような状態の時は、「心のケア」や「カウンセリング」といった支援よりも、生活そのものを支える具体的で現実的なサポートが功を奏するかもしれません(2)。

カウンセリングといってもさまざまな理論や技法があって、ひとくくりにできるものではありません。しかし、カウンセリングに共通する基本は、何らかの問題を抱える人々の声に耳を傾けること、すなわち「傾聴的な態度」にあります。「何が問題ですか？」「どのようなお手伝いができますか？」と問いかけることからカウンセリングは始まります。

しかし、危機後の混乱期においては、被害者は「何が問題なのかもわからない」状態にあります。また、何かしてもらいたいことを人に伝えるだけのエネルギーも、もはやなくなっているかもしれません。

酒井さんも、いろいろな人から「困ったことがあったら何でも言ってね」「何でもするから」と言葉をかけられました。「ありがたさを感じつつも、これらの言葉が重荷になることもあった」とふり返っています。

「この時は、『何でもしますよ』という言葉より、『私は……ができます。どうされますか？』といった現実的で具体的なアドバイスが貴重なものとなる」

酒井さんはこのように強調しています。

前述したように、危機に瀕した人は、得てして人からのアドバイスに柔軟になります。現実感が乏しく、どうやって自分を支えていいのかわからない時は、俗な言い方ですが「藁をもすがる」ような状態にあります。現実に即した具体的な導きを求めているのです。

犯罪被害に遭うことは、日常とはかけ離れた出来事です。ですから、犯罪被害に遭った後に予測されるさまざまな課題について、前もってアドバイスするような、いわば「コンサルタント」のような専門家が望まれます。

その一方で、「ああしなさい、こうしなさい」という一方的な指示では、被害者はかえって無力感を覚えてしまいます。先に示したバイスティックの原則にもあるように、あくまでも被害者を受容し、自己決定を尊重することを優先する必要があるでしょう。

支援のメニュー

酒井さんは、複数の選択肢が盛り込まれている「支援のメニュー」の提示を混乱期の支援として提案しています。支援者が具体的に何ができるのかを明示したメニューであり、被害者がその中から必要なものを選び取ることができる仕組みです。

支援メニューを示す際、「司法解剖を家で待つか、病院で待つか」「亡くなった家族を警察の車で帰宅させるか、葬儀会社に依頼するか」「葬儀会社は自分で手配するか、誰かに依頼するか」「マスコミの取材依頼に応じるか、応じないか」といった選択の余地を残す聞き方をすることが大切でしょう。

また支援メニューには、各選択肢について、そのメリット、デメリットを示すことができるように工夫することも必要でしょう。その工夫によって、被害者が自らの力でいろいろと判断を下すことができるかもしれません。その結果、混乱期においても、被害者自身が「なんとか状況をコントロールできている」という感覚をもてる可能性が出てくるのです。

先にも述べたように、混乱期における被害者には、自分のニーズを伝えるだけのエネルギーが乏しくなっています。具体的な支援の選択肢を提示すると、被害者はそれを選択するだけのエネルギーで済むことになります。その結果、多くの事柄について決断しやすくなるはずです。

酒井さん（母親）が婦警さんと一緒に帰宅したとき、婦警さんはさっと洗濯物を取り込みました。ほんの些細な行為に映るかもしれません。しかし、この婦警さんの何気ない、しかし生活に密着した支援は、大きな意味をもっていました。

「『この家で生活を営んでいたのだ』という現実を取り戻すきっかけとなった」

酒井さんはこのようにふり返っています。このわずかな具体的支援が、長い回復の道程を支える貴重な支援となったのです。

支援する「勇気」

犯罪被害に巻き込まれて、突然通夜や葬儀という状況になると、まわりの人々は被害者にとても気を遣うでしょう。酒井さん自身も「私も立場が逆で、友人のお子さんが被害に遭われていたとすれば、どのように声をかけていいのか、迷っていたに違いありません」と述べています。

被害者支援対策室の婦警さんや親友五人をはじめ、酒井さんを支えた人々も、「何をどこまで聞いたらいいのだろう」「通夜や葬儀のことに触れてもいいのだろうか」「家まで訪ねていっていいのだろうか」といった迷いを感じたことでしょう。

二人の婦警さんは、いくら専門家といえども、突然わが子を奪われ悲しみに打ちのめされた酒井さんを前に、最初は何をどのようにして手を差し伸べていいのか困惑されたと思います。だからこそ、酒井さんの「どうしたらいいのでしょう」という問いかけに対して、最初は答えに窮したのだと思います。洗濯物を取り込み、マスコミ対応の指示をするなど、酒井さんの状況に合わせて少しずつ具体的な支援に切り替えていったことがよくわかります。Ｉ先生の支え、ピアノの先生の演奏、そして遠方からとるものもとらず駆けつけた酒井さんの友人たち。これらの人々も多くの迷いを感じつつ、それをあえて振り切り、酒井さん家族に寄り添ったのだと思います。これらは、「勇気」ある行動といえるのではないでしょうか。その勇気が「連絡をするが、誰にすればいいだろうか?」「どうしてほしいのか?」と一歩踏み込むかたちで、酒井さんに具体的な支えを提供することにつながったのだと思います。

酒井さんは、これら具体的な支援を以下のようにふり返っています。

「結果的に、これらの具体的な支援を受けることで、孤独の淵から救われたように思います。『どうしたらいいのだろう』『これからどうなっていくんだろう』という不安が少しずつ和らぎ、『ああ、支えてもらった』という実感をもつことができたのです」

以上、混乱期の酒井さんの経験と、そこから浮かび上がってくる今後の支援のあり方について述べてきました。犯罪被害者にとって、混乱期は、ショックと絶望の淵から何とか現実に身を置き、多くの課題に対処しなければならない過酷な時期です。

この段階では、心理的サポートに加え、「現実的な支援」が被害者を支える有効な手段となります。被害者も一人の人間として生活していかなければなりません。日常の生活に犯罪被害という大きな負荷がかかったのです。生活の部分にも目をそらさず、被害者の視点に立って実質的な支援を展開できるように、被害者支援のシステムを築いていく必要性があるでしょう。

注

（1） 被害者支援対策室――一九九八年二月に、警察庁において、警察が推進すべき被害者対策の基本方針を取りまとめた「被害者対策要綱」が制定された。これを契機に警察による被害者支援策が具体化し、各都道府県の警察による被害者支援の具体的な取り組みが行われるようになった。

（2） ミッチェル（Michell, 2004）は、ミロン（T. Millon）の人の問題対処スタイルに関する類型論、すなわち認知志向型と情緒志向型の二類型に言及し、危機において、被害者がいずれのタイプなのかを見極めて危機介入を考える必要があると述べている。認知指向型の人とは、危機状況を分析し、問題解決をめざそうとするタイプを表す。解決過程に参加し、統制した状況を作り出そうとする傾向にある人をいう。一方、情緒指向型の人は、感情の表出や自由な言動を行うことで危機を解決しようとする。このタイプは、支援者への依存度が高くなり、積極的な介入を望む傾向にある。両者の違いを見極め、そのタイプに見合った危機介入を行うことが重要となる。本文中にあるような具体的かつ現実的なサポートは、被害者に対して一律に、という意味ではなく、情緒指向型の強い人には、感情の浄化（ventilation）を目的としたカウンセリングによる危機介入を優先しなければならない場合もある。

犯罪被害者支援の窓②

目に見える支援

1．混乱期では，犯罪被害者や遺族は，現実感が乏しくあらゆる事柄に対する決定能力が低下することが多い。何をすればいいのか，それすらもわからない状況に陥ることを心にとめておく。

2．被害者が自らのニーズをとらえきれないとき，「何でもしますから言ってください」というアプローチはあまり有益ではなく，かえって被害者の重荷になる可能性がある。

3．混乱期では，「心のケア」だけに目を奪われるのではなく，「生活」を支える現実的で具体的な支援も積極的に取り入れる。

4．混乱期における生活支援は，待ちの姿勢ではなく，気がついたことを積極的に被害者に伝え，行動に移していく姿勢が求められる。

5．混乱期の犯罪被害者に対しては，犯罪後に待ち受けている課題，たとえば司法解剖の手続き，マスコミ取材，葬儀，警察対応などについて前もって説明できるような「コンサルタント」の役割が重要になる。

6．混乱期におけるコンサルタント機能は，被害者に理由を明らかにしないで，一方的に指示してはならない。具体的かつ現実的な「支援メニュー」を提示できるように準備することを考える。

7．支援メニューでは，被害者が支援のバリエーションから必要な支援を選択できるようなシステムを採用することが望まれる。

8．被害が組織・機関の中で起こった場合，情報が限られている混乱期であっても組織や機関の責任者ができるだけ早期に被害者に面会し，もてる限りの情報開示を行うべきである。

第4章 「二次被害」と向き合う——さらなる「心の傷」を防ぐために

私たちの娘は、刃物で刺されて亡くなりました。さらに、救命措置のために胸を大きく開けられました。その上に「司法解剖」と言われたのです。麻希は、まだ七歳の小さな女の子です。数時間の間に三度も体に傷をつけるなど、私たちには到底受け入れられることではありませんでした。

事件から数週間は、はっきりとした現実感をもてないまま、その日その日を過ごすことで精一杯の状態でした。
「なぜ、麻希がこんな目に遭わなければならないのだろう」
「なぜ、私たちがこのような予期せぬ犯罪の犠牲にならなければならないのだろう」
答えのない問いかけが容赦なく私たちの脳裏に浮かんでは消えていきました。その都度、言葉では言い表せない「痛み」を感じずにはおれませんでした。

麻希の死はあまりにも突然でした。短いけれども麻希のたどった人生をもう一度受けとめたい、麻希が生きていた証をしっかりとつなぎとめておきたい、麻希のたましいをしっかりと自分の中にとどめておきたい。

麻希への思いは絶えることはありません。この気持ちは、私たちが生きている限り続いていくことでしょう。麻希の死と向き合い、麻希のたましいと対話していくこと。これは、時にはつらいことですが、これからもずっと続いていく、私たちにとってかけがえのない時間なのです。

しかし、現実は私たちの思いや希望とはかけ離れたものでした。麻希の死に向き合うどころか、ありとあらゆる煩雑な手続きに追われ、忙殺されました。さらに、次々と押し寄せる心ない対応。私たちを待っていたのは、娘の命を奪われるという痛みだけではありませんでした。犯罪被害に付随する新たな苦痛が、私たち家族を待ち受けていたのです。

1 被害者支援の視点

池埜　聡

「二次被害」という言葉がようやく社会にも浸透するようになりました。警察での事情聴取やマスコミによるいわれもない報道などが犯罪被害者に立ちはだかるのです。しかし、二次被害の実態は、正確に理解されているとはいえません。それは想像を絶する過酷な被害といっても過言ではないのです。

第4章では、二次被害に焦点を当てます。最初に、二次被害を司法解剖、報道被害、支援者による被害に分類し、それぞれの基本的な枠組みを提示します。次に、酒井さんが経験した二次被害の実態について伝えてもらいます。そして、二次被害を防ぐ支援の方向性について一緒に考えていきたいと思います。

二次被害とは

これまで、犯罪被害者（遺族）がたどらざるを得ない「被害後」の試練については、あまり報告されることはありませんでした。

殺人など社会的に関心の高い事件は、その発生直後からマスコミが大きく取り上げます。しかし、一週間もしないうちに取材の目は新しい事件や出来事に移り、多くの事件は次第に取り上げられなくなります。事件直後には大きな関心が寄せられても、時間の経過とともにその関心はいつの間にかどこかへ消え去ってしまうものです。

しかし、その忘却の中で、被害にあった人々は消えることのない痛みを抱え、途切れることのない煩雑な手続きに向き合い、多くの人から受けるいわれのない苦痛に絶えながら時を過ごしているのです。その苦痛は、ともすると犯罪による直接的な痛みよりも強いものとして感じる被害者もいます。

犯罪や災害などに付随して生じる被害のことを「二次被害」と呼びます。二次被害は、当初レイプなど性暴力被害を受けた女性被害者が、警察や司法関係者（多くの場合男性）と接触する際、自ら被害状況を話さなければならない状態に追い込まれることへの苦痛に対して使われていました。「私は二度殺された」（緑河、一九九八）というレイプ被害者の声は、如実に二次被害の苦しみを物語っています。

二次被害の定義はまだ確立されているわけではありません。諸澤英道氏は、著書『新版被害者学入門』（成文堂）において、全ヨーロッパ被害者援助機構（The European Roof Organization for Victim Assistance）の定義を引用し、以下のように説明しています。

「二次被害とは、犯罪の結果としての被害に付随してもたらされる追加的苦痛、たとえば、友人・親戚・医者・刑事司法制度などによる間違った扱いによって生じる」（一三三〜一三四頁）

このように、二次被害とは、警察や司法関係者との接触から生じる不快な思いや苦痛のみを示すのではありません。犯罪被害に関連した、ありとあらゆる人々から受ける二次的な痛みを総称して使われるようになっています。

一九九〇年代後半になり、日本でもようやく犯罪被害者の人権について語られるようになりました。そのきっかけの一つとして、犯罪被害者が受けたさまざまな二次被害の実態を、被害者自らが社会に公開した勇気ある行動を挙げることができるでしょう。マスコミの執拗な取材で仕事を辞めた、近隣の中傷で引っ越した、親族からつきあいを断られた……。被害者が、まるで悪いことをしたような扱いを受けることは決して少なくないのです。

これら二次被害は、ただでさえ犯罪に遭って心身ともにダメージを受けている被害者に、追い打ちをかけるかたちで負荷を与えます。二次被害は、犯罪による直接被害（一次被害）と相まって、ひどい場合は日常生活に支障が出るほど健康を損なう場合があります。慢性的な抑うつ、心身症状、不眠、ＰＴＳＤなどに陥る要因にもなるのです。

このように、一次被害、二次被害に伴い、心身の健康を害する状態にまで追い込まれることを「三次被害」と呼ぶことがあります（諸澤、一九九八）。一次被害、二次被害、そして三次被害の関係については、図7のように示すことができます（図7参照）。

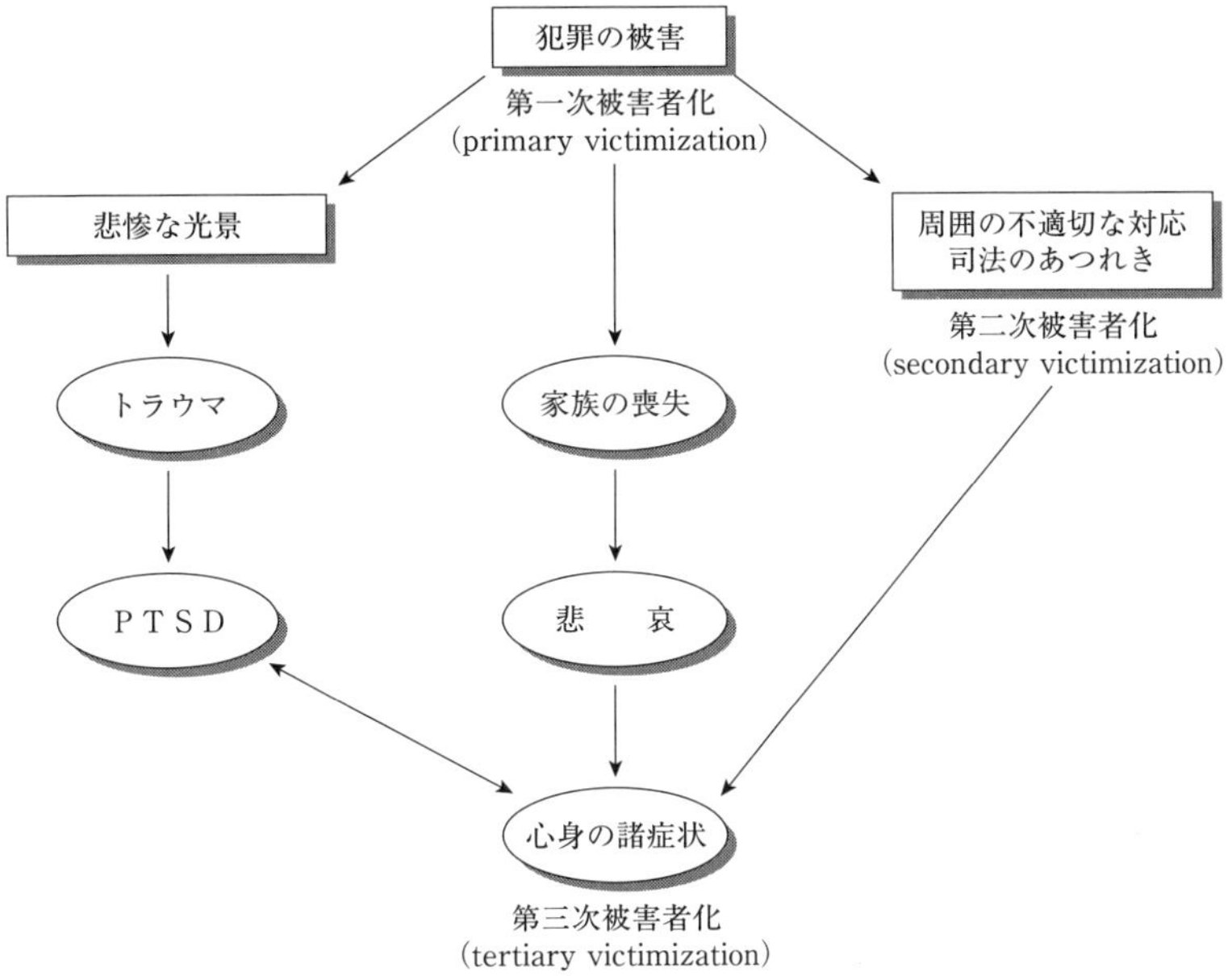

図 7　犯罪被害が遺族もたらす心理的影響
（加藤，1999；大和田，2003をもとに作成）

酒井さんも例外ではありませんでした。酒井さんとのインタビューの大半は、麻希ちゃんが被害に遭ってから三年にわたって受けた、数々の二次被害についてふり返ることに時間が割かれました。

麻希ちゃんはいつものように登校し、元気に学校の教室で授業を受けていました。ただそれだけなのです。それにもかかわらず、麻希ちゃんは人の手によって命を奪われました。さらに、遺された家族も三年にわたって二次被害を受けてきたのです。

酒井さんが受けた二次被害を理解するため、ここでは大きな三つの出来事を取り上げたいと思います。それらは、①麻希ちゃんの司法解剖にまつわる被害、②マスコミによる報道被害、そして③支援者から受けた被害です。

司法解剖と遺族

司法解剖と聞くと、推理小説に出てくるような、発見された遺体から死因を突き止め、犯人逮捕につながっていく捜査手続きを連想される人も多いことでしょう。

司法解剖とは、犯罪に関係のある死体、あるいはその疑いのある死体の解剖をいいます。司法解剖は、刑事訴訟法第一六八条に基づいて、裁判所の発行する「鑑定処分許可状」を得て行われます（塩野・清水、一九九六）。司法解剖は、通常、東京都や大阪府など大都市圏に配置されている監察医か、大学病院の法医学教室が担当します。

ここで注意しなければならないのは、司法解剖とは、裁判所から「鑑定処分許可状」が出されたら、遺族の同意がなくても強制的に実施することができるという点です。実際の現場では、遺族の同意なしで警察から裁判所に直接「鑑定処分許可状」の申請が出され、すぐに発行されるのが一般的です。つまり、司法解剖に関しては、遺族の意思は二の次になることが多いのです。家族の同意をとらないでもいいという点は、死体解剖保存法第七条に定められています。

昨今、医療過誤が社会的問題としてクローズアップされています。医療過誤に限らず患者の死因が特定できない場合、遺族はむしろ積極的に解剖を望む場合があります。この場合の解剖は「病理解剖」と呼ばれ、司法解剖とは区別されます。司法解剖の場合も、死因が特定できなかったり、犯人逮捕につながる有益な情報が得られる可能性があるのであれば、遺族が解剖を望むこともあるでしょう。

しかし、酒井さんの場合は違いました。麻希ちゃんの命を奪った犯人はその日のうちに逮捕されました。犯人の刃物で致命的な傷を受けたことは火を見るより明らかでした。

それでも司法解剖は避けられない手続きとなりました。たまたま麻希ちゃんが運ばれた病院が大学病院だったため、そこには法医学教室があり、そのままその病院で司法解剖を受けることになったのです。

麻希ちゃんの死因を科学的に証明すること。さらに犯人の殺人行為を実証すること。これらは、すべて犯人の犯行を立証する裁判のための情報となります。つまり、検察が必要とするのです。

犯罪被害で家族を失った多くの遺族は、司法解剖の不条理さに直面し、苦悩します。「司法解剖はしてほしくないと頼むと、『亡くなった人、全部やるんだから』『裁判所の命令だから』と言われて言い返せなかった」、「霊安室では安らかな顔だった夫が、司法解剖を受けて帰ってきたら顔が切り刻まれていた」、「司法解剖を終えて棺の中を見たら娘はなにも身につけていなかった。どうして浴衣一枚解剖した人が用意しなかったのか……」

河原理子氏は、著書『犯罪被害者』（平凡社新書）を著し、ジャーナリストの立場から地下鉄サリン事件の被害者遺族の経験をこのように紹介しています（二五～二七頁）。

司法解剖を定める監察医制度には、「行政解剖の場合、裁判所から出される鑑定処分許可状があれば遺族の承諾は必要としないが、十分司法解剖の必要性を遺族に説明し、遺族の了解のもとで解剖を開始するのが望ましい」と記されています（福島、二〇〇二：七）。しかし実際は、説明はおろか、解剖に携わる担当医が誰なのか、紹介すらされないことも少なくないようです。

司法解剖は、犯罪被害者遺族にとって避けられないハードルかもしれません。しかし同時に、その手続き、説明の仕方、解剖後の対応などで遺族の痛みを少しでも緩和することができるのではないでしょうか。遺族不在の司法解剖、とくにインフォームド・コンセントのあり方が問われなければなりません。

報道被害

報道被害――この言葉が社会的に頻繁に使われるようになったのは、ここ数年のことでしょう。報道被害とは、マスコミによる取材や報道によってもたらされる、ありとあらゆる被害を総称するものです。プライバシーの侵害、事実誤認、強引な取材攻勢、同意のない写真の掲載などが挙げられます。

表5　報道被害の対象

〈犯罪被害者側〉	〈犯罪加害者側〉
□　被害者本人 □　被害者の家族 □　被害者の職場や学校 □　被害者の住む地域	□　加害者本人 □　加害者の家族 □　加害者の職場や学校 □　加害者の住む地域

報道被害を受ける可能性のある人は、大きく被害者側と加害者側に分けられますが、さらに両者はそれぞれ四つのレベルに分けられます。表5は、その分類について示しています（酒井，二〇〇二）（表5参照）。

このうち、「犯罪被害者側」に対する報道被害については、これまであまり知られることはありませんでした。被害者側の報道被害の実態を世に知らしめたのは、一九九四年の松本サリン事件で冤罪被害を受けた河野義行さんではなかったかと思います（河野，一九九六・二〇〇二）。河野さんは、妻がサリン被害に遭ったにもかかわらず、農作業用の薬品を所持していたこと理由にマスコミによって犯人呼ばわりされました。その痛み、悔しさ、怒りは想像に難いものです。

その後、一九九七年の東京電力女性社員殺害事件(1)、同じく一九九七年の神戸児童連続殺傷事件、そして一九九九年の文京区幼女殺害事件(2)など、行き過ぎた報道によって被害者および被害者遺族の名誉が著しく傷つけられました。これら事件の被害者が、勇気をもって自らの体験を語ることで、ようやく社会も犯罪被害者とその家族に対する報道被害を問題視するようになりました。

対象を殺人事件の遺族に限ってみても、報道被害は多岐にわたります。マスコミによる取材依頼の電話が鳴りやまない、インターフォンが鳴り続ける、取材依頼のファックスが何度も入る、取材依頼の手紙が山のように押し寄せる、勝手に写真が掲載される、誤った情報が報道される……。このようなことは多くの遺族が経験することでしょう。

報道は、被害者の住む地域にも多大な迷惑を及ぼすことがあります。一九九九年に京都市の日野小学校で起きた児童殺害事件では、その取材のすさまじさに地域住民が立ち上がり、協働でマスコミ対策を行いました。その経過は、『マスコミがやってきた――取材・報道被害から子ども・地域を守る』（人権と報道関西の会編、二〇〇一）に詳しく掲載されています。

この本によると、取材陣による交通妨害、子どもへの無差別な撮影、子どもへの取材による精神的苦痛、取材陣がたむろしていることによる自由な外出の制限、など報道被害の実態が詳細に記録されています。これらの報道被害によって、被害者のみならず地域住民もストレスをためてしまい、精神的に参ってしまったという報告がなされています。

報道被害に対する意識が高まる中、報道側も対策を模索していることがうかがえます。梓澤和幸氏によると、テレビなどメディア側からは、取材姿勢を定める放送倫理基本綱領、民間放送連盟報道指針などに「被害者の痛みや苦悩に心を配り、節度をもった姿勢で接すること」という記載が盛り込まれるようになりました（梓澤、一九九九）。

一方、日本新聞協会によって定められた新聞倫理綱領には、被害者への配慮に関する記載はいまだに見られないようです(3)（日本新聞協会：http://www.pressnet.or.jp）。新聞も、被害者取材への自主的な配慮の兆しは見られるものの、あくまでもケース・バイ・ケースであり、各社の温度差は否めません。週刊誌やタブロイド紙に至っては、配慮はおろか被害者バッシングともとれる記事を今なお掲載し続けているのが現状です。

報道被害は、その存在自体がようやく社会に認知されつつあります。しかし、その実情については、まだまだ十分に明らかにされたとはいえません。報道被害の実情をなかなか知りえない一つの原因として、多くの犯罪被害者が精神的な苦痛を抱え、報道被害の経験を語るだけのエネルギーをもち得ないことが考えられます。

あるいは、マスコミに物申しても、結局は正確に伝わらず、マスコミからさらなるバッシングを受けることを恐れる被害者もいるでしょう。その意味で、酒井さんの経験は、報道被害の実態を知る上で貴重なものになるはずです。

支援者による二次被害

二次被害は、司法解剖やマスコミ取材によってのみ、もたらされるものではありません。被害者の回復を支えるはずの支援者自身が二次被害をもたらしてしまうことも少なくないのです。ここで言う支援者とは、心のケアを行う専門家とは限りません。警察、司法関係者、学校関係者、医療関係者なども含みます。

とくに、犯罪被害者遺族と向き合うとき、支援者も犯罪の不条理さやむごさを強く感じてしまいます。そのため、遺族に対してどのように声をかけていいのかわからなくなることもあるでしょう。この迷いは、心の専門家でも感じるものです。

ましてや心のケアを専門としない支援者であれば、いざ犯罪被害者や遺族と接すると、「何をどう言っていいのかわからない」といった焦燥感を感じてしまうことでしょう。前章でも少し触れましたが、犯罪被害者に関する基本的な知識や経験がない場合、「自分が何とかしなければ」とむやみに気負ってしまうことがあります。逆に、被害の深刻さに圧倒されてしまうといった状態に陥りやすくなります。

支援者による二次被害に共通するのは、

「誰のための支援なのか」

という支援の基本原則を見失っていることに起因するという点です。このとき、被害者の視点やニーズは置き去りになっているかもしれません。支援者自身の専門性やとらえ方が先行しているかもしれません。その枠組みに合う部分だけに支援をしようとしてしまうのです。このようなときに、被害者は支援者から二次被害を受けたと感じるのです。

2　私たちの経験

酒井　肇・智恵

混乱の中で通夜、そして葬儀を終え、これからどのように生活をしていったらいいのか、戸惑うばかりでした。また、この事件の成り行きは一体どうなっていくのか。もう一人の子どもにどのように接していけばいいのか。学校の対応はどうなっていくのか。ありとあらゆる不安が押し寄せてきました。

一方、現実には、それら不安に向き合いながら、何とか生活をしていかなければなりません。私たちは「犯罪被害者」というまるで別人になってしまったような印象をもたれる人もおられるでしょう。でも、そうではないのです。私たちは、言葉にできない痛みを抱え、事件に伴うさまざまな雑務をこなしながら、それでも人として家族として、暮らしを続けていかなければなりませんでした。

しかし、日常の生活を取り戻すのは、たやすいことではありませんでした。

二次被害――まさにそう呼べる障害が待ち受けていたのです。時間を事件当日に戻し、私たちが事件直後から受けた二次被害についてふり返ってみたいと思います。

①　避けられなかった司法解剖

なぜ三度も……

二次被害としてまず頭に浮かぶのが、司法解剖をめぐる経験です。心臓マッサージを止めてもらった後、口に入れられていたチューブもすべて抜き取った状態で麻希が一室に運ばれてきました。私たちは本当にこれが麻希なのか実感をもてず「麻希なんだよね、麻希なんだよね」と確かめ合ったのを憶えています。

検死が済み、再び警察関係者が来て、いきなり「今から司法解剖をしますから、席を外して下さい」と言われました。つい今しがた救命処置を終え、付着していた砂などを払ってきれいにしてもらった矢先のことです。一瞬耳を疑いました。

「どうして、何のために司法解剖をするのですか」

「それは犯罪で亡くなった方はすべて、司法解剖することになっているのです」

「でも、うちの子は犯人に刺されて死亡したのだから、司法解剖はいらないでしょう」

「いや司法解剖しないといけないんです」

このような押し問答が警察との間で続きました。

私たちの娘は、刃物で刺されて亡くなりました。さらに、救命措置のため胸を大きく開けられていました。犯人に刺され、救命措置でも胸を開かれていたのです。いずれの傷跡も、私たちの希望もあり担当医師によってふさいでもらっていました。

「これ以上、さらに体にメスを入れるのか。三回も」

麻希は、まだ七歳の小さな女の子です。数時間の間に三度も体に傷をつけるなど、私たちには到底受け入れられることではありませんでした。

「三回もやめてほしい。お願いですから勘弁してください」

「これは警察のルールだから」

警察は、「司法解剖をしなければならない」という一点張りでした。結局、私たちの思いは受け入れられませんでした。たまたま搬送されたのが大学病院ということもあり、麻希はそのまま大学内の法医学教室で解剖を受けることになりました。

◎実験室のようなところで

しかし、待てども待てども解剖は始まりませんでした。その間、夫婦で話し合い、母親が家に戻って麻希の帰宅を受け入れる準備をし、父親がそのまま残るという決断をしたのでした。

ようやく法医学教室に麻希が移動することになりました。でも、法医学教室は救急部から離れたところにあり、かなり移動しなければなりませんでした。救急部には待合室がありましたが、私（酒井肇）としては当然子どもの側にいてやりたいという気持ちを強くもちました。ですから、麻希と一緒に法医学教室まで行ったのです。

救急部から長く薄暗い廊下を延々と移動し、ようやく法医学教室にたどり着きました。そこは、人間を手術するオペ室のようなところではありませんでした。表現は悪いですが、動物実験が行われるような寂しげなところでした。

麻希が部屋の中に入ると、私はどこで待っていいのかわかりませんでした。まわりには椅子も何もないのです。そのまま部屋の前に立っていると、白衣を来た一人が「中に入りますか？」と言われました。解剖を行う部屋の中に入るかどうかと聞かれたのです。あまりに唐突な問いかけでどう答えていいのかわからず、思わず「いいえ、結構です」と返答しました。

そのまま、解剖が始まりました。扉付近に立っていると、事務的な会話や耳をふさぎたくなるような言葉が聞こえてきました。まさか扉の外にまだ遺族がいるとは思わなかったのでしょう。彼らの私語も聞かれました。もう、いたたまれない気持ちになりました。

結局、すぐそばにあった別の扉を見つけ、開けると中庭のような場所に出ました。中庭といっても、座るところさえない、ガランとした狭い空間です。そこでただ呆然と立ち尽くし、司法解剖が終わるのを待ち続けたのです。徐々に日が暮れてきて、ゆっくりと暗くなっていきました。太陽が沈み、夕焼けから夜のとばりが降りる。やがて星々が夜の空に瞬いていく……。

時間にしたら四時間ほどでしょうか。その光の変遷は、今でもまぶたに焼き付いています。

その間、被害者支援対策室の婦警さんや警察関係者が行き来しているのが見えました。でも、声をかけてもらうことはありませんでした。もはや時間の感覚も麻痺したまま立ち尽くしていると、司法解剖が終わった様子がうかがえました。そして、再び麻希のそばに付き添いました。

この期に及んで……

その後、警察関係者の一人が来て「本来なら全部開けなければならなかったけれども、今回は子どもということで、首から上には手をつけませんでした」といった内容のことを言われました。そして次のように一方的に説明されました。

「司法解剖は、死因が明らかに刺し傷だということを科学的に立証するものです。内臓疾患があって心臓停止で死んだのではなく、また、食中毒で死んだのでもなく、明らかに刺し傷が死因であるということを証明するために司法解剖をするのです。附属池田小学校の子どもたちも、たとえば脳の血管が破裂して死んだのではないということを証明するために頭も開かないといけなかったのですが、それはしなかったのです」

司法解剖の前に警察との間でかなり押し問答があったため、警察として再度解剖の必要性を説明しておこうと思ったのかもしれません。しかし、私には「頭や顔にメスを入れなかっただけましですよ」と言われたようなものでした。慰めどころか、怒りさえ感じました。解剖が終わった時点で、このような求めもしない説明をする姿勢に半ば呆れて「ああそうですか。でも僕が言いたかったのはそういうことではないのです」と言うのが精一杯でした。これ以上、言葉は続きませんでした。

すでに葬儀会社に連絡をしていたため、車の手配はできていました。

「さあ、これでやっと一緒に帰れる」

そうと思ったとき、警察関係者に「酒井さん、司法解剖が終わったので今から手続きをしますから、池田警察署に行ってください」と言われました。延々と待たされた挙句、さらに車で三十分はかかる警察署に行けというのです。「その手続きは後でします。とにかく子どもと家に帰してください。家内も家で待っていますから」

こう伝えました。一刻も早く麻希を家に帰してあげたい一心でした。

「いやダメです。今から池田警察に行って、書類の手続きをしてください」

もうらちがあかず、家で待っていた妻に電話で状況を説明することになりました。自宅で、私たちの電話のやりとりを聞いていた被害者支援対策室の婦警さんが見るに見かね、関係者に電話でかけ合ってくれました。

「酒井さん分かりました。じゃあその書類を池田警察から持って来させます。その代わり、担当者がここに来るまで待ってください」

結果的にこのような指示をもらうに至りました。便宜を図ってくれたのでこれ以上抵抗することもできず、さらに三十分ほどその場で担当者が来るのを待ったのです。

私たちの場合、たまたま阪大病院に運ばれて救命措置を受け、その敷地内で司法解剖を受けました。今回の事件で同じく子どもを亡くされた方々の中には、最初、別の病院に搬送されたため、警察署を経由して阪大病院にこられた方もおられます。しかし、法医学教室には、処置台が二つしかありません。そのため、未明になってようやく司法解剖を終えられたご遺族もおられると聞いています。

司法解剖を言い渡されたショック、待つことのつらさ、そして何度も傷つけられた麻希の苦しみを考えると決して忘れることのできない出来事です。

②押し寄せる報道被害

「表から帰してあげたかった」

報道被害。マスコミから受けた多くの対応はまさしく二次被害であり、私たちを恐怖に陥れました。第2章、第3章でもお伝えしたとおり、報道関係者は、事件直後から現場や病院に怒濤のごとく押し寄せ、否応なしにカメラを回し、シャッターを切り、マイクを突きつけました。事件当日や裁判初公判のときは、取材ヘリコプターが空を舞い、電話もできないような爆音をとどろかせました。今でもあの音は耳に残っています。

私たちの目には、これら報道関係者の姿勢は、誰よりも早く情報を入手し、少しでも現場の臨場感を映し出す画像を撮ろうとするマスコミ本位のものとしか映りませんでした。

司法解剖を終え、麻希とともにやっとの思いで家にたどり着いたときのことは忘れられません。押し寄せたマスコミのため、麻希を表の玄関から中に入れてあげることができなかったのです。

そのとき、家のまわりはマスコミの人だかりで異様な光景に包まれていました。私たちでさえ麻希が死んでしまったことを受け入れることができないのに、どうしてまわりの人に写真を撮られたり、テレビ放映で何の縁もない人に見られなければならないのか。なぜ見せ物のように扱われなければならないのか。やっとの思いで家族が再会し、一緒に帰宅したのに、なぜそっとしておいてくれないのか。マスコミの姿勢は、私たちの理解を越えており、許すことができませんでした。

しかし、黒山の人だかりとなったマスコミをもはや排除することは不可能でした。本当に苦渋の選択でしたが、裏口から車を入れることを決断しました。どうしても見ず知らずの人に麻希を撮られたくなかったのです。ちょうど家の前の通りが一方通行だったため、麻希を乗せた車の運転手は、その道をわざわざ逆走してくれました。そして、裏口から駐車場に車を入れてくれたのです。裏口に入った後は、警察関係者がマスコミをシャットアウトして中に入れないようにしてくれました。

このときは、麻希にとって、そして私たち家族にとって、二度とやり直すことのできない最後の帰宅でした。麻希が大好きだった小学校から家に帰るのは、もうこれで最後となるのです。

この最後の帰宅を誰にも邪魔されず、家の玄関からきちっと迎えてあげたい。ただそれだけなのです。朝、元気に家を出て、学校の教室で授業を受けていただけなのに、暴漢によって命を奪われた。こんな理不尽な目に遭った麻希を、せめて表から家の中に入れてあげたかった。ただそれだけなのです。

でも、その望みはかないませんでした。まるで、私たちが悪いことをしたかのように、コソコソと裏口に廻って、裏から亡骸を抱えて階段を上り、家にたどり着いたのです。今でも表から帰してあげられなかったことが悔やまれてなりません。

葬儀でも……

通夜と葬儀でも、マスコミ対応に翻弄されました。翌日、葬儀場に行くために家を出るときも、詰めかけたマスコミのために裏口から出発せざるを得ませんでした。カーテンを引いた車両の中は、カメラのフラッシュで真昼のように明るくなり、戦慄が走りました。

ひどく私たちを傷つけたのは、マスコミ関係者が葬儀の参列者に紛れ込み、録音機を持ち込んで葬儀の一部始終を録音していたことです。後日、喪主の挨拶などが一言一句違わず掲載されているのを不思議な思いで眺めていました。まさか葬儀会社がマスコミに伝えるはずもなく、ようやく録音されていたことに気づいたのです。

今回の事件で、子どもを亡くした遺族の挨拶すべてがある新聞に掲載されました。私たちは、マスコミをできるだけ排除しようと多くの人に協力してもらいました。それだけに、録音の事実には本当に驚きました。麻希と私たち家族を全く知らない赤の他人が追悼以外の目的で参列し、さらに私たちに何の許可もとらず挨拶などを録音して公表する。このやり方にはいまだに憤懣やるかたない思いを抱きます。

また前章でも述べましたが、葬儀の際、葬儀会社がバスを横付けし、暗幕を用意してマスコミの排除に力を貸してくれました。それにもかかわらず、葬儀会場の駐車場を出るときには、暗幕を通しても昼間ぐらいに明るくなるほどフラッシュをたかれました。それはもうすさまじいもので、恐怖以外のなにものでもありませんでした。

これらは、私たちが受けた報道被害のごく一部です。私たちが全く知らないうちにどこから入手したのかわからない写真が掲載される、出勤途中に待ち伏せされる、子どもの通園時に取材攻勢をかける、全く事実と異なる内容を書かれる、写真が欲しくてインターフォンを鳴らし続ける、取材依頼の電話・ファックスをひっきりなしにかけてくる。麻希の死に向き合うこともままならないほど、私たちの生活はマスコミによってかき乱されたのです。

③ 支援者から受けた痛み

「心のケア」の薦め

葬儀を終えると、弔問客の対応やマスコミの排除などで忙殺される日々が待っていました。その日々の中で、いろいろな立場の人から支援の申し出を受けました。その多くは、カウンセリングの提案でした。それら支援の申し出については、今でも感謝の気持ちでいっぱいです。孤独から救われる思いでした。しかし、残念なことですが、支援を申し出てもらった人から二次被害と呼べるつらい対応も受けました。ここでは、主に母親（酒井智恵）の立場からふり返ります。

事件直後から、大阪府警の被害者支援対策室担当の婦警さんについてもらったことは前述したとおりです。マスコミの排除から子どもの通園のサポートに至るまで、細かな支援を受けることができました。しかし、それは十一日間の期限があり、継続して支援を受けることはできませんでした。犯罪被害は後を絶たず、私たちだけについていることはできなかったのでしょう。短い間でしたが、その実質的な支援はかけがえのないものとなりました。

支援が終わりに近づき、婦警さんからカウンセリングの機関や今後の支援の可能性について情報を提供してもらいました。また、子どものサポートを目的として、共著者である武庫川女子大学助教授の倉石哲也先生にも幼稚園の先生方を通じてすでに会っていました（詳しくは第6章で述べています）。

こうした中、私たちは一体どのように支援を受けていけばいいのか判断に窮していたのも事実です。

正直なところ、被害直後から数か月の間は、カウンセリングが必要だという実感はありませんでした。カウンセリング＝サポートという感覚が良くわからなかったのです。今思うと、それは当然だったかもしれません。なぜなら、夫婦ともにカウンセリングと呼ばれるものを一度も受けたことがなかったのですから。いろいろな人から「カウンセリングは？」と言ってもらったので、「こういう被害者になったときにはカウンセラーというのが必要なのかな」と漠然と思った程度でした。

もう来ないでほしい

支援を受ける・受けないの判断もつかないうちに、大阪教育大学から派遣された専門家に会うことになりました。二人が来宅され、最初は挨拶と事件後の生活について簡単に話をしたぐらいだったと思います。その時は、一人が女性で話しやすさを感じました。それで「もう一度お会いしましょう」というかたちで、最初の面会を終えました。

しかし、二回目は全く別の精神科医が学校の先生とともに来宅しました。「なぜ前回と違う人になったのか」と問う間もなく、その精神科医はいろいろと私に聞いてきました。

それで仕方なく、事件後三週間経って初めて子どもと外出したこと、そのときに子どもが私から少し離れて走ったのを見て、強い不安を感じたことなどを話しました。麻希を失った直後でしたから、子どもが自分の手から離れるという状況に不安を感じて動悸がしたのです。さらに、疲れのせいか、そのときは声が出にくくなっていました。弔問客が多く、話すことが多かったのと、元々のどが弱かったので、私自身は声のことをあまり気にはしていませんでした。

すると、その精神科医は「声が出ませんね」とまず指摘しました。「ちょっと口を開けて見せてください」と言い、懐中電灯で口の中を照らしました。そして「のどは赤くないのでこれは明らかにストレスです」といきなり言われたのです。

「動悸がしたということですが、薬を飲めば楽になります。薬を飲むのは悪いことではありません。私も眠れないときには飲んでいます」とも言われました。その後、薬のこと、症状のことを延々と話し、挙句の果てに時計を見るなり「次がありますから失礼します」と言って帰っていったのです。

帰ったあと、私は気分が悪くなり、落ち込んでしまいました。薬をもらおうなどとは全く思いませんでした。私は、自分の体調として、薬を飲まないといけないような感覚はありませんでした。カウンセリングということで会っているのに、一回目とは別の人が来宅し、さらに一方的に話し、投薬を勧めて帰っていったのです。不快感以外に何も残りませんでした。

「もう来ないでほしい」

結局、この精神科医の再訪を断る電話を入れました。その後、大阪教育大学およびメンタルサポートチームからは、何の連絡もありませんでした。そのうち、学校の安全管理体制の問題が明らかになるにつれ、附属池田小学校ならびに大阪教育大学の安全管理責任が問われる情勢となりました。安全管理責任が問われようとしている学校側から被害者である私たちが支援を受けるという構図自体に大きな疑問を感じるようになりました。

今思うと、私はこの精神科医から「こういう症状だからこの薬を」といった、まるで「片づけ仕事」のように扱われたと感じています。私は、ただ子どもが亡くなったということがすごく悲しくつらく、その痛みにどうやって向き合って暮らしていけばいいのかわからない状態だったのです。そんなときに、いきなり「ストレス反応ですから薬を」と言われても受け入れることはできませんでした。

私は、犯罪被害に遭った人は誰でもストレスを抱えてしまうと思います。でも、いきなり心が病気になってしまうわけではないはずです。パニックになって判断能力が鈍ったり視野が狭くなったりすることはあるかもしれません。しかし、それは病的なこととは限らないし、いきなり「薬を飲むべきである」という判断にはならないと思います。私の場合、まるで心が病気になったような不安と衝撃を感じました。

誰のための支援なのか

カウンセリング以外の支援者からも、疑問に残る対応をされたことがあります。事件から数か月がたち、初公判が迫っていました。その頃から、常磐大学教授の長井進先生に校舎改築問題や裁判の対応などについて、いろいろ助言をしてもらうようになっていました（詳しくは次章で紹介します）。長井先生の提案もあり、八遺族の母親たちで裁判の対応など、情報の共有を目的とした会合をもつことになりました。ある支援団体の協力によって部屋を借り、初めて集まることになりました。

最初の会合には、長井先生に加え、ご自身も交通事故でご子息を亡くされた経験をもつ被害者自助グループ「小さな家」主宰・被害者支援都民センター事務局長の大久保恵美子さんがわざわざ遠方から駆けつけてくださいました。大久保さんからは、①裁判での傍聴席の確保、②裁判所における控え室の確保、③検察による公判内容の説明、④起訴状写しの請求、⑤マスコミ対策、といった裁判所に要望できることを教えてもらうことができました。具体的な手続き方法についても教えてくださり、大久保さんのおかげで裁判に対してしっかりした準備をすることができました。裁判は初めての経験です。大久保さんの支援には、本当に助けられました。

この会合の際、場所の提供などで協力してくれた支援団体の方から、「私たちのスタッフの誰かをこの会合に参加させてほしい」という要望が出されました。支援団体としては、場所を提供していることもあり、実際に支援しているということを明らかにするために、その会合にスタッフとして参加させてほしいということでした。

しかし、遺族同士の会合は初めての試みですし、遺族以外の方とは共感できないところもあります。私たちの思いは、簡単に外部の人に言えるものではありませんでした。

二回目の会合の時も、同じ支援団体の方から「ここを使うには、私たちのスタッフを一人入れてください」と何度か言われました。「やはり、誰かが中に入らないとこの場はちょっと……」とも言われたのです。何度もスタッフの参加を打診されるので、「部屋をミーティングのために使いたいだけですので、今後もお借りすることはできますか」と尋ねると、「いえ、そういうかたちでは、お貸ししていません」と即答できっぱり断られました。どうしても意思疎通がうまくいきませんでした。

結果的に、この会合は二回で終結しました。この支援団体にもいろいろな制約があり、その枠組みの中で私たちに支援の手を差し伸べようとしてくれたのだと思います。しかし、私たち遺族による会合の趣旨や私たちの希望が置き去りにされたようで、残念な気がします。支援を受けることの難しさをあらためて痛感する経験となりました。

3　今後の被害者支援に向けて

池埜　聡

酒井さんが受けた情け容赦のない二次被害の実態は、これだけにとどまりません。インタビューでは、このほかにも信じがたい二次被害の事実を詳しく述べられました。現在もなお、二次被害は進行しています。ここでは、酒井さんの経験をふまえ、犯罪被害者への二次被害を防止するための方法について検討してみたいと思います。

司法解剖をめぐって

司法解剖は法律で決められていることであり、司法解剖自体を二次被害と呼ぶことに違和感をもたれる読者の方も多いと思います。しかし、犯罪被害者遺族の立場としては、司法解剖は被害直後に直面する「第二の傷」とも呼べる過酷な試練です。

犯罪被害はあまりにも唐突に襲ってきます。現実感をもてないまま、家族は遺体から生きているぬくもりを感じとろうとするのです。そのような家族との貴重な触れあいを引き裂き、再び家族の体が切り刻まれるのです。「ああそうですか」とすんなり受け入れることはできないでしょう。

司法解剖が避けられない手続きだとしても、その説明の仕方や遺族への配慮は改善の余地があるのではないでしょうか。「遺体の尊厳」という価値を再度医療従事者は理解し、実践に反映させてほしいと思います。

また、現代の医療では、患者に対するインフォームド・コンセントの必要性が大きくクローズアップされています。この原則は、司法解剖にも適用されるべきだと考えます。家族にとっては、遺体であっても自分の家族には変わりないのです。

酒井さんの場合も、担当医師から「私が司法解剖担当の○○です。○○という目的で、○○といった処置をさせていただきます。お辛いと思いますが、何とぞご理解下さい。○○といったことは気をつけます。何かご家族の方から希望はありますか」といった丁寧な説明を受けていたなら、司法解剖によって受けた傷も少しは和らいだかもしれません。

しかし残念なことに、酒井さんは、誰が司法解剖の担当医師なのかもわからないうちに部屋に通され、いきなり解剖が始まりました。誰からの挨拶もなく、終了の報告も受けることはありませんでした。

解剖中は、部屋の中の会話が聞こえるような処置室の真横か、建物から出た屋外しか待つところはありませんでした。椅子一つないところです。司法解剖にどれくらい時間がかかるのか、初めて経験する遺族には想像すらできないはずです。

危機対応は早期支援が原則である、という点は前章でお話ししました。早期支援を考えるとき、被害者やその家族が危機直後から受けるさまざまな衝撃にうまく対処できるように、危機コーディネーターのような専門家の配置が有効ではないかと思います。

アメリカでは、かつて救急病棟において性暴力被害者より他の救急患者の治療が優先され、被害者が何時間も待たされるということが問題になっていました。そこで、性暴力被害者のための専門看護師を養成し、実際に病院に配置するプログラムが実践されるようになりました。この看護師は、ＳＡＮＥ（Sexual Assault Nurse Examiners・性暴力被害者専門看護師）と呼ばれています。

この専門看護師は、警察や他の医療スタッフと被害者との間に立ち、できる限り安全で安心できる環境の中で犯罪発生直後から支援が行われるようにコーディネートしています。心理ケアに関しても十分配慮し、被害者の代弁者としての機能を果たしています。このような危機コーディネーターを被害者支援対策室の協力のもとに、救急病棟などに配置することも今後の支援体制として考えるべきでしょう。

報道被害に向き合う

報道被害を考える上で、常に問われるのは「報道の自由」と「個人のプライバシー保護・個人の名誉の保全」という二つの価値をどのように調整するかという問題だと思います。

喜田村洋一氏が著書『報道被害者と報道の自由』（白水社）で明記しているように、この二つの価値観はいかなる時でも一方の価値が他方の価値に優先するということはあり得ません。喜田村氏は、次のように続けています。

「『個人の名誉を守るためには、報道の自由が制限されてもやむを得ない』というふうに単純に割り切ることはできないのであり、これは『報道の自由は社会全体のために必要だから個人の名誉が傷つけられても仕方がない』という考え方を取りえないのと同じである」（一七九頁）

つまり、両方の価値は常に尊重されるべきものであり、常に対峙するものだと理解できます。

ただ、犯罪被害者への報道被害に関しては、この二つの価値をめぐる議論とは一線を画す別の問題が潜んでいます。それは、報道者を含め、社会全体がそもそも犯罪被害者が抱える苦しみ、そして報道被害の実態について、あまりに知らなさすぎるという問題です。

報道被害について、犯罪被害者が重い口を開くようになったのは、ここ数年のことです。先にも述べたように、多くの被害者はまわりからの偏見やさらなる被害を恐れて、報道被害の実態を語ることができなかったのです。

これでは公平とはいえません。まずマスコミ関係者に犯罪被害者の抱える痛みや実情を知ってもらいたいと思います。その上で、初めて「報道の自由」と「個人の名誉」という二つの価値に関する議論を始めることができるはずです。

犯罪被害者は、さまざまな痛みを受けながら、それでも一人の私人として生活を営んでいかなければなりません。そうする権利があるのです。十分な理解がないのに、犯罪被害者を「悲惨な体験をした人」「つらい思いをしている人」、といった像に仕立て上げるのは報道の自由とはいえません。梓澤氏も述べているように、マスコミは、事件経過や被害のドラマ性ばかりに目を向けず、犯罪被害者の人権という視点から、被害者の受ける痛みや回復への試みについて「まず知ろうとしてほしい」と思います（梓澤、一九九九）。

マスコミ関係者が犯罪被害者に接するとき、まず一人の人間として関わる姿勢が問われます。被害者の受けた痛みとその後の生活、そして回復への取り組みといった被害者の全体を理解しようとする気持ちがあるか。被害者は、その姿勢があるかどうかを常に感じとるのです。

ただし、マスコミを一方的に排除するべきだと考えているわけでは決してありません。酒井さんの場合も、事件から今日までの三年間、酒井さんの思いに真摯に耳を傾け、一人の人間として誠実に向き合ったマスコミ関係者が多く存在したと聞いています。

犯罪被害者の苦悩を世に発信し、被害者の人権を促進していくためには、マスコミの影響力は不可欠です。被害者の権利と報道の自由。この価値は必ずしも対立するとは限らないと思います。むしろ、情報を集め、そこからさまざまなメッセージを社会に発信していくことで、マスコミは被害者を支援し得る可能性も秘めているのです。

現在、酒井さんは、今回の事件を通じて知り合ったマスコミ関係者とともに、被害者報道のあり方と報道被害の問題について学ぶ会を不定期ながら開催しています。

この会の発足は、東京で地下鉄サリン事件の遺族である高橋シズヱさんと朝日新聞編集委員の河原理子さんらが中心となって続けている「犯罪被害者の声を聴く会」に、酒井さんがゲストスピーカーとして招かれたことがきっかけとなっています。酒井さんは、この会の意義に共感し、大阪でも同じような会を開催したいと考え、実現するに至ったのです。これまで打ち合わせを含め報道関係者と二〇回以上の会合をもっています。

最初は、インフォーマルなかたちで数名のマスコミと話をするだけの集まりだったそうです。それが、今では酒井さん以外の犯罪被害者も参加し、新聞、テレビなど三十名を越えるマスコミ関係者を巻き込む勉強会に発展しています。

私自身もこの会に参加を許されました。会合に参加し、「ようやくマスコミ側も被害者の話に耳を傾けようという姿勢が生まれてきている」と心から感じました。この勉強会は、今後、協働で犯罪被害者報道の倫理規定を構築するとともに、報道被害をなくすための大きな役割を果たすことになるでしょう。

支援の原点

支援者からの二次被害を防ぐためには、支援における「価値」をもう一度再確認する必要があると感じています。

基本的に、犯罪被害者やその遺族への支援は、被害者やその家族の思いを言葉で解釈し、アドバイスすることではないと思います。被害者の「痛み」を消し去ることのできる人はこの世に存在し得ないでしょう。犯罪によって受けた被害者の痛みは、決して消えることはないからです。被害者の視点に立とうとすること。被害者の思いに耳を傾けること。この姿勢が支援の原点といえるのではないでしょうか。

相手の立場に立つこと。この姿勢は、同情とは根本的に異なるものです（尾崎、一九九九）。同情とは、自分は何も変わらず自分の立場から相手を眺め、自分の感じるところを相手に伝えることです。自宅のテレビに映し出される他国の凄惨な戦争場面を眺めて、「犠牲者がかわいそうだ」と感じるのは同情といえるのでしょう。これは、自分の体験や価値観を変えずに、自分の感情を相手に投影しているに過ぎません（白石、一九九一）。

相手の立場に立ち、そこから見えてくるものを感じ取ろうとすること。まさに「共感」することが大切なのだと思います。感情や思いだけではなく、相手の生活状況や経験などできるだけ幅広く理解しようとする姿勢も共感を生む大切な要素となるのではないでしょうか。

もうひとつ、被害者支援で忘れてならないのは、

「回復は被害者自身が主体的に成し遂げていくものであり、支援者が主体となることはできない」

という原則ではないかと思います。

支援者は、一時的に添え木のように被害者を支えることはできるかもしれません。しかし、回復に向けて動くのは被害者自身をおいて他にはいないのです。そして、その回復の道筋をたどれるように被害者に寄り添うことが何よりも大切な支援の価値なのです。

この価値は、何も心の専門家だけに求められるものではないはずです。犯罪被害者に関わるすべての支援者が心にとどめておくべきだと思います。被害者が二次被害を受けたと感じる背景には、この支援の価値や原則が置き去りにされているのだと思います。

犯罪被害者にとって被害はあくまでも外的なものであり、人としての自尊心を失ったわけではありません。決し

て弱い立場を望んでいるわけではありません。支援者の中にも、知らず知らずのうちに「被害者はかわいそうな人」と思ってしまう人がいるでしょう。その無意識の偏見によって、強者と弱者というような上下関係を支援関係に持ち込んでしまうことになりかねないのです。

このような落とし穴に陥らないように、支援者は一人ですべてを抱えようとせず、ヒーローになろうとせず、関係者と連絡調整しながらチームとして被害者に向き合う必要があるでしょう。そして、自分自身の感情や思いを冷静に見つめ、常に謙虚な姿勢で支援にあたることが望まれます。

注

（１）東京電力女性社員殺害事件――一九九七年三月十九日、東京都・渋谷区のアパート一階の空き部屋で、当時東京電力の管理職だった三九歳の女性の絞殺死体が発見された事件。被害女性の私生活に関する過剰な報道や事実誤認報道により、被害者の人権が著しく損なわれた。

（２）文京区幼女殺害事件――一九九九年十一月二十二日、東京都文京区で発生した三五歳の女性による幼児殺人事件は、当初母親たちの間で過熱する幼児の受験に関連づけて報道されたため、全国的に注目された。被害者遺族が誤った報道や人権を損なう報道によって名誉を著しく傷つけられ、出版二社がおわび告知の掲載および慰謝料を支払うことで和解に至った。

（３）二〇〇一年十二月六日、日本新聞協会編集委員会（第六〇九回）は、集団的過熱取材に関する見解を発表し、「被害者に対しては、集団的取材により、一層の苦痛をもたらすことのないよう、特段の配慮がなされなければならない」と記している。具体的に、集団での強引な包囲による取材（とくに子どもに対して）の規制、葬儀や遺体搬送における遺族心情への配慮、近隣の交通や環境への留意、などが盛り込まれている（http://www.pressnet.or.jp/）。

この編集委員会による見解やメディアによって定められた基本綱領が、被害者への取材場面でいかに遵守されているか、正確に評価されるべきである。さらに、その評価結果を公表するとともに、改善に向けたより明確な指針を策定していくことが期待される。

犯罪被害者支援の窓③

二次被害を防ぐ支援

1．犯罪被害者（遺族）は，被害直後から報道被害を含む二次被害を受ける可能性があることを忘れてはならない。
2．司法解剖の必要がある場合は，可能な限り担当医からその必要性と手続きについて正確に遺族に伝達されるべきである。
3．司法解剖について遺族が納得できない場合，医療関係者を含む支援者は，遺族の心情をまず受けとめる努力をする必要がある。その上で，遺族の疑問や思いに耳を傾ける努力を惜しまないことが大切である。
4．司法解剖では，遺体を人間と同じく尊厳をもって扱ってほしいという遺族の思いを忘れない。支援者は必要に応じて家族の代弁者となり，医療関係者に遺体への尊厳をもった扱いをするように依頼する努力を惜しまない。
5．司法解剖を行う専門医は，解剖前に遺族に会い，自己紹介を行うとともに，遺体への尊厳をもって解剖にあたることを伝えるべきである。
6．司法解剖をはじめ，被害直後から被害者と医療ならびに警察関係者との間に入って状況を調整する危機コーディネーターの養成と配置が一刻も早く望まれる。
7．報道被害を防ぐ一つの手段として，報道関係者が犯罪被害者の実情について理解を深めるような働きかけが重要になる。
8．報道関係者は，犯罪被害者を一人の人間として尊重し，人権の観点から取材方法を考慮し，報道被害の防止に努める必要がある。
9．報道関係者と犯罪被害者との協働で犯罪被害者に対する報道倫理の構築をめざすべきである。
10．あらゆる支援者は，自分の専門性や実践理論の枠組みに固執すると，被害者のニーズを見失い，支援関係を損なう危険性があることを心にとめておく必要がある。
11．あらゆる支援者は，被害者との信頼関係が支援にとって何よりも重要であることを心にとめておくべきである。信頼関係を熟成させるのは共感的態度であり，被害者の視点から問題の全体像を理解しようとする姿勢にほかならない。

第5章

波紋、そして「つながり」——生活支援の実際

「この人はどんな人なのか」という側面がわからないまま支援を受けることはできません。「その人の顔が見えているかどうか」がすごく重要でした。そこから信頼関係が築かれ、信頼のおける人から支援の輪が広がるのです。

事件が起きる前は、二人の子どもを育むごく普通の家庭に過ぎませんでした。それがいきなり家族を奪われ、警察や司法の手続きにさらされたわけですから、最初は何をどう対応していいのか全くわかりませんでした。溢れる情報を整理し、適切に対応するためには多くの人による支援が不可欠でした。

第5章では、次々と押し寄せてくる難題に対処するために、事件から二年にわたる間、私たちが受けた支援をふり返りたいと思います。私たちは、事件当日から今日に至るまで、実に多くの人々の支援を受けてきました。その過程で多くの人々と出会うことができました。その支援の多くは、私たちに安心感をもたらしてくれました。しかし一方で、私たちには実質的な支援とはならず、継続した関わりに発展しないものもありました。

被害者が、複雑に絡み合う被害後の課題に向き合い、乗り越えていくために必要な支援とはどのようなものでしょうか。被害後の支援のあり方について考えてみたいと思います。

1　被害者支援の視点

池埜　聡

第1章でも示したように、犯罪被害者は多岐にわたる問題に対処しなければなりません。そのためには、心のケアという枠組みだけではなく、生活そのものを支える援助が必要になります。そして、一人ではなく、多くの支援者の「つながり」によって被害者を支えていくことが求められます。

第5章では、まず生活を支える視点——「生活モデル」について説明します。次に、酒井さんは多くの困難と課題をどのようにして乗り越えてきたのか。実際の支援者のつながりに注目しながら酒井さんにふり返ってもらいます。最後に、支援者の連携と協働の重要性について言及したいと思います。

数々の試練

被害後、犯罪被害者は実に多くの煩雑な手続きに追われるという事実は、あまり知られていません。犯罪の種類によって異なりますが、多くの場合、手続きは、警察による事情聴取、弁護士との交渉、保険や被害者給付制度の処理や申請、医療機関との関わり、訴訟の準備、裁判傍聴など多岐にわたります。

殺人事件遺族の場合は、それらに加え、強い悲嘆感情と犯行への怒りが伴い、きわめてストレスの高い状態で生活を送らねばなりません。仕事の欠勤、人間関係や社会的サポートの変化、家族内役割の変化に伴うストレス、収入の損失、コントロール感の欠如、人への信頼感の低下、未来への展望の喪失など、多次元における影響を受けます。当然、これらの影響は遺族の生活そのものを大きく狂わせてしまいかねません（Homicide Survivors Inc. 2000）。

図8をご覧ください。このグラフは、アメリカ、アリゾナ州ツーソンにある殺人事件遺族を支える会（Homicide Survivors Inc.）が作成した、殺人事件遺族に共通して見られる心理反応と直面する課題をまとめたものです。

このグラフは、第3章で示した図5（53頁）と同じ仕組みになっています。つまり、横軸は時間の流れを、縦軸は感情表現の度合いを表しています。縦軸は、上方に行くほど怒りや不安など強い感情表現になることを示し、下方に行くほど抑うつなど感情表現が乏しい状態になることを示しています。このグラフは、約五年の期間を想定し、殺人事件遺族が直面する課題と心理的な変化の全体像を示しているといえます。

図8でわかるように、殺人事件遺族の場合、「葬儀」や「犯人逮捕」は苦悩の終結を意味しません。むしろ長期にわたる煩雑な作業のスタートといえます。警察による捜査、告訴の手続き、裁判、判決、そして刑の執行。長い闘いが待ち受けているのです。その闘いの中で、怒り、不安、失望、悲嘆、そして孤独感などの感情にも揺られ続けるのです。

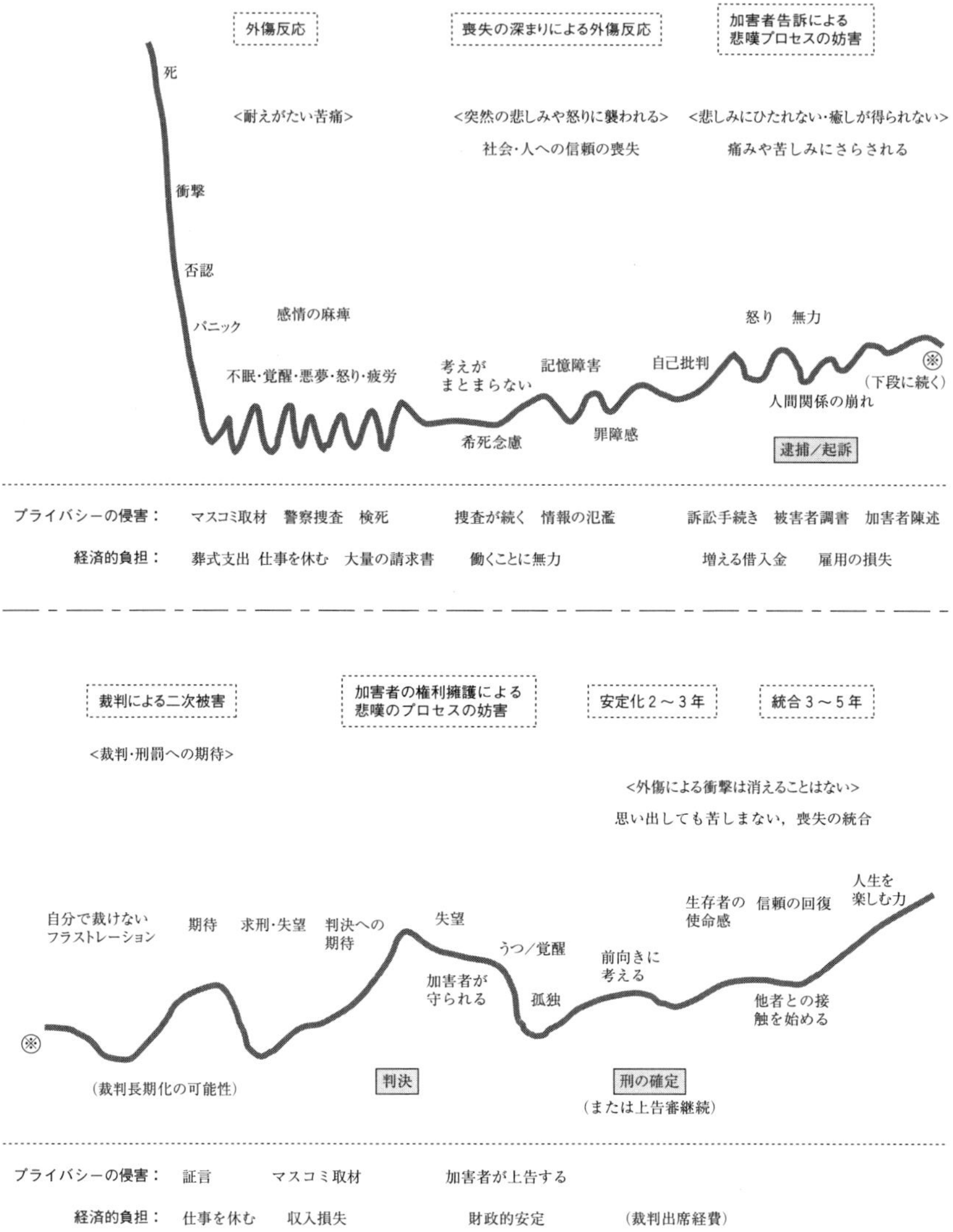

図８　殺人事件遺族の長期的なコーピング過程

（Homicide Survivor Inc. 発行パンフレットを参考に著書らが作成）

被害者にとってはすべてが初めての経験です。次に何が起こるのか、何を準備すればいいのか予測できないジレンマが生じてしまいます。

この段階の支援は、第3章で示唆したような「今、この場で、すぐに、具体的な指示を」という即応的な危機介入の枠組みだけでは十分とはいえません。長期的な視野に立ち、複雑に絡み合う被害者のニーズを理解し、一つひとつ解決できるように支えていくことが求められるのです。残念なことに、酒井さんをはじめ附属池田小学校事件の被害者の多くは、「心のケア」あるいは「カウンセリング」といったスタンスで支援提供を受けることが多々ありました。これは必ずしも被害者のニーズに呼応した支援にはならなかった部分もあったようです。この問題は、後ほど酒井さんの経験をふまえて十分に議論したいと思います。

図９　一枚の葉

図10　木に生い茂る葉

生活モデルの視点

心と生活を支える視点。これには、従来の心理学や医学とは異なるとらえ方が必要になります。図８にも示されているように、警察の事情聴取や裁判など、数々の難題に適切に対処すること、そしてその対処過程で生じる心の揺れを最小限に抑え、日常生活を送れるように支援していくことが求められます。このようなトータルな支援を可能にする枠組みは、「生活モデル（Life Model）」と呼ばれています。生活モデルとはどのような視点なのか、少し詳しく説明しましょう。

図９をご覧ください。これは一枚の葉を表しています。この葉を描写するためには、形、色、模様、重さ、厚み、堅さ、など詳細な観察が必要でしょう。一方、図

10のように、一本の木に葉が生い茂る様子をご覧下さい。枝にぶら下がる葉、光と陰のコントラストに彩られる葉、風に揺られる葉、重なりあってざわめく葉、雨に濡れる葉。葉を取り巻くさまざまな光景が見いだされることでしょう。

ここで注目したいことは、二つの視点とも、木の葉を眺めていながら、描写の視点が全く異なっているという点です。この一枚の葉が「一人の人間」だと仮定したら、どうでしょうか。一人の人間を細部にわたって観察していく視点と生きている状況の全体像をとらえる視点。人への支援を考える場合、この違いは「医学モデル」と「生活モデル」というかたちで表わすことができます。

病気になったとき、さまざまな検査や問診によってその人の状態を詳細に調べ、適切な処置を施していく医師。一人の人間に焦点を当て、細部にわたって調べて問題を探索し、解決のための処方箋を見いだしていく支援のあり方を「医学モデル」と呼びます。

一方、木に生い茂る葉は、「生」を営んでいる状況を表しています。葉を人間とすると、まさに人々の生活そのものを表しているといえるでしょう。多くの人と交わりながら光を浴び、雨にあたり、風になびきながら生きているのです。このように、人が生活する状況や環境を視野に入れ、その全体像を捉えようとする視点を医学モデルに対して「生活モデル」と呼びます（Germain & Gitterman, 1980）。

医学モデルと生活モデル。注意しなければならないことは、どちらの視点が良い・悪いという二者択一で比較するべきではないということです。いずれの視点も、人の支援には欠かすことができません。ただ、先にも述べたように犯罪被害者、とくに殺人事件遺族のように、長い期間、複雑な諸問題に対処していかなければならない場合、医学モデルによる支援だけでは不十分であり、生活モデルからその人の生活全般を捉え、個々のニーズに対応する姿勢が支援者には不可欠になってくるのです。

表６　生活モデルのエッセンス

1）　生活全体を見る
人と取り巻く環境との関係を視野に入れて，その人の生活全体を捉え，理解することを重視する。
2）　生活する地域や文化を尊重する
その人の住む地域性，文化的背景，そして家族のあり方や価値観などを尊重する
3）　対処能力を高める
人が周りの環境や課題に対してうまく適応出来るように，その人の対処能力を高めることに支援の主眼を置く
4）　自信を回復するように支える
取り巻く環境への適応力と課題に対する対処能力を高めることにより，その人が「自分はなんとか直面する課題を乗り越えることができる」という自己への自信をもつことも支援の大切な目的となる
5）　成長を支える
支援は一時的なものではなく，成長していく過程を軸に長期的な視点から支援を考える

生活モデルに基づく支援の特徴は、表６のようにまとめられます（表６参照）（Germain & Gitterman, 1980 ; Meyer, 1983）。

コンピテンスを支える

生活モデルが医学モデルと決定的に異なる点は、問題のとらえ方にあります。医学モデルの場合、問題を発生させる原因を探って特定化し、その原因を取り除くことで問題解決を試みます。一方、生活モデルの場合は、必ずしも問題を「原因―結果」という直線的な枠組みで捉えようとしません。あくまでも人の生活全体をその人の視点に立って見通します。そして、取り巻く環境にその人がうまく適応できるように、対処能力を高めたり、環境に対して関係調整を行うように働きかけることに重きを置きます。

生活モデルは、人はもともと取り巻く環境に対して自ら「よりよくしよう」と積極的に働きかけ、社会関係を構築する力を備えているという前提に基づいています。このように、環境に働きかけて適応状態を作り出し、自律性を得ようとする潜在的な力を「コンピテンス（competence）＝対処能力」と呼びます。

生活モデルによる支援の本質は、個人にコンピテンスを発揮させ、環境への適応と成長を促すような支援を行うことにあります。芝野松

次郎氏は、この点を以下のようにまとめています。

「個人のニーズ・能力・情熱に合った環境の応答性を高め、その人の身体的・社会的・心理的潜在能力を活かして、創造的な抵抗と成長ができるような援助を必要とするのである。したがって、コンピテンスという概念を用いれば、個人の『問題』は同時に『ニーズ』でもあるということになる」(芝野、二〇〇一：二九)

生活モデルでは、問題の原因を取り除くだけではなく、問題をニーズとして置き換え、その人が再び環境に適応し、成長していける潜在能力を高めていくことをめざします。まさに人の「エンパワーメント(1)」を支援の主眼としているのです。

生活モデルに基づく支援①——信頼の構築

生活モデルに基づく支援を考えるとき、支援者が一方的に問題の原因を探索し、取り除くことはあり得ません。支援者と支援を受ける人が、ともに問題の本質を探究し、その解決策を見いだしていくことが求められます。この支援の原則は、「共同作業」を意味します。この共同作業を進めていくために不可欠なのは、両者の「信頼関係」にほかなりません。

犯罪被害者の場合、被害後の諸問題について、被害者と支援者が、さまざまな角度から一緒に検討することが求められます。そして、被害者がそれらの課題を乗り越え、自信を取り戻せるように支えることが重要となります。しかし、この支援過程も両者の信頼がなければ、スムーズに進展しません。逆に、前章でも示した二次被害というネガティブな結果に終わってしまう危険性もあるのです。

犯罪被害者の支援を考える場合、とくに心にとめておくべきことは、「彼らは突然不条理な被害を受けた」という事実です。加えて被害者は、マスコミや支援者からの二次被害も経験している可能性が高いのです。生活上の安全性に対する信念は崩れ、「この世は決して安心して暮らせない」と感じているかもしれません。また、これまでもっていた人に対する信頼感や安心感は揺らいでいるかもしれません。

このような不安定な状態にある犯罪被害者と信頼関係を結ぶためには、犯罪被害者が受けている痛みや生活上の変化についての知識と、十分なコミュニケーションの能力が必要になるでしょう。あくまでも被害者の視点に立ち、被害者のニーズを確認しながら、支援の方法を決定していく慎重な姿勢も不可欠となります。支援者の専門性や、拠りどころとする支援モデルによって支援方法が画一化すると、柔軟性が失われ、信頼関係は損なわれてしまいます。結果的に、効果的な支援にはつながらなくなってしまうのです。

生活モデルに基づく支援②——連携の構築

多岐にわたる課題について、一つひとつ被害者と向き合い、支援していくことは並大抵の労力ではできません。もし、支援者が一人であれば、その人にかかる重圧は相当なものになり、結果的に対処できなくなる可能性もあります。

そう考えると、支援は一人で行うのではなく、複数の支援者が個々の専門性を発揮し、効果的に結びつく「チーム」として行うのが理想といえます。支援者の連携と協働。これが犯罪被害者支援には欠かせないものとなるのです。

複数の支援者による連携や協働は、情報の伝達といった単純な方法で達成される類のものではありません。複雑な手続きを含み、連携・協働自体が一つの「専門的技法」として位置づけられるべきでしょう。

昨今、児童虐待による痛ましい事件が連日報道されています。どの事件も、虐待の発見をめぐって学校や近隣と児童相談所との間で通報の連携ミスや相互理解の欠如があり、事態が深刻化していることがうかがえます。立場や専門性が異なる支援者がともに力を合わせ、協働体制を作って被害者の支援にあたるのは、それほど容易なことではないのです。

犯罪被害者の支援においては、心の側面では精神科医・ソーシャルワーカー・臨床心理士、司法の側面では弁護士・警察・検察、生活面では被害者支援対策室・ソーシャルワーカーなどが関わることでしょう。

これらの人々がばらばらに関わるようでは、被害者は支援を整理するだけで疲労困憊してしまいます。また、専門家のアドバイスや指示が、いつも一方向を向いているとは限りません。時には内容が異なったり、矛盾することも考えられます。被害による心理的圧迫を受けている被害者にとって、支援者から突きつけられる矛盾をうけとめ、自分なりに支援を取捨選択することは、大きな負担以外の何ものでもありません。

そのため、支援者の間で、被害者の抱える問題に関する共通の理解が不可欠になります。そして、問題解決に向かって情報を共有し、支援方法を模索する十分なコミュニケーションも必要になります。さらに、その話し合いから具体的な支援を実践し、経過を見守りながら支援方法に修正を加えていく努力も惜しんではなりません。このような「つながり」によって、犯罪被害者を支援していく必要があるのです。

2 私たちの経験

酒井　肇・智恵

校舎がなくなるかもしれない

事件後の混乱の中で、何とか生活をしながらも多くの問題に直面してきました。私たちが巻き込まれた今回の事件では、犯人はその日のうちに逮捕されました。その意味で、犯人が見つからないことによって生じる焦燥感をもつ必要はありませんでした。

しかし、犯行の無差別性や残忍性、さらに犯人の犯罪歴や病歴が明らかになるにつれ、精神障害あるいは心神喪失状態による不起訴の可能性が出てきました。また、麻希がどのように被害に巻き込まれたのか、その状況が判明しないという事態にも陥っていました。麻希はどこで刺され、どのような足取りで移動したのか。明確なことは何もわからない状態が続いていました。

事件から数か月、麻希が亡くなってしまった現実を少しずつ理解する一方、麻希を奪った犯人への厳罰を願う気持ちが高まっていきました。さらに、麻希の最期の状況を確かめたい、そして、なぜこのような事件が安全だと信じて疑わなかった小学校で起きたのか、その原因を明らかにしたいという想いも徐々に私たちの心にわき上がってきたのです。

しかし、状況は遅々として改善せず、時間だけが過ぎていきました。マスコミは犯人の不起訴の可能性を取り上げ、私たちは焦りを覚えずにはいられませんでした。また、警察の現場検証や、教員や救急隊員など多くの方々への事情聴取からも、麻希の足取りは明らかにされませんでした。むしろ、麻希のことに関する情報は錯綜する一方でした。

それに加え、別の問題も私たちに押し寄せてきました。第1章で触れたように、事件が起きた校舎の取り壊しについて、事件直後から関係者の間で議論されているというのです。麻希の被害状況もわからない時期に、いきなり「校舎を取り壊すかもしれない」という話が飛び込んできたのです。

遺された子どもたちや学校関係者にとっては、悪夢のような事件が起こったところです。だから、一刻も早く取り壊してつらい思い出を消し去りたいという思いがあったのかもしれません。とくに負傷された児童やそのご家族にとっては、校舎の存在自体が心の回復にとって悪影響になると危惧されたことでしょう。その思いはよく理解できます。私たちの子どもが、もし犯行を目撃したり負傷していたならば、同じように校舎を消し去りたいという気持ちになっていたかもしれません。

しかし、私たちにとっては、麻希が最後の時を過ごした場所です。事件当日の麻希の様子が全くわからない段階でもし取り壊されてしまったら、もう二度と麻希の足取りをたどることができないかもしれないという焦りを感じずにはいられませんでした。

「つながり」の始まり

校舎改築について、なんとか打開策はないものかと思いあぐねていた矢先、あるご遺族からこの問題を扱った新聞記事のコピーを見せてもらいました。「建て替え遺族いやさない」という題目で、二〇〇一年六月二六日の朝日新聞に掲載された常磐大学教授の長井進先生の記事でした。一部を以下に引用します。

「『事件のあった場所に通うのはかわいそう』という意見があるのは、わかります。でも、理不尽な犯罪で家族も生活も根底から失ってしまった遺族のことを考えてほしい。その体験を思い出せるものが一切なくなってしまったとき、遺族がどんな思いをするか、想像してみてほしいのです。被害からの回復とは、忌まわしい記憶を消し去ることではありません。心の傷が消えることなどあり得ない。遺族にとっては一生、記憶は鮮明に残り、事件のことを思い出さない日など一日もない。最初は思い出すたびに絶望感がわき起こり、圧倒されてしまいます。でも何度も思い出す中で、大切な人と生前に分かち合った楽しい思い出が心の中にとどまるようになる。校舎を壊せば忌まわしい記憶が一時的には消えるかもしれない。でも同時に、楽しい思い出や人とのつながりも、消え去ってしまう。

〈中略〉最も重い被害を受けた遺族のことを、理解することが大切です。今回の事件の遺族はまだ傷が深くて、判断が難しいかもしれない。だから、建て替えを決めてしまう前に、遺族として生き抜いてきた犯罪被害者の体験談に、耳を傾けてみては

どうでしょう。〈後略〉」（心と向き合う、二〇〇一）

最初、その記事を見たときは、さっと目の前を通り過ぎたような感じでした。しばらく経って、校舎取り壊しの議論が高まっていったとき、この記事のことをあらためて思い出しました。遺族として、この校舎建て替え問題の解決策を見いだしたいと思い、長井先生に連絡を取ることを考えました。

私たちは、まず常磐大学の代表番号に電話しました。事件から約一か月後のことです。このころは、前章でも述べたようにマスコミによる報道被害や支援者から受けた二次被害で疲労困憊し、あらゆる人に対して疑心暗鬼になっていたと思います。ですから、いきなり長井先生と電話で話すことに抵抗がありました。どのような人か、また何を専門にしている人なのか、全くわからなかったからです。

そのため、まず総務課につないでもらい、「電子メールを送りたい」という希望を伝えました。すると総務課は、大学の代表メールアドレスを教えてくれました。その代表アドレスに長井先生宛てのメールを送ると、大学が長井先生に私たちのメールを転送してくれました。そして長井先生から私たちに返信が届いたのです。このようにして、長井先生とのメールのやりとりが始まりました。

◉「つながり」の広がり

最初は、長井先生から校舎改築に関する問題点を電子メールにまとめて送信してもらいました。臨床心理士の立場から、「校舎を壊すことは心の回復につながらない」という主張を改めて示してくれました。私たちは先生の意見に共感しました。

校舎問題とは別に、そのころ頭を悩ませていた犯人の起訴と厳罰を求める「署名活動」の方法についても、長井先生からアドバイスをもらうようになりました。このような重大かつ残虐な罪を犯した犯人が、まだ科学性を伴って立証し得ない精神鑑定の結果で不起訴になることは受け入れがたいことでした。また、模倣犯を阻止し、二度とこのような事件が繰り返されないためにも厳罰に処してほしいという気持ちは切実なものでした。そこで、署名活動を展開しようと遺族間で検討していたのです。

どの遺族も署名活動の経験はありませんでした。また、署名活動の社会に対する影響や、私たちに降りかかる余波は計り知れるものではありませんでした。そこで、信頼する気持ちが芽生えていた長井先生に、犯罪被害に遭われた方で署名活動の経験をもつ人を紹介してくれるように依頼したのです。その結果、長井先生の紹介でさまざまな署名活動の経験者からアドバイスをもらうことができました。

その中には、前章でご紹介した大久保恵美子さんや、一九九九年十一月、東京都世田谷区の東名高速で飲酒運転のトラックに衝突され、二人の娘を失われた井上保孝さん・井上郁美さんご夫妻も含まれていました(2)。井上さんご夫妻は、二度と悲惨な飲酒運転死亡事故を起こさせないために、道路交通法改正および刑法改正に伴う「危険運転致死傷罪(3)」の成立をめざして署名活動を展開した経験をもたれていました。井上さんは、私たちに署名活動の経験を洗いざらい教えてくれました。実際の嘆願書なども見せてくれました。井上さんのサポートにより、署名活動の手順に関する具体的なイメージをもつことができ、きわめて貴重な支援となりました。

このように、校舎改築問題を取り上げた新聞記事から長井先生の存在を知り、最初は電子メールでやりとりをしながら、校舎問題や署名活動に関するアドバイスを受けるに至りました。そして、長井先生から被害経験をもつ多くの方々を紹介してもらい、支援の「つながり」が広がっていったのです。

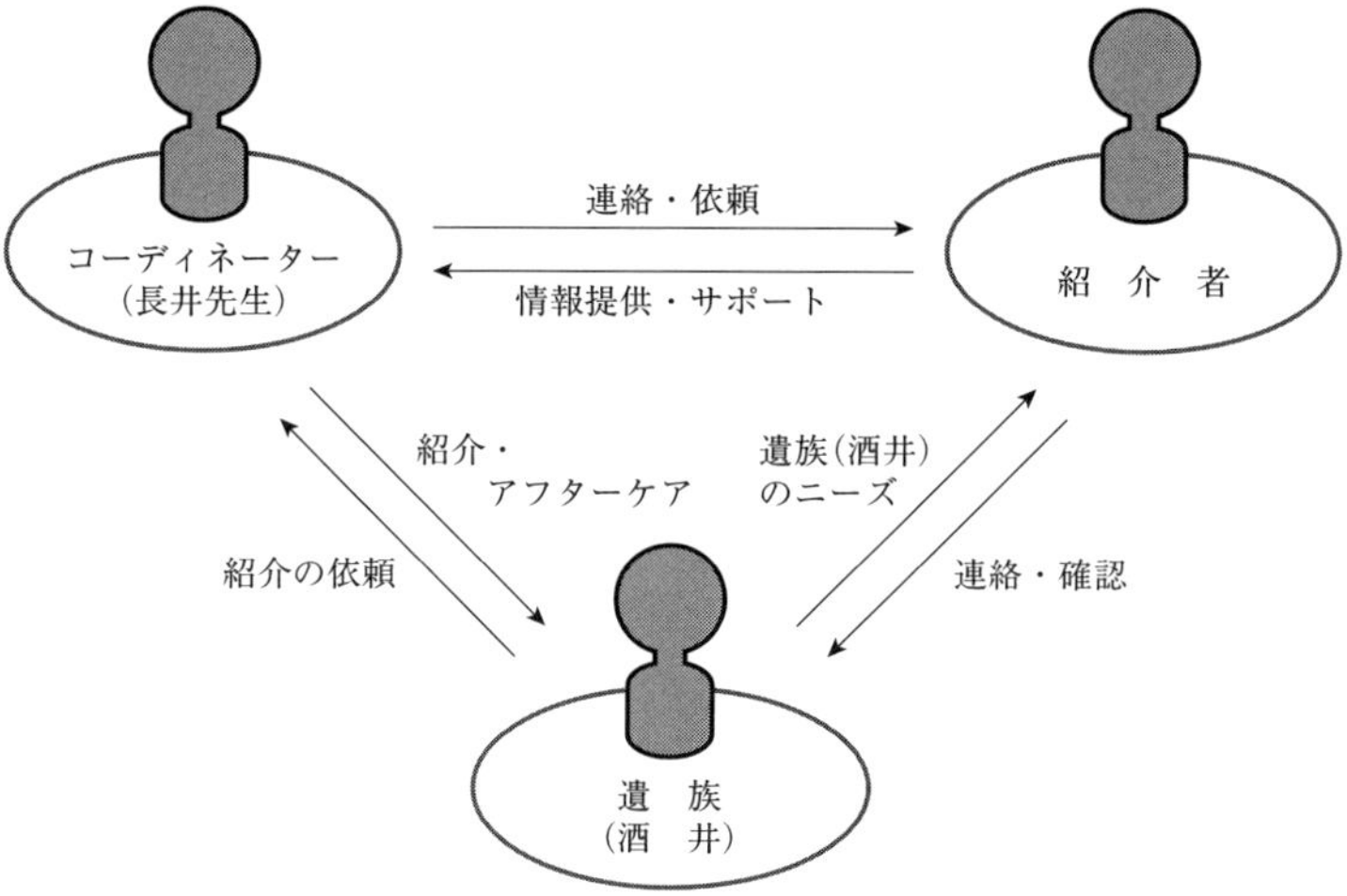

図11　コーディネーターとしての役割

「つながり」の創造

今ふり返ると、長井先生は、私たちにとってまさに「コーディネーター」的存在でした。コーディネート（coordinate）とは、「調整する」「つなげる」「調和させる」と訳すことができます。長井先生を通じて、私たちはさまざまな支援者と調和するかたちでつながっていくことができたのです。

「つながり」は、単に「心のケア」という枠にとどまりません。校舎改築問題、起訴問題、裁判、そして文部科学省との折衝など、長く続いた私たちを取り巻く問題に、それぞれ力になってくれる「支援の輪」となっていったのです。

コーディネーターとしての長井先生の支援方法は、単に人を紹介したり情報を提供するといった一方向のものではありませんでした。実にきめ細かい配慮と根気を伴う専門的技術によって「つながり」が創造されていったのです。具体的には図11のようになります（図11参照）。

たとえば、私たちが「署名活動をしたいが具体的にどうしていいのか分からない」と長井先生に話をしたときのことです。長井先生は、「署名活動を実際にしたことのある被害者の方を紹介しましょう」と、まず名前を提示されました。時を同じくして、長井先生から紹介された方に対して「池田小学校事件の遺族である酒井さんが署名活動の手続きについて情報を得たいと思っています。もし、酒井さんから連絡があったら対応をしていただけますか」というかたちで打診がいくことになります。ですから、私たちからその方に書面や電話でコンタクトをとる時には、すでに私たちのいきさつなどは長井先生から相手側に伝わっている状態になります。

この際、私たちがコンタクトをとる前に、紹介された方から「長井先生から連絡いただきました」というかたちで、私たちに連絡をしてくるということは一切ありませんでした。長井先生の紹介する方は皆、私たちの出方をずっと待っていてくれたのです。これは、おそらく長井先生が紹介先に対して、「酒井さんからの連絡を待ち、酒井さんのペースで相談に乗るように」という伝達がなされていたからだと思います。

私たちは、このような細やかな心遣いを常に感じることができました。私たちのニーズを最大限に尊重してもらった結果、私たちのペースで連絡を取ることができたのです。

実際に、この「待ちの姿勢」は大変助かりました。署名活動にしても、私たち家族だけで進めていたのではありませんでした。八遺族全員の歩調をそろえることが何よりも大切でした。また事件から数か月は、学校や警察とのやりとり、そしてマスコミからの取材要請などが連日続いている状態でした。

この状況の中で、もし長井先生の紹介者から連絡をもらっていたら、何をどう説明していいのか迷ってしまったり、きちんと対応できず、関係をもつことができなかったかもしれません。そうなると長井先生にも迷惑をかけることになり、結局は長井先生との関係も途切れていたかもしれません。私たちのペースで長井先生が紹介された方につながっていくことができたのは、何よりも有り難かったことです。

さらに、「紹介した〇〇さんは、会ってみていかがでしたか？」という連絡も長井先生からこまめにもらいました。「紹介のアフター・ケア」ともいえるきめ細かな配慮でした。このような長井先生からのフォローアップを受

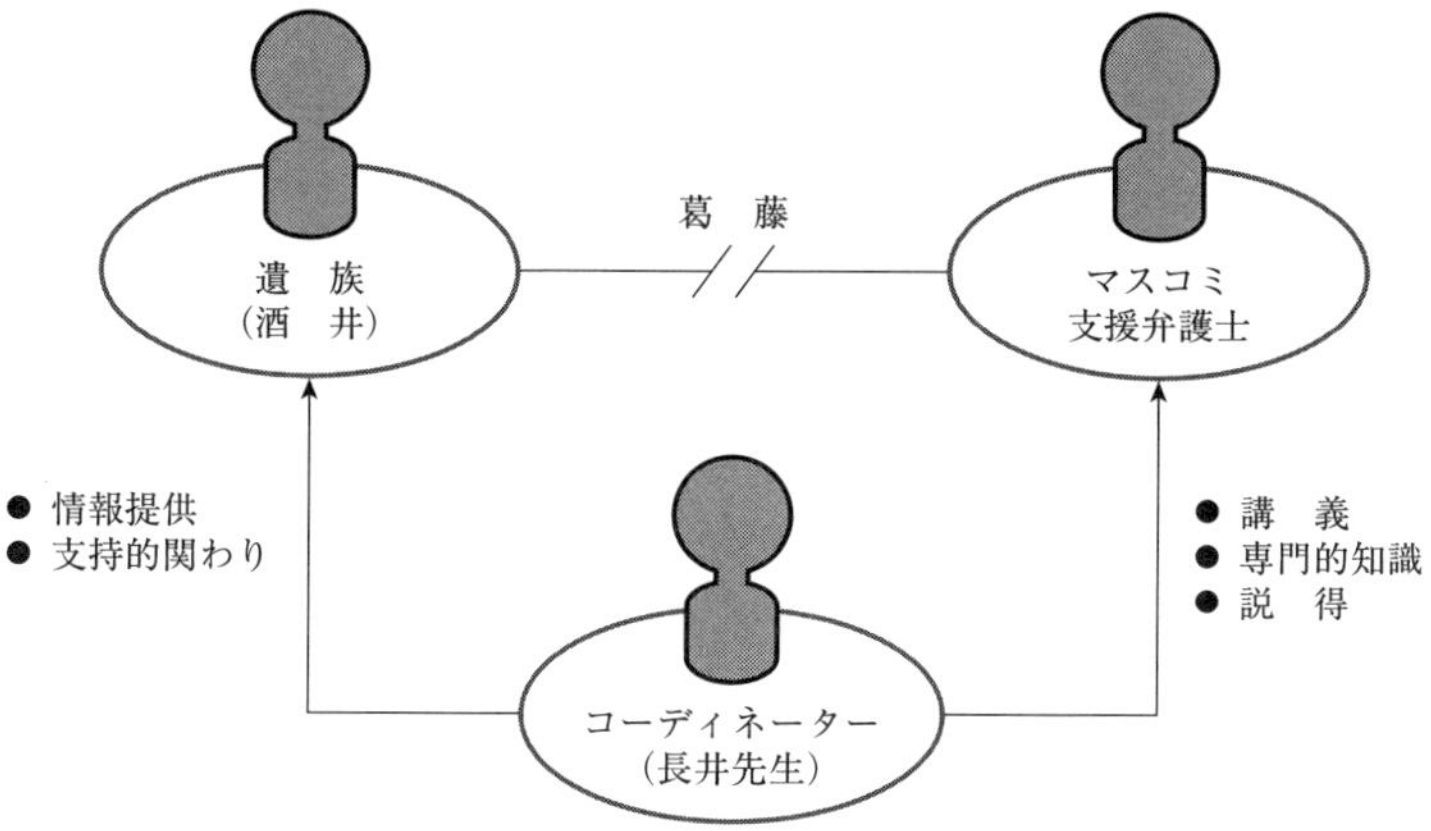

図12　仲介的役割

け、今度は私たちからその方との関係や提供してもらった情報について長井先生に報告することになります。そうすると、長井先生からさらなるアドバイスをもらうこともできました。

　このように見ていくと、コーディネートとは、単に人を紹介するだけではないことがよくわかります。犯罪被害者の状況やニーズに合うような人選を行い、細かな配慮に基づくアフター・ケアまでができて、初めてコーディネートといえるのかもしれません。「こんな人がいます。今度会ってください」というような紹介ではうまくいかないかもしれません。長井先生の細かな配慮に基づいて紹介してもらった方とは、今でも例外なくパイプがつながっています。

「つながり」の仲介

　長井先生は、仲介的な役割も演じてくれました（図12参照）。その一部をご紹介します。

①　マスコミ関係者との間で

　長井先生とのやりとりが進展する中、先生から一部のマスコミ関係者も紹介してもらいました。前章でも述べたとおり、私たちは次から次へと起きる報道被害に辟易としていました。「マスコミは敵だ」という感覚を抱くようにもなっていたと思います。

その際、長井先生から「報道関係者の中にも被害者の痛みを理解しようと努め、その痛みを発信しようとする人もいますよ」というアドバイスをもらいました。半信半疑ながら、長井先生から紹介されたマスコミ関係者に会ってみようと思うようになりました。

その際も、長井先生は、紹介するマスコミ関係者に対して、被害者への言葉づかいなどに関する講義を事前にしてくれたと聞きました。いくら被害者支援に理解のあるマスコミ関係者といっても、細かな言葉づかいについては注意を促す必要があると思われたのでしょう。長井先生としては、紹介するからには二次被害を起こしてはならないという思いから、紹介したマスコミ関係者に、あらかじめ被害者を取り巻く状況や心情についてアドバイスしてくれたのです。

② 支援弁護士との間で

裁判でも長井先生に仲介的な支援を受けることになりました。刑事裁判は、原告はあくまでも検察であり、私たち被害者ではありません。つまり、検察と犯人である被告との間で争われるのです。

しかし、遺族として黙って裁判の成り行きを眺めているわけにはいきませんでした。二〇〇〇年に成立した犯罪被害者保護法に基づき、法廷で我々が被害者感情を訴える機会（意見陳述）が認められていました。証人尋問に臨み、遺族の心情を公判に反映させたいと思いました。そのためは、支援弁護士の助けが必要でした。今回の場合、八遺族に複数の弁護士がつき、チームとして裁判に臨むことになったのです。

私たちの場合、ある支援弁護士との間で交渉が難航しました。その弁護士は、最初の打ち合わせ段階で、調書や私たち遺族の上申書などの資料を読んでいない、約束の日時の確認さえおぼつかない、という状況でした。

また仕事の関係上、面会する曜日や時間を、夜か土日にしてほしいと言っても「弁護士というのは頭脳を使う仕事をしているので、九時から五時までが精一杯。ましてや土日は自分の家庭がある。対応はできない」と言われました。別の弁護士に間に入ってもらっても、結局は二人の弁護士から逆に説得されるありさまで、行き詰まってしまいました。

長井先生は、このような私たちの状況について注意深く耳を傾けてくれました。そして支援弁護士との関係立て直しのために、支援弁護士を全員集めて講義をしてくれることになりました。犯罪被害者支援の本質と弁護士の役割について、コーディネーターの立場から話をしてくれたのです。

犯罪被害者の生活や数々の制約、被害者の心理、被害者が弁護士に望んでいることなど、被害者支援を行う上での基本事項について話をしてもらいました。その後、支援弁護士には、目に見える変化が生じました。面会時間を融通してくれ、私たちの話をじっくり聞いてくれるようになりました。

このとき、「うまくいかなかった弁護士に担当をはずれてもらう」という解決策もありました。長井先生は「担当からはずれてもらうやり方もありますよ」と私たちにアドバイスしてくれました。しかし一方で、弁護士でも被害者支援の本質を理解するには、支援経験が不可欠である点も同時に伝えてくれました。「被害者支援を実践できる弁護士をともに育んでいくという考え方もあるかもしれません」という別の選択肢も示してくれたのです。交渉などで壁にぶち当たったときに、お互いに支援の難しさを共有し、解決策を見いだしていく価値もあるという点を示してもらえたと思います。

私たちは、後者の選択肢を選びました。交渉が難航した弁護士に担当をはずれてもらうことなく、関係は続きました。この弁護士は、夜昼かまわず日曜日でさえ時間を割いてくれるようになりました。そして、その後に続いた文部科学省との交渉においても大いに力を発揮してくれることになったのです。結果的に、私たちはこの支援弁護士に大きな信頼を寄せることができ、今では支援を受けて本当に良かったと感謝しています。

マスコミ関係者、そして交渉が難航した支援弁護士。いずれも最初は負の状態から始まった関係でした。長井先

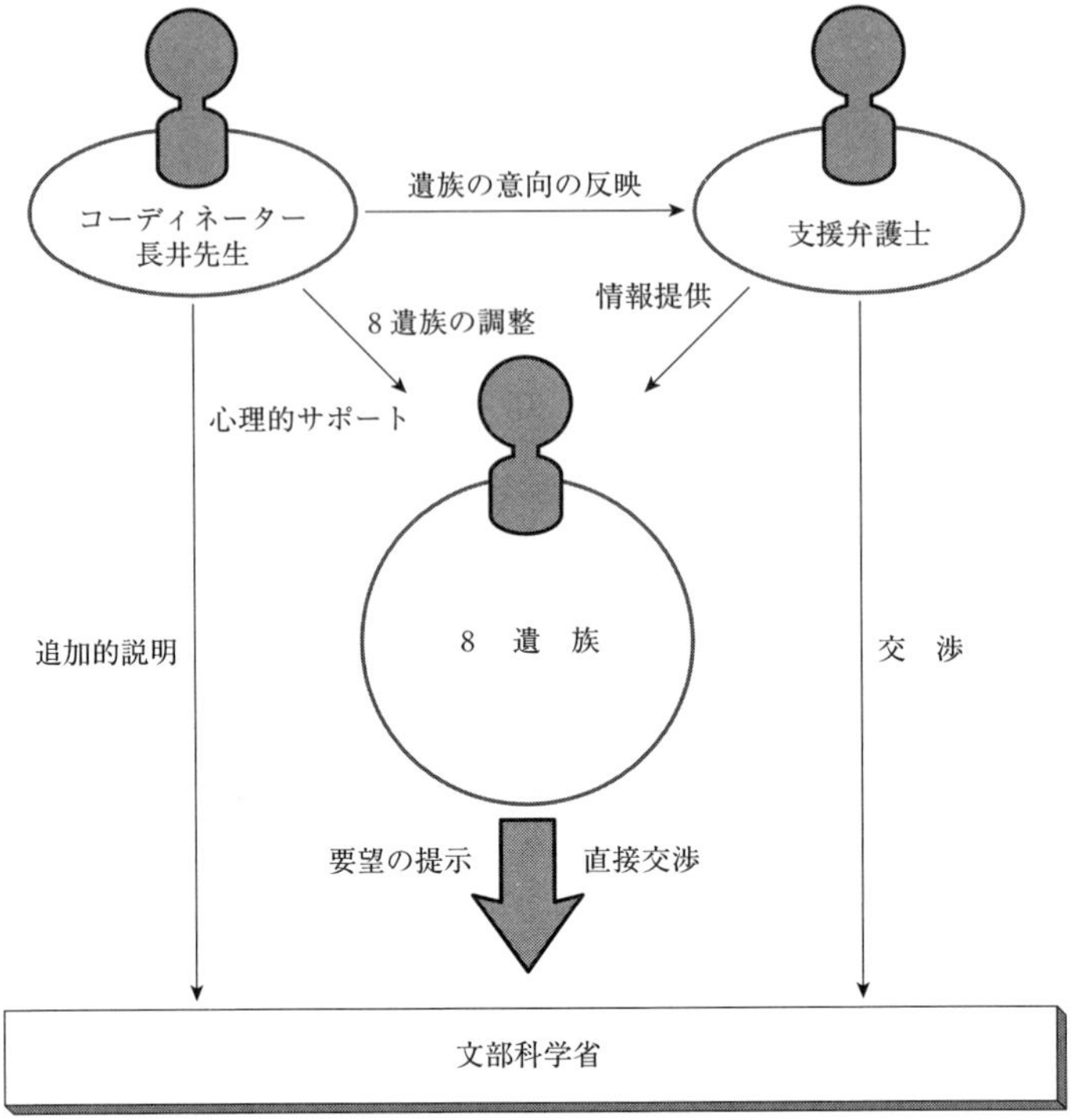

図13　文部科学省との交渉における構図

生の積極的な仲介者としての役割は、「つながりの修正」といえます。この仲介的な役割によって、私たちもマスコミや弁護士と連携を維持し、難題に立ち向かうことができたのです。

◎「つながり」の力

裁判と平行して、文部科学省と八遺族との間で行われた学校安全管理の責任の所在に関する交渉の際、長井先生にはコーディネーターとして実に多岐にわたる役割を担ってもらいました。それは図13のように表せます（図13参照）。

第1章でも触れましたが、私たち遺族は、学校側の不十分な安全管理体制の問題を検討し、安全管理のための施策を具体化させることなく、「開かれた学校」を推進する文科省の姿勢には、疑問を感じずにはおれませんでした。今後二度とこのような事件を起こさないためにも、謝罪と賠償金の支払い、そして事件の詳細な調査報告書の作成を文科省に求めることにしたのです。事件から一年が経とうとしていた二〇〇二年春のことです。

文科省との交渉を進めていく際、どうしても弁護士の支援が必要となりました。長井先生に相談すると、「垣添誠雄弁護士」を紹介してもらいました。垣添弁護士は、「ひょうご被害者支援センター」の理事などを歴任し、弁護士として長きにわたって犯罪被害者支援に携わってこられたエキスパートです。多方面の関係者に尋ねてみても、一様に「垣添弁護士だ」という声があがりました。

私たちは、二〇〇一年十一月に東京で開催された「全国犯罪被害者の会（あすの会）」主催による会合に参加し、垣添弁護士の講演を聴いたことがありました。被害者の視点で物事をとらえ、支援活動に従事されている垣添弁護士の姿に感銘を受けたのを今でも憶えています。この経験があったからこそ、多方面から垣添弁護士の名前が挙がったとき、「ぜひ支援を受けたい」と素直に垣添弁護士を受け入れることができたのだと思います。

実際に垣添弁護士に会い、今後の交渉の進め方などを聞いたり、他の遺族の方々にも会ってもらうなかで、信頼関係を少しずつ築いていきました。あくまでも長井先生との信頼を基盤に垣添弁護士にたどりつき、そして支援のつながりが広がっていったのです。

文科省との交渉では、私たちは代理人交渉のように、すべてを弁護士に委任することを望みませんでした。私たちは、交渉の主体はあくまでも遺族であり、文科省と直接交渉を進めていきたいと思いました。弁護士には、その交渉を進めていく上で、法律的な事柄や中央官庁の組織に関する情報など、専門的な部分について支援してもらいたいと思いました。

交渉は、ほぼ一年を要しました。計十回の会合をもちました。その中で、長井先生は絶えず交渉の場に足を運んでくれました。そして、まさにコーディネーターとしての機能を発揮してくれました。

長井先生が果たしてくれた役割は大きく分けて三つあると思います。それらは、八遺族と文科省間の調整、八遺族と支援弁護士間の調整、そして八遺族間の調整です。これらの役割についてふり返ってみたいと思います。

第一に、長井先生は、文科省の担当者に対して犯罪被害者の心情について分かりやすく説明してくれました。文科省との交渉は大きく分けて、三部構成になっています。それらは、謝罪、損害賠償、再発防止に分かれます。一般的に、賠償を求める交渉では、損害賠償だけが焦点となります。しかし、私たちは賠償だけを求めて交渉したわけではありませんでした。不十分な安全管理体制に対する誠実な謝罪、そして二度とこのような事件を起こさないための徹底的な事実解明と新たな安全管理体制の構築を文科省に求めたのです。

長井先生は、このような私たちの気持ちを理解し、心理的に支えてくれました。私たち遺族側と文科省との関係は、どうしても被害者―加害者という構図になってしまいます。私たちが問題点を指摘すると、相手を責めるようなかたちになりがちです。そうなると、相手も防衛的になり関係が破綻する恐れがありました。長井先生は、お互いが感情的にならず、できるだけ現実的な交渉を進めていけるよう、あくまでも遺族の支援者としての役割に徹してくれました。

第二に、長井先生は、支援弁護士が交渉を先走らないようにブレーキをかけながら、八遺族が常に交渉の主体者となれるように配慮してくれました。弁護士は「法廷戦術」と呼ばれる裁判に勝つための交渉術に慣れています。それは、駆け引きによって何かを得ようとする方法といえます。

しかし、私たちは駆け引きを望みませんでした。結果はもちろん大切です。ただ、交渉過程において法律論に終始するのではなく、時間や手間がかかってもいいから、私たちの意見をできるだけ反映するかたちで交渉に臨みたいと思いました。交渉場面では、私たちよりも弁護士がリードする時もありました。しかし、長井先生は常に我々が発言できるように配慮し、私たちが意見をまとめることができるように誘導してくれました。

第三として、長井先生は、粘り強く私たち八遺族の意見を引き出し、八遺族がバラバラにならないようにつなぎとめてくれました。交渉の前後は、必ず家族の話し合いに参加し、家族それぞれの意見を受けとめ、集約するようなかたちで私たちを支えてくれました。何よりも、長井先生が交渉の場にいてくれるという安心感は大きかったと思います。

「つながり」から見えてくるもの

犯罪被害者にとっては、すべてが初めての経験です。私たちにとっても、裁判の仕組み、捜査手続き、弁護士の役割など、事件に遭う前は想像もしたことのない別世界の事柄でした。

「犯人が起訴されない可能性がある」と言われても、その理由や背景を理解し、起訴を可能にするためにはどうすればいいのか、皆目見当もつきませんでした。私たちは、家族を失ったショックや痛みを抱え、慣れない専門知識を何とか理解しながら、多くの司法や行政の専門家と渡り合わなければなりませんでした。

一方で、私たちは直接的な犯罪被害に加え、第４章でも触れたような数々の二次被害に遭っていました。知らず知らずのうちに、他人に自分たちの話をすることに抵抗を抱くようになっていました。簡単に人を信用できないという気持ちも抱くようになっていたと思います。ですから専門家といえども、あらゆる人に対して慎重にならざるを得ませんでした。

どのような人なのか、何を専門としているのか、その人に何が期待できるのか、リスクはあるのか、信用できる人なのか。こういった側面が見えてこないと、実際に支援を受けようという気持ちにはなれなかったのです。

私たちは、事件後、いろいろな方からカウンセリングを打診されました。警察からもカウンセリング機関を紹介され、一度だけその機関が派遣するカウンセラーに会いました。このとき警察は、いわば被害者支援の手続きにのっとり、カウンセリング機関を紹介されたに過ぎませんでした。

このとき、「カウンセリングの専門家」というだけでは、いったいどのような支援を受けることができるのか、全くわかりませんでした。また、たとえカウンセラーといえども、見ず知らずの人と関わりをもつこと自体、エネルギーの要ることだったのです。警察の方とも、カウンセラーの方とも、十分な人間的つながりはありませんでした。ですので、結局は一度会っただけで、その後つながっていくことはありませんでした。

支援弁護士の場合も同じです。事件直後から、大阪弁護士会が五〇人体制で私たち遺族を含む附属池田小学校を支援するという申し出をしてくれました。しかし、私たちは結局、大阪弁護士会に弁護の依頼をすることはありませんでした。「五〇人で支える」という申し出は、当初とても心強い気持ちになりました。今でも感謝の気持ちを抱いています。

しかし一方で、それだけ大勢の弁護士に、一体どのように連絡を取ればよいのか見当もつきませんでした。また、それら弁護士にどのような支援が期待できるのか、それすらもわからない状態でした。

弁護士というと、どうしても「被告の弁護をする人」という認識をもちます。今回のような刑事裁判では、私たちは原告にすらなれませんでした。ですから被害者として弁護士からどのような支援を受けることができるのか、当初は明確に見えてこなかったのです。

一方、長井先生は、時間をかけて信頼を構築できた専門家の一人でした。長井先生は、私たちが電子メールを送った後も「すぐに会いましょう」とは決して言われませんでした。ここぞとばかりに「今度お近くに行くことがあるので是非お会いしましょう」といったことは全くありませんでした。何度か電子メールのやりとりをするなかで私たちが少しずつ信頼を寄せるようになり、私たちの方からお願いして初めて会うことになったのです。

また、今でも鮮明に憶えていますが、長井先生は、決して「何でもおっしゃってください」とは言われませんでした。その代わり、「私にできることはやりましょう」と言われました。私たちにとって、この表現はとても新鮮でした。言葉だけをとらえると、少し冷たいような印象を持たれるかもしれません。でも、私たちは、かえって誠実さを感じとることができました。現実的で、お互いに決して無理をしない関係を保ちながら支援を受けることができるのではないか、という思いを抱いたからです。

もちろん、被害者支援における「支援者のつながり」に関しては、私たちの例だけですべてを一般化することはできません。ただ、犯罪被害者（遺族）は、突然の衝撃で心身ともに疲労し、人に対する信頼が極度に低下しているのは確かだと思います。あくまでも被害者のペースとニーズを尊重するかたちで支援の提供とつながりの形成がなされることが大切だと思います。

3　今後の被害者支援に向けて

池埜　聡

犯罪被害者を取り巻く状況全体を見る

犯罪に巻き込まれるということは、被害によってもたらされた痛みや苦悩に加え、ありとあらゆる煩雑な手続きが日常生活に追いかぶさることを意味します。刑事裁判ひとつをとってみても、事件によっては年単位の闘いが繰り広げられます。裁判の傍聴に出かけるだけでも大変な時間と労力がかかり、日々の生活に負荷を与えざるを得ません。

犯罪被害者（遺族）を支援するときには、まず被害者を取り巻く状況を被害者の視点に立って把握することが何よりも大切です。被害者の心や身体を見るだけでは十分とはいえません。現実生活で、被害者はどのような人と接し、どのような課題に直面しているのか。生活モデルから、被害者の生活全体を見つめる視点が、支援を展開する上でどうしても必要になります。

支援者は、被害者の直面する問題の全体像を把握した上で、支援の中身や方法、さらにタイミングをはかる必要があります。支援者は、どうしても自分の専門性に固執しがちです。「心の専門家」は心理的な反応に、「法律の専門家」は裁判の動向に注目することでしょう。しかし、心の問題も司法の問題も、被害者にとってはどちらも無視できない重要なことであり、区別して対処することは困難なのです。

被害者がどのような問題を抱えているのか、また、どの問題から優先的に解決するべきなのか。その時々で、被害者と支援者が一緒に共通理解を深めながら対処しようとする姿勢が被害者支援には不可欠なのです。この被害者の生活全体を見わたす視点を支援者それぞれが共有することにより、支援者間で起こるアドバイスの矛盾を最小限に食い止めることができると考えます。

さらに、支援者には、長期的な時間的推移を見据えて支援していく姿勢も必要となります。先にも示したように、もし刑事裁判という事態になれば、最低一年以上は公判が続くことが考えられます。殺人事件の場合、判決までに二年以上かかることは決して珍しくありません。

この間、被害者は裁判の動向を絶えず気にしながら生活することになります。意見陳述や傍聴などが年単位で続くことを想像してみてください。法廷で、犯人の姿を何度も目の当たりにしなければなりません。犯罪被害の痛みをその都度思い出してしまうことでしょう。新しい回復への道程をたどることは、苦悩に満ちた作業なのです。

裁判の長期化に加えて、事件や被害に対する「風化」の波も押し寄せてきます。「もう終わったことじゃない」「被害者意識が強すぎるんじゃない」といった、被害者がまるで悪いことをしたかのような扱いをされることも少なくありません。いわゆる「被害者バッシング」です（Moriarty, 2003；瀬川、一九九九）。このような中で、被害者は孤立感を深め、回復がさらに難しくなることが考えられるのです。

事件の風化に立ち向かい、被害から生じるさまざまな生活の変化を見渡し、その時々のニーズを大切にする支援が求められています。

出会いは信頼の始まり

犯罪被害者の多岐にわたる問題を長期的に支えていくためには、多くの支援者の協力が必要になります。酒井さんの場合も、署名活動や校舎改築問題、さらに裁判や文部科学省との交渉などで、多くの支援者が関わり、支えていくことになりました。

支援の「つながり」は、犯罪被害者に安心感をもたらし、複雑な手続きに向き合っていく勇気を与えます。何よりも「一人ではないのだ」という感覚を与え、孤独感を和らげることもできるでしょう。

支援のつながりを考えるとき、「最初の出会い」が何よりも大切です。なぜならば、最初の出会いは「信頼関係」を築いていく道程のスタートとなるからです。

被害者の立場としては、「専門家だから」という理由だけでは連絡をとることにためらいを感じてしまう場合も多いのではないかと推測します。酒井さんも述べているように、専門家がどのような考え方を持っており、どういったコミュニケーションの仕方をする人か、つまり、その人の「顔」が見えてこないと信頼関係を築くことは難しくなるのです。

酒井さんも強調しているように、犯罪被害者は、被害に遭った時点から意識的にしろ無意識にしろ、少なからず人間不信の状態に陥る可能性が高いといえます。マスコミや心ない支援者からの二次被害は、被害者を専門家に対してさえも疑心暗鬼にさせてしまいます。

最初の出会い方については、できるだけ被害者の希望を尊重していくことが必要です。連絡の取り方、連絡の内容、連絡の頻度、会う・会わないの決定などは被害者の要望に注意深く耳を傾けることが大切です。決して高圧的な姿勢で支援を推し進めるべきではないでしょう。

また第3章でも述べましたが、最初の出会いで「何でもします」というスタンスをとることは、被害者とって重荷となり、信頼を寄せていいものかどうかさえも迷ってしまうことになります。「何でもできる支援者」は、この世に存在しないのです。酒井さんに対する長井先生の慎重な関わり方は、被害者との援助関係を築く上で大いに参考になります。

紹介には責任がつきまとう

信頼を寄せている人から専門家を紹介される場合でも、単に「この人はどうですか?」というかたちで紹介されるだけでは、不十分かもしれません。長井先生のとった方法のように、紹介しようとする人の情報をできるだけわかりやすく被害者に説明すること、そして紹介方法についても、あらかじめ被害者の希望を聞く努力をするべきでしょう。

「紹介には責任がつきまといます」

酒井さんはよくこう表現します。「紹介した人にコンタクトするかどうかは、あくまでも被害者の選択に委ねられる」という原則をしっかり心にとどめておくことが大切だと思います。

さらに、長井先生がされたように、被害者に了承を得た上で、事前に被害者の状況と連絡が入るかもしれない旨を紹介する人に伝達しておくことも重要です。このような配慮によって、紹介を受ける側も心の準備をもって支援に入ることができるでしょう。紹介する側とされる側の信頼に基づいたキャッチボール。酒井さんの場合もこの信頼の輪によって、「たらい回しにされた」というような負の気持ちを抱かずに済んだと思われます。

自信の回復を支える

犯罪で家族を失うことは、遺族に耐え難い痛みと苦悩をもたらします。しかし、だからといって犯罪被害者が病人になってしまうことを意味しません。被害者は、数々の課題に向き合い、長い闘いを強いられながらも、それらに向き合い乗り越えようとする意志と力をもっています。それは犯罪で失ったものを尊び、もう一度我が手に取り戻して、自らの尊厳と価値を確かめる闘いでもあるのです。

その意味で、被害者の心理的な苦悩や体の不調に注目し、その悪い部分を取り除こうとする医学モデルのみで被害者をとらえるだけでは真実の姿を見誤ることになります。試練を乗り越え、再び社会生活に適応しようとする、被害者の意志や力を見落としてしまうことになりかねません。被害者が苦悩を乗り越え、社会生活を取り戻すだけの潜在的な能力（コンピテンス）を信じる姿勢が支援者には必要なのだと思います。

被害者は、心や身体を病んだ病人になったわけではありません。支援者は、試練を乗り越え、再生しようとする「挑戦者」として被害者を受けとめることが大切だと思います。そう考えると、被害者が難題を乗り越え、再び社会生活を送れるようになるという自信を取り戻すことも大きな支援の目標になると思います。

最後に酒井さんがインタビューで語った言葉をそのままここに紹介します。

「私たちも、多くの方々に支えていただき、裁判や文科省との交渉を乗り越えることで、少しではありますが、もう一度社会で生きていくことができるという感覚を持てるようになったと感じています。私たちが出会い、信頼関係を結ぶことのできた支援者は、どの方も私たちを病人扱いすることはありませんでした。私たちが多くの困難に向き合うことを支えてくださり、私たちの意志や希望に耳を傾けてくださいました。

回復の道のりは険しく今でも続いているわけですが、自分がかかわり、乗り越えていかない限り、誰も私たちの代わりに重荷を背負ってくれることはないのだと実感します。支援とは被害者の自信を少しでも回復するために、実践されるものなのだと思います」

注

（1）エンパワーメント――社会福祉学、看護学、そして心理学などさまざまな領域で用いられている概念。社会福祉学では、個人、家族、集団あるいはコミュニティが個人、対人関係、社会経済および政治のレベルで影響力（パワー）を強め、自らを取り巻く環境の改善を行っていくこと、あるいはそれらが実現された状態を意味している。この概念に基づく対人援助は、すべての人はどのような悪い状況にあってもそれを改善していける能力とパワーを有しているという基本的人間観にたつ。被害者とのパートナーシップを通して、被害者自身が潜在能力を高めていくことが目標になる（現代社会福祉辞典・有斐閣より）。

（2）一九九九年十一月二十八日、東京都世田谷区の東名高速道路で、井上保孝さんの乗用車に高知市から東京に向かう飲酒運転の大型トラックが追突。乗用車は炎上し、井上さんの三歳と一歳の娘二人が死亡した。運転手は業務上過失致死傷罪などに問われ、懲役四年が確定した。犯人は、東名高速のサービスエリアなどでウイスキーや酎ハイを飲み、事故当時は真っすぐ立てないほど泥酔していた。

（3）危険運転致死傷罪――二〇〇一年十一月、危険運転致死傷罪の新設などのための「刑法の一部を改正する法律」が国会に提出され、この法律は全会一致で成立し、同年十二月五日から施行された。

この法律では、四輪以上の自動車の運転行為のうち、①アルコールまたは薬物の影響により正常な運転が困難な状態での運転、②進行を制御することが困難な高速度での、または進行を制御する技能を有しないでの運転、③人または車の進行を妨害する目的で、通行中の人または車にいちじるしく接近し、かつ、重大な交通の危険を生じさせる速度での運転、④赤信号をことさらに無視し、かつ、重大な交通の危険を生じさせる速度での運転、により人を負傷させたときは十年以下の懲役、死亡させたときは一年以上の有期懲役に処することとされた（刑法二〇八条の二）。罰金刑はさだめられていない（エンカルタ総合百科事典より）。

犯罪被害者支援の窓④

支援のつながりによる生活支援

1．犯罪被害者に押し寄せる課題（警察捜査，裁判，保険手続きなど）は多岐にわたり長期的な支援が必要であることを理解する。
2．殺人事件を含む凶悪犯罪の被害者の場合，裁判は年単位で推移することが考えられる。傍聴や意見陳述など被害者が事件と継続的に関わらざるを得ない状況にさらされることを理解する必要がある。
3．裁判を含む煩雑な司法手続きや被害から生じる生活の変化に対応するためには，医学モデルに基づく心と身体のケアだけでは不十分であり，生活モデルに基づく支援の展開が不可欠となる。
4．生活モデルは，被害者と，被害者を取り巻く環境との相互作用に注目し，被害者がどのような問題と向き合いながら生活しているのかを総合的に評価する視点を提供することができる。
5．生活モデルは，原因―結果という一元的な見方で被害者の問題を捉えることはない。被害者の環境に再適応していくための潜在的な回復力（コンピテンス）を引き出すことをめざす。
6．生活モデルは，被害者のコンピテンスを引き出すことで，自ら被害による痛みや生活の変化を乗り越え，再生することができるという自信＝自己効力感（セルフ・エフィカシー）を高めることをめざす。
7．生活モデルによる支援を考えるとき，被害者の抱える多くの課題や問題に対処するため，支援者および支援機関の連携と協働が不可欠である。
8．支援者の連携は，人を紹介したり情報を提供したりするだけにとどまらない。被害者が「たらい回しにされた」という感覚をもつことのないように，被害者のニーズを聴き，十分な配慮をもって紹介や情報提供を行うべきである。
9．支援者の連携は，「信頼関係」の構築にほかならない。信頼する人から信頼する人へと支援の輪が広がっていく。
10．支援者の連携を支える信頼関係は，被害者のニーズ，回復過程，コミュニケーションのスタイル，社会生活の状況，ライフサイクルなどを尊重する姿勢から生まれてくる。

第6章

「家族」と生きる——家族支援の実際

私たちは、子ども二人と平凡で楽しい家庭生活を送っていました。子どもの誕生日には、子どもの大好きな手料理と、デザートにはプディングを作り、家族で祝いました。普段は仕事で忙しい父親も、週末の朝には子どもと一緒に焼きたてのパンを買いに行きました。その家族の営みが、突然奈落の底に突き落とされたように一変しました。心も体も生活も崩れ落ちそうになりながら、私たちはそれでも家族で力を合わせ乗り越えていかなければなりませんでした。家族で生きていくという感覚を取り戻すためには、多くの支援が必要でした。

当然のことですが、事件後も私たちは家族として生活しなくてはなりませんでした。父として、母として、それぞれの役割をこなし、食事をし、眠り、日々の生活を営んでいくのです。私たちには、亡くなった麻希のほかに、事件当時幼稚園に通っていた子どもが一人います。親としてその子の生活を守り、支えていく必要もありました。私たちは、関西の出身ではありません。そのため、親類縁者は遠く離れています。事件後、実家の家族は、しばらく家事などを手伝ってくれましたが、いつまでも甘えているわけにはいきませんでした。私たちは悲しみに圧倒され、山のような課題を抱えながらも、親子三人で再び生活を始めました。深い喪失感のなかでの船出でした。

1 被害者支援の視点

倉石哲也

犯罪被害者支援を考えるとき、直接被害に遭遇した人だけではなく、その家族も支援の対象として考えていく視点がどうしても必要になります。心の痛みや苦悩を抱えている人のまわりには、そのつらさを思いやり、心配する家族の姿があるはずです。場合によっては、家族自身が苦悩を抱えてしまい、日常生活が送れなくなる場合もあるのです。

第6章では、犯罪被害者の家族に対する支援のあり方について考えます。まず、犯罪被害という危機を体験した家族に訪れる変化について理論的な観点から紹介します。次に、酒井さんの経験をふり返り、今後の被害者家族への支援方法について提言したいと思います。

被害は家族全体に及ぶ

犯罪被害で家族を失う経験をした家族は、家族全員が同時に、同じ強いストレスを受けることになります。別のケースとして、家族メンバーの一人がストレスを受け、他の家族メンバーがそのストレスを受けた家族の心理的問題に反応し、徐々に家族全体が危機的状況に陥ってしまうこともあるでしょう。家族の一人が性暴力被害を受ける場合などはそれに当てはまります。さらに、虐待や家庭内暴力など「家族関係そのもの」が強いストレスとなることもあります（Figley, 1988）。

いずれの場合でも、犯罪に巻き込まれた家族が直面する問題は、多岐にわたります。共通する問題として、まず過剰な経済的負担を挙げることができます。事件による後遺症や二次被害によって、家計を支える家族が働けなくなることがあります。事件後の対応のために、職場での労働条件を変えざるを得ない場合もあるでしょう。結果的に、家族の収入が激減してしまうこともまれではありません。それに加えて、病院での治療費、被害者グループの会合、裁判の費用などの支出がかさみ、家族生活に多大な負担をもたらしてしまいます。

経済的問題だけではありません。犯罪被害は、直接被害を受けた家族のみならず、すべての家族メンバーの心に傷を与えます。その傷によって、家族メンバーの情緒的な反応や行動に変化が生じることになります。

とくに、子どもが被害にあった場合、両親は、お互いの苦しみを毎日目の当たりにすることになります。このため、悲しみにくれる相手（たとえば母親）を見るのがつらく、もう片方（たとえば父親）がその側に寄り添えなくなることがあります。

「あの人は本当に悲しんでいるのだろうか」、または「いつまでも悲しまれるとかなわない」といったお互いに対する不信が生まれ、家族のなかでさえ孤立感を味わうこともあります。結果として、お互いが無口になり、話したいことも話せないもどかしさを抱えてしまうことになってしまいます。

家族は、感情をやりとりしながら互いに影響しあって生活しています。犯罪被害によってもたらされた危機は、その家族関係全体に直接インパクトを与えます。一人ひとりが受けた危機は、さらに他のメンバーの危機に波及します。このような負の連鎖を避けるためには、家族の誰にどのような支援が必要か、家族の「声にならないニーズ」を理解し、家族全体にアプローチしていく支援を考える必要があります。

●家族に生まれる罪悪感

家族の誰かが犯罪被害に見舞われた場合、家族はショック、悲しみ、そして怒りといった感情に加え、強い「罪悪感」を抱く場合があります。自分が犯罪現場に居合わすことがなくても、「自分は助けることができなかった」「自分は守ってあげることができなかった」と感じてしまうのです。とくに、被害者が子どもの場合、親はこの罪悪感をより強く感じてしまいます。

殺人事件によって子どもを奪われた場合、親は子どもを救えなかった罪悪感のみならず、自分がこの世に生きていること自体、何か悪いことをしているような気持ちになることもあります。

これら一連の罪悪感は、「生存者罪悪感（サバイバー・ギルト）」と呼ばれています（Williams, 1987; 池埜、二〇〇一）。この罪悪感は、遺された家族全体に波及し、「自分は家族の一員としてふさわしくない」といった否定的な感情にまで発展することもあります。

また、生存者罪悪感によって、家族は「私があのときこうしていれば、事件に巻き込まれなかったはずだ」とか「あの時ああしてくれなかったから、子どもが被害に遭ったのだ」といったように、自分やまわりの人がとった行動に被害の原因を求めてしまいます。

麻希ちゃんが植えた種が実った朝顔

しかし、この原因探しは、答えのない問いかけになることがほとんどです。結果的に、家族内で気持ちのすれ違いを生じさせてしまいます。

すれ違いを避けようとするあまり、家族それぞれが、知らず知らずのうちに被害の話を避けるといった「暗黙のルール」を作り上げてしまうこともあります。このルールによって、ますます家族で柔軟にコミュニケーションがとれなくなるという悪循環が生じてしまいます。この葛藤に満ちた家族関係は、家族それぞれにとって大きなストレスとなり、家族で生活を送ること自体が困難になる場合もあるのです。

遺された「きょうだい」への影響

酒井さんは、麻希ちゃんを犯罪被害によって奪われました。そのショックと悲しみを抱えながら、きょうだいの養育も果さなければなりませんでした。遺されたきょうだいを支え、成長していけるように家族を支えることも家族支援を行う上できわめて重要な課題となります。ここでは、子どもの死が遺されたきょうだいに与える影響について、触れておきたいと思います。

①　親や大人への気遣い

遺されたきょうだいは、自分が苦しむ以上に家族に気を遣い、自分を抑えようとすることがあります。事件直後から、さまざまな問題の処理に奔走する家族に何も貢献できず、迷惑にならないように自分のやりたいことを抑制することがあるのです。

犯罪によって子どもを奪われた家族の場合、親やまわりの大人は、遺されたきょうだいの気持ちに向き合う時間をもつことができないほど多忙を極めます。警察や司法関係者とのやりとりだけでも疲労困憊してしまいます。この状況のなかで、遺された子どもは、大人への気遣いと自分の感情抑制のためにかなりのエネルギーを消耗します。このとき、まわりの人には「おとなしくてよい子」という印象を与えるかもしれません。しかし、体を動かしたい、好きなことをしたい、人と会って話をしたい、といった子どもの欲求は消え去るものではありません。遊びや親との関係のなかで、つい欲求を我慢することができず、一気に衝動的な行動をとってしまうこともあります。落ち着きがない、すぐ泣いてしまう、大きな声を出す、などです。このとき、いつも聞き分けのよい子が、急に聞き分けのない子どもに変貌するような状態になります。親はその急激な変化にとまどい、過剰な心配をしてしまいます。

②　生活力の低下

子どもは、遊び、学習、友だちや大人との交わりといった日常の営みを自分なりにつくり、常に自ら働きかけを行っています。これを子どもの「生活力」と呼びます。

たとえば、きょうだいが被害に遭った後、休んでいた学校や幼稚園に急に復帰したとしましょう。そうすると子どもは、激変してしまった「家の中での生活」と、何も変わっていない「家の外での生活」との間に大きな隔たりを感じてしまいます。そして、子どもなりに困惑してしまい、結果的に生活力の低下を招いてしまいます。子どもが退行しすぎていないか、食事や睡眠は十分にとれているか、といった生活態度を注意深く見守りながら、生活力の回復に向けて慎重に子どもと家族を支えていくことが大切です。[1]

③　**ポスト・トラウマティック・プレイ**

幼い子どもは、悲しみや苦しみなどの感情や理解し難いまわりの変化を、自分の遊びのなかで表現しようとします。これまでしたことのないような人形遊びや劇、絵画などの遊びを通じて心の状態を表現しようとするのです。

このような遊びを「ポスト・トラウマティック・プレイ」と呼びます（Eth, 1990; Eth & Pynoos, 1985; Terr, 1991）。この遊びは、決して病理的なものばかりとは限りません。幼い子どもには、安心できる場所でこの遊びを表現できるように支え、周囲がそれを受け入れることが大切です。そうすることで、子どもの心の中に吹き荒れる嵐を少しでも理解することができるのです。

④　**死の認知と悲嘆の作業**

遺されたきょうだいにとって、もう一つの乗り越えなければならない大きな課題は、どのようにきょうだいの死を理解し受容していくかという問題です。きょうだいの死の受容には、子どもなりに悲しみや痛みを表していく「悲嘆の作業」が伴います。

子どもの場合、人の死に対するイメージは、大人のものとは大きく異なります。児童期（五歳から十歳程度）の場合、死を物や場所などに対象化させて認知しようとする傾向があります。たとえば、死をおばけ、がいこつ、くらやみ、特定の怖い人などに関連づけて理解しようとします（Grollman, 1990：デーケン、一九九五）。

五歳程度になると、「死ねば再び生き返ることはない」、あるいは「生けるものはすべて死ぬ運命にある」という認識が芽生えているものです。しかし、死が自分の身にも起こり得るもの、という考えには及んでいないことが多いようです。

きょうだいの死に対する子どもの悲嘆は、一人ひとりかたちが違います。生前のきょうだい関係や親子関係にも左右されます。一般的には、①亡くなったきょうだいのことを話さなくなる、②亡くなったきょうだいのことばかり話す、あるいは③忘れかけていたころに突然そのきょうだいの話をする、といった反応が見られます。

親やまわりの大人にとって、子どもの悲嘆作業を予測することはきわめて難しく、場合によっては悲嘆に伴う子どもの変化に振り回されるような感覚をもってしまいます。「子どもが心の病にかかってしまったのではないか」と危惧してしまうことも少なくありません。

このとき、親やまわりの大人がきょうだいの死を否定したり、事実を隠そうとしたりすると、遺された子どもは歪んだ「死のイメージ」をもってしまいます。その結果、きょうだいの死を受容することがますます難しくなってしまいます。そうではなく、まず亡くなったきょうだいに対する想いを自然に話せるような環境を作ることが必要となります。そして、基本的には、事実を歪めず、子どもが理解できるような方法とペースで、きょうだいの死を伝えていくようにすることが大切です。

家族への支援は、家族全体に、またとくに支援が届きにくい家族メンバーに支援を働きかけることが大切です。

2　私たちの経験

酒井　肇・智恵

もう一度、時間を事件当日に戻し、私たちが家族として受けた支援についてふり返りたいと思います。ここでは、主に母親（酒井智恵）の立場からふり返っていきます。

私たちにとっての日常生活とは、夫は会社に行き、私は家事や子どもの世話をすることでした。しかし、事件後は、これまで当たり前と思っていた日常生活や自分たちを取り巻く社会全体に対して、全く現実感をもてなくなっていました。「なぜ他の人は普通に生活しているのだろう……」こんな気持ちを抱かずにはいられませんでした。

このような中で、私たちが家族の生活を再開し、現実感を取り戻していった道程について述べていきたいと思います。

麻希の死を告げる

親として最初にしなければならなかったことは、麻希の死をきょうだいに伝えることでした。その日の朝まで元気だった麻希が突然亡くなったことを、遺された子どもにどう伝えればよいのか。この作業は、私たち親子にとって簡単なことではありませんでした。

私たちは、事件が起こる前から「大切なことは隠さず、子どもが理解できる範囲で正直に伝えていこう」という方針をもって子どもに向き合ってきました。結果的に、麻希の死を告げるときも、この私たちのスタイルを変えることはありませんでした。

事件当日、私は麻希のいる附属池田小学校に駆けつける途中、きょうだいが通う幼稚園に電話しました。「幼稚園に迎えに行けなくなるので、（子どもがよく遊びに行く）友人宅に預けてほしい」と先生に依頼しました。

今でも心から感謝していることは、預かってくれた友人が、「私たちから子どもに麻布の死について伝えることができるように」配慮してくれたことです。その友人に何度か電話をしたとき、友人は絶えず「テレビは見せてないからね」と言ってくれました。こちらから頼まなくても、その友人は事件のことを子どもに悟られないように気遣ってくれました。友人は、ただ「私たちがちゃんと預かるから」と勇気づけてくれました。

夜十時ぐらいだったでしょうか。友人宅では子どもが泣き始め、麻希もようやく帰宅していたこともあり、友人に子どもを自宅まで送ってもらいました。そのころ、自宅前はマスコミ関係者であふれ返っていました。友人は、それでも何とか裏口に廻って子どもを連れてきてくれました。私たち夫婦は、二人で裏口から階段を降りていき、一階で子どもを迎えることができました。

「今日はこんなに遅くまで迎えにいけずにごめんね」

私は子どもにそう伝え、夫が抱いて階段を上がり自宅のドアを開けました。しかし、そのまま家に上がらず、私たちは玄関で立ち止まりました。私たちは、ここで麻希の死を伝えようと決めたのです。

私たち二人で事前に打ち合わせをしていたわけではありません。しかし、直感的に二人とも同じ思いを抱いたのだと思います。「このまま何も言わず、今までとは一変してしまった、混乱と悲しみに満ちた家のなかに子どもを迎え入れてはならない」と。私たちは子どもと同じ目線に立ち、手を握りながら、麻希が死んでしまった事実だけを伝えました。

子どもは、それを聞いてびっくりした様子を示しました。その後、親子一緒に家の中に入り、部屋に寝ていた麻希のそばに一緒に座りました。子どもはまだ事態がよく飲み込めていない様子でした。亡くなったことをもう一度伝えた後、子ども部屋に連れて行き、寝かせたと思います。ただ、子どもをどのように寝かせたのか、その後どのように時間を過ごしたのか、明確な記憶がありません。

私たちにとって、きょうだいに麻希の死を伝えることは、親としてのすべてのエネルギーを投入して向き合わなければならないほどの大きな作業でした。そのため、麻希の死を告げる場面だけがきわめて鮮明に記憶にとどまったのだと思います。

「本当にこの言葉でいいのだろうか」「本当にこういう伝え方でいいのだろうか」と悩みながら子どもに伝えました。でもこのときは、子を思う気持ちを一心に、精一杯向き合うことしかできませんでした。

初対面の支援者

私たち夫婦が最も心配したことは、きょうだいが麻希の死を受けてどう変わっていくのか、という点でした。きょうだいを犯罪被害によって突然奪われる。遺された子どもは、この事実をどのように受けとめていくのだろうか。幼いなりに深い悲しみをもちながらも、再び歩み始めることができるのだろうか。父として、そして母として、この子を支えていくことはできるのだろうか。大きな不安を抱いていました。

私たちの家族の場合、事件が起きる以前から、それぞれがある程度明確な役割を担っていました。子どもの世話は、どちらかというと母親の私が主に担当していました。夫は、事件後しばらくしてからは、仕事で再び多忙な日々を送るようになりました。犯罪被害に遭ったからといって、夫が急に長い時間、子どもの世話に関わることはできませんでした。必然的に、私の方が子どもに向き合う時間が多くなりました。

しかし、事件後の私は、煩雑な手続きに追いたてられ、日々の家事すらおぼつかない状態でした。私自身も麻希の喪失で痛みを受けている状態です。子どもを守り、家族を支えていこうと必死で奮闘していた状態でした。

このような状況のなか、第4章で述べたように、事件後、大阪府警からカウンセラーを紹介されたり、大阪教育大学から臨床心理士を派遣してもらい、何人かの専門家に会う機会がありました。しかし、私たちは、これらの専門家に何を期待すればいいのかよくわかりませんでした。

これらの支援者は、私たちの「心のケア」に目を向けてくれました。しかし、私たちは親として、そして家族として普通の生活に戻るための「具体的な助け」を必要としていました。

事件後の煩雑な手続きがわからない、家事をする時間が足りなくて困っている、夫も仕事と事件後の対応で疲労がたまっている、子どもとの時間も事件以前のように余裕をもって作ることが難しい……。そのようなことを専門家にはうまく説明できませんでした。

専門家の人たちは、もちろん初めて会う人ばかりです。初対面の人と信頼関係を築くためには、それなりの時間とエネルギーが必要です。信頼関係を築いていくことに加え、一から家族のこと、あるいは事件処理に関する難題を説明し、理解してもらわなければなりません。

きょうだいについては、単なるアドバイスをもらうだけでは到底支えていくことはできないと感じていました。子どもは、多くの時間を幼稚園で過ごします。ですから、幼稚園の先生方や園児たちとの調整もしてもらう必要があると思っていたのです。大切な子どもを取り巻く諸問題について、支援者はきっちり理解してくれるかどうか。その支援者は、子どもに悪影響を及ぼすようなことがないかどうか。これらのことを慎重に確かめなければなりませんでした。

このように考えると、初対面の専門家に、家族それぞれの状況や私たちの子どもへの思いを伝えるまでして相談する気にはなりませんでした。というよりも、そのようなことを専門家に説明し、依頼するだけのエネルギーも、もはやなかったというのが正直なところです。

家族支援のきっかけ——倉石先生との出会い

そのような折、私たち家族は、共著者でもある倉石哲也先生から支援を受けることになりました。これは、私たちにとって最も心強い支援となりました。

前述したように、事件から間もないころは、突然犯罪被害できょうだいを奪われるという衝撃が子どもに与える影響を推し量ることができずにいました。一方で、きょうだいの通園再開や安全確保など、子どもの安心した生活を実現するために、できることは何でもやりたいと思っていました。その意味で、「カウンセリングに固執せず、私たちの判断を客観的に評価してくれたり、幼稚園との調整をしてくれる専門家がいてくれれば」という希望をもっていました。

幼稚園のＩ先生に相談したところ、子育て支援のカウンセラーとして幼稚園に定期的に来てくれていた倉石先生の名前が挙がりました。私自身も、倉石先生の講演会に参加したことがありました。ですから、どのような方か雰囲気だけはわかっていました。

信頼していたＩ先生から名前が挙がったことと、わずかですが面識があったことが大きなきっかけとなりました。倉石先生に相談してみたいと思うようになったのです。

家族支援のはじまり

事件から数日が経ったころ、子どもが「幼稚園に通いたい」と言い出しました。私たちも、一日も早く子どもの通園を再開したいと思っていました。しかし一方で、心配は募るばかりでした。

「今の混乱した状況のなかで、通園させても大丈夫だろうか」「家族を突然亡くした衝撃を背負ったまま通園させていいのだろうか」「まわりの人たちはどのように受け入れてくれるのだろうか」。こんな不安が私たちの胸に押し寄せます。事件前のように、子どもを安心して幼稚園に送り出す心境にはなれませんでした。

家の中は断続的に弔問客が訪れ、慌しい状態でした。家の外にもマスコミ関係者が多数つめかけていました。これまでとは違う環境の中で、子どもを幼稚園に送り出すことにためらいを感じていました。

事件から一週間ほど経ち、Ｉ先生に倉石先生の紹介も含め通園再開について相談しました。すると、Ｉ先生は、倉石先生と幼稚園の先生二人の合計三名を伴って自宅に来てくれたのです。倉石先生一人が来られるのではなく、幼稚園の先生方と一緒に来られたことで、私は大きな安心感を抱きました。「一緒に来て欲しい」と私から依頼したわけではありません。先生方の判断で一緒に来宅してくれたのです。

話し合いでは、まず私からわが家の現状について話しました。倉石先生は、子どもの様子についていろいろと確認されました。

話は、幼稚園に通わせる問題へと進みました。倉石先生は、まず「どうされたいですか」と私の考えを聞いてくれました。私は、子どもの通園を再開させてあげたいという気持ちをもっていること、そしてその判断に問題がないかどうかを確かめたいと思っていることを率直に伝えました。

倉石先生は、私の話を受け、「次の日が休みとなる金曜日から通園を再開してはどうでしょう」という具体的な示唆を与えてくれました。さらに、「車は運転されない方がいいですよ」とアドバイスしてくれました。それを受け、被害者支援対策室の婦警さんに可能な限り子どもの送り迎えを依頼することになりました。

倉石先生は「しっかり見守ってあげるため、新たにもう一人の先生をつけた方がいいと思います。それは可能でしょうか」と幼稚園の先生方に尋ねました。I先生が「それはすぐにできます」と答え、そこから幼稚園での子どもの支援体制について、いろいろと決めていくことができました。

倉石先生と幼稚園との間で決められるのではなく、私も加わり子どもの通園をめぐる具体策を一緒に検討することができました。そのやりとりのなかで、私自身が主体的に子どもを守り支えることができているという実感をもつことができたように思います。

ただ話を聴いてくれるだけのカウンセリングではなく、実際に幼稚園において子どもの様子を見てもらい、安全を確保するという実質的なサポート体制をとってもらえたことも、心強く感じました。

このように、子どもを守る支援をきっかけに、私たち家族はごく自然に倉石先生の支援を受けるようになったのです。

家族支援の展開

事件後一週間も経つと、夫は仕事に復帰せざるを得ませんでした。職場は、夫に対して仕事量などについて配慮してくれた時期もありました。しかし、仕事に対する責任は事件後も変わることはありません。夫は仕事のため、家庭のことや事件後の細かな対応にはなかなか時間を割くことができない状態になりました。

夫は、倉石先生が私の相談に丁寧に応えてくれていることを大変心強く感じていました。「倉石先生には、物理的に自分ができないところを適切なかたちでサポートしてもらい、本当にありがたかった」とふり返っています。直接的には、私が倉石先生とやりとりすることがほとんどでした。しかし、私が受けたアドバイスは、逐一夫に報告するというかたちをとりました。そのなかで、夫も常に子どもの様子を把握することができました。

倉石先生は、私と話をしているときでも常に夫の意向を確認しようと気遣ってくれました。自然に夫婦で倉石先生に相談しているような状況がつくられていきました。倉石先生と会えるときは、時間が許す限り夫も参加し、夫婦一緒に話を聞くようになりました。

以下、倉石先生から受けた、まさに「息づく支援」について、ふり返ってみたいと思います。

① 息づく支援(一)——幼稚園との連携

子どもが幼稚園に復帰した当初、I先生は幼稚園での子どもの様子を毎日電話で連絡してくれました。さらに一冊のノートを作り、子どもに少しでもプラスになることがあれば何でも書いて、お互いに交換するようにしました。そのノートの内容について、I先生から倉石先生にも伝えてもらいました。そのため、必要に応じて倉石先生から連絡をもらうこともありました。

このように、私と倉石先生の二者間ではなく、常に幼稚園関係者が加わった三者間で子どもを見守る体制を維持することができました。倉石先生と幼稚園の先生が、子どもや私たち家族の状態をいつも理解してくれている状況が作られ、私たちは安心して家族の生活を送ることができるようになっていったのです。

② 息づく支援（二）――ボランティアの開始

事件から一か月が経ち、子どもの夏休みが迫っていたときでした。子どもの夏休みの過ごし方について、倉石先生と相談する機会がありました。二〇〇一年七月十八日のことです。

そのとき、倉石先生から「ボランティアとして、大学生に自宅に来てもらってはどうか」という提案を受けました。このころは、犯人が起訴されるかどうかわからず、第1章で述べられた署名活動の作業に追われていた時でした。電話やファックスのベルは一向に鳴りやまず、弔問も断続的に続いていました。

このような状態では、夏休みの間、子どもが落ち着いて家で過ごすことができないのではないかと危惧していました。慌しい家の中で、子どもが安心して時間を過ごせるようにするためにはどうすればいいか、思案していました。

その意味で、私たちにとってはありがたい支援の提案でした。申し出を受けることに決め、倉石先生にボランティアの学生を調整してもらうことになりました。

夏休みに入って間もないころ、倉石先生に伴われ、二人の大学生が来宅してくれました。このときは、家族全員で三人を迎えました。二人は大学三年生で、共著者の池埜聡先生のゼミ生でした。倉石先生が池埜先生に依頼し、調整してくれたのです。

子どもは二人の大学生の訪問をとても喜びました。早速自分の部屋に二人を招き入れました。それから夏休みの間、ほぼ一週間に一日の割合で二人一緒に来宅してもらいました。来てもらう日は、曜日に関係なく、私のスケジュールに合わせてもらうことができました。

このボランティアの支援は、私たち家族にとって貴重な力添えとなりました。子どもにとって、大学生の二人はいい意味で年上の頼れるきょうだいのような存在となりました。二人は、子どものことを第一に考え、安全に、そして伸びやかに時間を過ごすことができるように配慮してくれました。私はこの様子を見ながら、少しずつ二人に信頼を寄せるようになりました。

何度か来宅してもらううちに、ボランティアの二人が子どもと過ごしてくれている間、私は警察に提出する書類作成や署名活動の準備など、貯まった用事を済ますことができるようになりました。また、徹夜が続いたときには、二人が子どもと時間を過ごしてくれている間に仮眠をとることもできました。このように、二人のおかげで、私も自分だけの時間をもつことができました。

倉石先生とボランティア二人にお願いし、夏休みが終わった後も週に一日程度、継続して二人に来てもらえることになりました。子どもも二人が来るのを心待ちにするようになりました。

③　息づく支援（三）——ボランティアの展開

きょうだいが急にいなくなったあと、年上の大学生と自分の家で気兼ねなく時間を過ごせたことは、子どもの成長にとってもどれだけ役に立ったかはかり知れません。

これまで、友人の家で子どもを預かってもらうことはありました。しかし、自分の家で遊ぶことによって得られる安心感と開放感を大事にしたいと思っていました。その心地よい時間と空間を、何としても子どものためにつってやりたいと思っていました。

その願いは、二人のおかげで事件から間もない段階から実現することができました。優しいふれあいの輪が家のなかで広がっていったのです。二人から支援を受けることで、子どもは「両親だけではなく、多くの人に守られている」という安心感も得ることができたのではないかと思います。

また、子どもは、私にも見せないような部分を二人に見せる場面もありました。事件後、子どもは私への気遣いからか、わがままを言って私を困らせることはほとんどありませんでした。しかし一方で、二人の前ではわがままを言ったり、二人を困らせるような遊びをすることもありました。子どもは忙しくしていた家族の状況を気遣って、我慢していたところもあったのでしょう。押さえていたエネルギーを若い二人に自由にぶつけることができたのだと思います。

二人は、お互いの役割を常に考え、子どもに接してくれました。私の要望にも、いつも耳を傾けてくれました。子どもが気を遣ったり、不安になることのないように、遊び方を工夫してくれました。幼稚園の行事や誕生日などは、忘れずに手紙をくれたり、電話を入れてくれたりしました。二人の細やかな配慮にどれだけ救われたかわかりません。

ボランティアの二人と出会ったことで、いい支援者とは経験の有無や年齢だけで決められるものではないと思うようになりました。私たちが必要としていたのは、時間で区切られるベビーシッターのようなサービスではありませんでした。子どもを大切に思い、子どもの安全と安心感を何よりも優先してくれるような人でした。

正直なところ、そのような人をボランティアというかたちで得ることができるとは想像すらできませんでした。二人とも誠実な人柄で、粘り強く子どもに向き合ってくれました。二人がお互いに呼応するかたちで、子どものペースを尊重し柔軟に対応してくれたことも本当に助かりました。結果的に、二人には、子どもだけではなく家族として支えてもらえたと実感しています。

一方で、二人には大変な労力を使わせてしまったと思います。殺人事件の遺族という、専門家でも接し方にとまどう家族に長い間関わってくれたのですから。麻希の遺影を前に、二人ともつらい気持ちを抱きながら子どもに向き合ってくれたのだと思います。そのことを思うと、申し訳ない気持ちとともに感謝の気持ちで一杯になります。

ありがたかったことは、二人は常に倉石先生と池埜先生といったサポーターとやりとりができていたという点です。倉石先生は、定期的に二人と会って相談する機会をもってくれました。必要に応じて、倉石先生と池埜先生が二人を交え四人でミーティングをすることもあったと聞きます。私たちは、そのような専門家とボランティア二人との連携のなかで支えられていたのです。

麻希の死の「理由」を伝える

倉石先生やボランティアの学生二人から継続した支援を受けるようになり、署名活動や裁判などの難題に何とか向き合うことができました。また、倉石先生とは電話や電子メールで家族のことをワンポイントで相談できる体制をとっていただき、安心感の中で、子どもの成長を見守ることができました。

しかし、親として、しっかり向き合うべき課題が残されていました。それは、「なぜ麻希の命が奪われたのか」その理由を子どもに伝えることでした。

①　子どもからの問いかけ

もちろん、子どもは麻希が亡くなったことをわかっていましたし、通夜や葬儀を通じて子どもなりに麻希ともう会えないという現実を受けとめていたと思います。

しかし、私たち自身、「麻希の最期の状況がわからない」という状態が事件後数か月にわたって続いていました。そのため、麻希が亡くなった理由を正確に子どもに伝えることができないでいました。そのうち、子どもも少しずつ麻希が亡くなったときのことについて尋ねるようになりました。

私たちも、親として麻希の最期の様子やなぜ命を奪われてしまったのか、その理由を心の底から知りたいと思っていました。子どもも同じ思いを抱いていたことを知り、いつか家族できちんとその理由を共有したいと思っていました。

子どもに理由を尋ねられたときは、その都度、その時点でわかっていることを、子どもがわかる範囲で伝える努力をしていました。そして、わからない部分については、正直に「わからない」と伝え、わかった段階で教えると約束もしていました。

倉石先生に、専門家の立場からこの子どもへの対応について示唆してもらいました。倉石先生は、これまでの私の対応について、次のようにポイントを整理し、フィードバックしてくれました。

・自由なかたちで、子どもが私にいろいろ話を聞こうとする

（フィードバック①）「基本的にとても望ましい親子関係であることがうかがえます」

・子どもがわかる範囲で伝えようとしている

（フィードバック②）「お子さんは余計なストレスを感じないで済んだでしょう」

・これまで事実を正直に伝え、わからない部分は「わからない」と答えている

（フィードバック③）「お子さんが親の姿勢を詮索せずに済んだと思われます」

・「わかったことは伝えるから」と、子どもと約束をした

（フィードバック④）「お子さんは安心感を得ることができたでしょう」

倉石先生は、このように私のとった行動や判断について絶えず客観的な視点から確認作業をしてくれました。倉石先生は、私が子どもに向き合った行動の中からいつも「そこが大切でしたね」というかたちでポイントを指摘してくれました。そして、具体的なアドバイスを投げかけてくれるという方法で接してもらいました。しっかり子どもに向き合えている部分を倉石先生から指摘してもらえたことで、私は「自分でも子どもを支えていける」という実感を徐々に得ることができました。

また、倉石先生はいろいろな選択肢を提示してくれて、私たちが選び取りながら進んでいけるように支えてくれ

ました。この倉石先生の支援者としてのスタンスは、子どもに麻希の亡くなった理由を伝えるときにも、私たちに安心感と自信を与えてくれました。

②　子どもに理由を伝える

事件から数か月経ったとき、校舎に残された血痕に対する大阪府警のＤＮＡ鑑定結果（二〇〇一年九月二十九日）によって、麻希の最期の様子がやっと判明しました（ＤＮＡ鑑定に関することは次章で詳しく取り上げます）。この鑑定により、私たちも麻希の一番つらかった思いに近づくことができました。同時に、「子どもにも麻希のことをきちんと伝えなければ」と強く思うようになり、一番いい時期を模索するようになりました。

ＤＮＡ鑑定から四か月半ほどがたった二〇〇二年二月十六日、附属池田小学校で追悼式が行われることになりました。この式典に子どもを連れて行くことを考え、この機会をとらえて麻希が亡くなった理由を子どもに伝えようと考えました。

実際には、式典の一週間ほど前に話をしてはどうかと夫婦で相談しました。この判断についても倉石先生に事前に相談することができました。倉石先生からは、以下のようなアドバイスを受けました。

・基本的に事実を歪めることなく伝えることが大切
・お子さんが理解できる話し方と内容を考える
・両親で伝える
・「わからないことがあればいつでも聞いていいんだよ」というかたちで、お子さんがいつでも麻希ちゃんのことを話してもいい、という点を伝えるようにする

私たちは、伝え方いかんによって、子どもに少しでも悪影響が及ぶことのないように細心の注意を払いたいと思いました。そして「大切なことは隠さず、子どもが理解できる範囲で正直に伝えていく」という私たちの方針と倉

石先生の示唆は合致する部分が多く、いろいろな迷いを吹っ切ることができました。

倉石先生は、私たちの決断に真正面から向き合ってくれました。子どもに麻希が亡くなった理由を伝える場面に力添えをしてくれたのです。

倉石先生は、子どもに話をする際に、倉石先生自身と二人のボランティアが付き添うこともできる、という選択肢を示してくれました。さらに倉石先生は、子どもに話をする際に、①必要に応じて倉石先生が補完的な役割を担うこと、②ボランティアの二人にそばにいてもらい、子どもに安心感をもたせること、③ボランティア二人と遊んだ後、おやつの時間が終わったあたりで話を切り出すこと、など細かい状況設定についても案を示してくれました。

私たちとしては、信頼できる三人に一緒にいてもらうことで、子どもも安心して私たちの話に耳を傾けることができるのではないかと判断しました。私たちは、倉石先生の提案を受け入れ、その場にボランティアの二人と一緒にいてもらうことをお願いしました。

倉石先生は、最後に次のような示唆を私たちに投げかけてくれました。

子どもさんの理解できる範囲で事実を伝えること、そして、そのとき、子どもさんの気持ちが出せるといいですね。聞きたいことや話したいことを自由に表すことのできる雰囲気を作り続けることが、これからの心の成長につながるでしょう。

この言葉を胸に、私たち夫婦二人は子どもと向き合い、きちんと麻希が亡くなった理由を伝えることができました。倉石先生とボランティアの二人は、ずっと私たちを見守ってくれていました。

事実を伝えたあと、子どもに変わった様子はなく、引き続きボランティア二人と遊ぶことができました。私たち

酒井さんの家で大切に育てている家族４人を表すクローバー

家族にとっては、本当に長い一日でした。倉石先生と二人のボランティアの見守りを受け、何とか子どもと向き合うことができました。

その日の夜、子どもはベッドの中で今日あったことを私に話しました。目には涙を浮かべていました。子どもは、驚くほど事細かに事件当日のことや葬儀のことを憶えていました。その記憶を確かめるように、私にいろいろと聞いてきました。私は子どもを抱き、できるだけ子どもがわかるように、話せる事実を伝えました。

「ママもとっても悲しくて、涙が出るけど、いつでもまたお話ししてね」

私も子どもと一緒に泣きました。

「儀式」ともいえるかたちで子どもに麻希の事実を伝えることができ、私たちと同じ気持ちを子どもと共有できたと実感しています。この経験は、麻希を含め家族としてこれから一緒に歩んでいくために、本当に大切な出来事になったと思います。

「家族中心」の支え

このように、I先生を通じて知り合った倉石先生から、長期にわたり実質的な家族支援を受けることができました。この支援により、日常生活のコントロール感を取り戻すことができ、「家族として生きていく」という感覚をもてるようになったと思います。

私たちは、倉石先生から「……するべき」といった断定的なアドバイスを受けたことは一度もありません。倉石先生は、前述したように、いつも問題を乗り越える方策について選択肢を示してくれました。第3章で述べた、まさに回復に向けた「支援のメニュー」を示してくれたのです。

私たちは、このメニューによって、とるべき行動を具体的に考えることができました。その結果、さまざまな課題に家族として主体的に関わることができたと感じています。

また、倉石先生の支援は、私たち夫婦が麻希を失った痛みや悲しみをむやみにぶつけ合い、お互いに傷つけあうようなやりとりに陥ることも防いでくれたと感じています。

倉石先生の支援における視点は、常に「夫婦」であり「家族」でした。私と話をしている時でも、夫の状態や意向、さらに子どもへの影響を考慮してくれました。この倉石先生の姿勢は、私に対して「家族として問題に向き合う大切さ」を示唆するものでした。

さりげなく、でも明確に伝わる倉石先生の「家族中心」という支援のスタンスは、私にとって大きな意味をもちました。たとえ事件後の混乱した状態にあっても、子どものことをすべて一人で判断したり、背負い込むことはかえって家族のためにならないということを自然に理解するようになりました。

その結果、多くの情報を夫と共有し、たとえ意見が対立することがあっても、倉石先生のアドバイスの意味を二人で冷静に考えることができました。そして、最後は二人で建設的な話し合いにもっていくことができたのではないか、とふり返っています。

たとえば、子どもにどこまで麻希の事実を伝えたらいいのか、また伝えるタイミングや方法はどうすれば一番望ましいのか、といった点については、夫婦二人で確固たる判断を下すには限界がありました。

倉石先生の素早く具体的なアドバイスによって、私たち夫婦はそのアドバイスを軸にして自分たちなりの「伝える方法」を話し合うことができたと思います。もし、このような軸がなければ、二人はあれこれ迷って焦りを感じてしまい、結果的に感情的なやりとりに発展しかねなかったと思います。そうなると、事件のことや麻希のことを二人で話ができなくなるような状態に陥っていたかもしれません。

その意味で、倉石先生の支援は、家族それぞれが負の関係に陥ることを防ぎ、力を合わせて乗り越える勇気を与えてくれたと思います。

家族中心の支援。その支えによって、「犯罪被害によって、私たち家族の生きていく力がすべて損なわれたのではない。もう一度歩んでいけるのだ」と心から思えるようになりました。

3 今後の被害者支援に向けて

倉石哲也

織りなす「縁」

犯罪被害者家族への支援を考えるにあたり、支援のネットワークをいかに効果的に構築するかという点は、支援者が必ず考慮すべき側面です。前章では、長井進先生がコーディネーターとして、酒井さんに対して支援ネットワークを形成していった経過について述べました。今回の支援でも、幼稚園を中心にネットワークが広がっていき、支援の厚みが増すことになりました。

私は、酒井さんが信頼するI先生から紹介をうけました。そのことに加え、I先生らと一緒に訪問したことで、より安心感をもって家族の支援者として受け入れてもらうことができたと思います。

ボランティアの学生二人の支援が酒井さんにとってうまく機能したことも、さらなる支援ネットワークの広がりに結びつきました。ボランティア二人によるきょうだいへの関わりは、母親である酒井智恵さんにとって、自分の時間をもつことができるという間接的な支援になりました。さらに、ボランティア二人と私が一緒に酒井さん宅を訪問したときには、二人が別の部屋で子どもの相手をしてくれたため、酒井さんと私はじっくりと時間をかけて話をすることができました。

ボランティアの学生は、共著者である池埜聡先生のゼミから派遣されました。そのため、ごく自然に酒井さんと池埜先生とのつながりも生まれました。池埜先生と私は、同じ臨床ソーシャルワークを専門とし、ソーシャルワークに基づく支援の価値を長年にわたって共有してきた関係でした。そのため、ボランティア二人へのサポートや酒井さんへの支援方法についてもより深く相談し合うことができました。

前章でも触れたように、危機に遭遇した家族にとって、支援者との最初の出会いは大変重要です。とくに、カウンセリングや心のケアといったスタンスで犯罪被害者家族にコンタクトをとる場合には、十分な配慮が必要となります。多くの問題を抱える被害者家族でも「そんなものは必要ない」「信じられない」「心の中をのぞかれるようで嫌だ」と拒否的になる場合が少なくないからです。

小此木啓吾氏は、論文「日本人と心のケア」の中で、日本人にとって心のケアは、出会いや縁を大切にするところから始まると述べています（小此木、一九九六）。彼は次のように指摘しています。

「日本人の我々は、家族とか、縁者とか、自分が身内と思える人々になら安心して頼りたいのであって、いくらよい専門のシステムができ上がったとしてもそんなどこの誰かわからない人をうちに入れるわけにはいかないと考える人が多い」(四四～四五頁)

小此木氏は、その背景として、日本人は「縁」を大切にするもので、契約主義的な欧米のカウンセリングとの違いがあると述べています。その上で、「日本的な心のケアがうまくいくためには、(支援や援助の)社会的システムそのものが、縁のある人間関係の一部に組み込まれ、当事者たちがご縁のあるひとつの家族的な感覚の親近感を抱き、安心感を抱いて、頼ってもいいなあという気持ちになることが大切だ」と述べ、家族と支援者との接点のあり方について言及しています。

犯罪に巻き込まれ、深い悲しみと社会や人への不信を強めている家族に、専門家は専門家であるからこそ拒否されることがあるという事実を、支援者は肝に銘じておく必要があるでしょう。

酒井さんご家族への支援も、幼稚園から生まれた「縁」を大切にして援助関係を形成していくことで、継続した信頼関係の輪を築いていくことができたのだと思います。

家族の自己決定を支える

犯罪被害者家族に対しては、危機を回避するためにも、情報提供やアドバイスは的確かつ迅速に行われる必要があります。とくに遺されたきょうだいへの対応については、子どもの一般的なトラウマ反応に関する情報を親に提供したり、大人が注意深くきょうだいを見守る体制を作れるようにアドバイスするなどの危機介入を行うことができます。

しかし、長期にわたって犯罪被害者家族を支援するためには、粘り強く家族のニーズを理解し、家族に寄り添う必要があります。支援者は、被害者家族に対し、決して強制的になることなく、選択肢を示すかたちで対応することが重要です。この支援者の姿勢は、家族がさまざまな選択肢から歩むべき方向性を選び取ることを可能にします。そして、家族自身が、主体性をもって課題を乗り越えることができたという実感をもつことにつながります。

また、家族が混迷している場面では、支援者は、家族自身が方向性を導き出せるまで忍耐強く待つことも必要になります。家族が時間をかけて自ら判断し、解決に向けて歩めるようになること自体が支援目標になることもあります。支援者は、家族の自己決定を支えることに価値を見いだし、支援を行っていくべきでしょう。

家族全体が納得する支援

さらに、家族全体が納得してアドバイスを受け入れたり、解決方法を選択できるようになることが大切です。支援者のアドバイスに対して、一人のメンバーが納得しても、他のメンバーが納得しない場合もあります。このような状況では、どんなに効果的と思われるアドバイスでも、支援者がそのアドバイスに固執してしまうと、結果的に家族を苦しめることになってしまいます。

とくに、犯罪被害で子どもを奪われる経験をした家族の場合、家族メンバーはそれぞれが言葉にできない痛みを感じています。しかし、その痛みや悲しみといった感情の表れ方は家族一人ひとり異なり、場合によってはその違いが葛藤を招くこともあるのです（Figley, 1995）。このような家族の状態では、支援者のアドバイスに対して家族全員がすんなり納得することはまれなことかもしれません。

支援者は、家族の意見が異なることを決して否定せず、「違いがあるからこそ話し合いによって最善の方法を慎重に模索することができる」といったかたちで、家族の意見の違いを肯定的に受けとめることが大切です。支援者は、家族メンバーそれぞれの思いを尊重し、お互いに話し合えるような状況に家族を導いていくことが必要です。

支援者が、家族の話し合いの交通整理役に徹し、判断材料となる情報を家族のペースで提供していくことで、家族は少しずつ自ら歩む方向を見いだしていけるのです。

酒井さんが、麻希ちゃんの亡くなった理由をきょうだいに伝えるとき、その伝え方について両親と私が一緒に方法を検討しました。理由を伝える場面でも両親が力を合わせてきょうだいに向き合いました。

母親である酒井智恵さんから相談を受けることの方が多かったのは事実です。しかし、何かアドバイスをするときには、いつも父親である酒井肇さんの考えや思いについて酒井智恵さんに確認し、二人の歩調がそろっているかどうかを見極めながら支援を行ってきました。

酒井さん夫婦は、常に情報を共有し、私が二人と一緒に会うときには、二人とも経過について同じ情報量を得ていました。このように、家族全体が納得して、情報やアドバイスを受け入れ、回復に向けて動き出すことがきわめて重要です。

犯罪被害者の家族を対象とした「家族ソーシャルワーク」や「家族カウンセリング」の実践や研究はまだ初期段階にあります。今後、犯罪被害者を個人としてとらえるだけではなく、その家族が受ける影響を的確に評価し、家族全体に対して支援できるような専門家の要請と支援システムの構築が今後の大きな課題となるでしょう。今回の酒井さんへの支援が少しでも被害者家族支援の発展に役立つことを願っています。

注

（1） 退行――S・フロイトが用いた精神分析の用語で、現在の状態から以前の状態へ、あるいは未発達な状態へ逆戻りすることをいう。発達途上にみられる「赤ちゃんがえり」が代表的な例である（現代社会福祉辞典・有斐閣より）。

犯罪被害者支援の窓⑤

家族を支えるために

1．犯罪被害は，直接の被害者のみならず，被害者の家族全体に影響を及ぼすことを理解する。

2．犯罪被害は，被害者家族の経済的，社会的，心理的にわたる広範囲に影響を及ぼし，家族関係のあり方を変えてしまう恐れがあることを理解する。

3．犯罪被害は，被害者家族それぞれに生存者罪悪感を生じさせ，答えのない被害の原因探しが家族間で繰り返される恐れがあることを理解する。

4．子どもが犯罪被害に遭った場合，親やまわりの大人はより強く生存者罪悪感を抱くことを理解する。

5．子どもが犯罪被害に遭った場合，親やまわりの大人の感情的な反応には差があり，その差をお互いが受け入れられず，葛藤が生じる可能性があることを理解する。

6．子どもが犯罪被害で亡くなった場合，親は危機状態になり，遺されたきょうだいに対する養育機能が低下する可能性が高いことを理解する。

7．子どもが犯罪被害で亡くなった場合，遺されたきょうだいの情緒的反応の揺れ（ふさぎこむ・衝動的になる）といった側面に注意し，遺された子どもの状態を把握するように努める必要がある。

8．子どもが犯罪被害で亡くなった場合，遺された子どもの悲嘆作業を支えるため，子どもの成長段階に合わせた理解可能な方法できょうだいの死について伝えていく必要がある。

9．犯罪被害者家族に対する家族支援は，特定の家族のニーズだけに注目するのではなく，家族全体の状況を把握し，必要な支援を特定化していくことを考える。

10．犯罪被害者家族に対する家族支援は，危機介入と長期的支援の両側面から考える必要がある。

11．犯罪被害者家族に対する家族支援は，自己決定の原則に基づき，家族の選択を尊重する姿勢が大切である。家族が選択できるように，アドバイスも選択肢を提供するような工夫が必要である。

12．犯罪被害者家族に対する家族支援は，家族間の不一致や葛藤がある場合，その違いを尊重し，家族が一つの方向を見いだせるように話し合いを支えたり、必要な情報を提供するように心がける。

第7章

回復への道程——意味の探求

事件後数か月が経過してから、大阪府警によるＤＮＡ鑑定を通じて、麻希の最期の様子を知ることができました。私たちにとって、この支援は「支援」という言葉では片づけられないほど、大きな価値のあるものでした。私たちが生きる望みや生きていく価値を見失いかけていたときに、麻希の最後の思いに触れることで、再び生きる意味を取り戻すきっかけを与えてくれたからです。

これまで述べてきたように、麻希を人の手によって奪われるという痛みと苦しみを抱えながら、さまざまな交渉や手続きが容赦なく押し寄せ、私たちは翻弄されました。忙しさに追い立てられ、麻希のたましいと対話する時間さえ取れないこともありました。

何をおいても、麻希のたましいとの対話に時間を費やしたかったのに、それを許さない状況にわが身が置かれてしまいました。言いようのないもどかしさを感じざるを得ませんでした。そして、麻希に対して申し訳ない気持ちでいっぱいでした。

さらに私たちを苦しめたのは、麻希がどのような状況で犯人に傷つけられ、どのような経緯をたどって病院に搬送されたのか、事件後数か月経っても、その事実関係がわからない状態が続いたことです。教員や児童など複数の目撃者はいました。しかし、情報は錯綜し、事実確認は全く行き詰まっていました。数か月間、何もわからなかったのです。

傷つけられたとき、麻希は何を見たのか。四か所も刺されていたことはわかっていました。しかし、なぜ四か所も刺されたのか。刺された後、麻希は何を思ったのか。

麻希の最期の様子を知るため、ＰＴＡを含めた学校関係者に事実確認の依頼をし続けました。しかし、思うような情報は得られませんでした。校舎改築問題や署名活動などに対応していたときも、絶えず心のどこかで「麻希の真実を知りたい」と思っていました。麻希の思いを知りたい。そう願いつつ、半ば呆然としながら押し寄せてくる課題に向き合っていたように思います。

麻希の最期の様子は、意外なかたちで知ることになりました。大阪府警担当者による「ＤＮＡ鑑定」が解き明かしてくれたのです。私たちにとって、このＤＮＡ鑑定は何にも代え難い貴重な支援となりました。

回復という言葉は、今の私たちにとってまだ実感を伴いません。しかし、「このＤＮＡ鑑定の支援なくして、今の私たちは存在しない」ということは断言できます。DNA鑑定は、私たちが麻希の喪失からなんとか立ち上がるきっかけを与えてくれました。「自分は生きる身として麻希のために何ができるのか」、そして「これから人生を歩んでいく上で、自分が果たすべきことは何なのか」という問いが心に芽生え、「生きる意味」を再び見いだす力を与えてくれたのです。

1　被害者支援の視点

池埜　聡

犯罪被害者（遺族）の支援を考えるとき、私たちは決して「治療」という言葉を使いません。支援者は、被害者が受けた痛みや心の傷を、決して消し去ることはできないからです。治療ではなく、被害者が痛みや苦悩を抱えながらも、もう一度生活を取り戻し、生きていく希望と勇気をもってもらえるように支援する。この支援の原則は、すなわち被害者の「回復を支える」と言い換えることができます。

第7章では、犯罪被害者（遺族）の回復をテーマに、支援のあり方について考えます。最初に、理論的枠組みとして、被害者の回復に欠かせない「意味の探求」のメカニズムについて取り上げます。次に、回復の起点となったDNA鑑定を中心に、酒井さんに経験をふり返ってもらいます。そして、苦難から意味を探求する被害者への支援について考えてみたいと思います。

もう一つの支援

被害者の回復を支えること。この本全体を通じて、その意味と方法を模索してきました。被害直後の危機対応や二次被害の防止。さらに生活モデルに基づく問題の捉え方と支援のつながりの大切さ。これらの側面から、回復を支える方法について考察してきました。

今まで述べてきた支援のあり方に共通している点は、「被害者の視点に立ち、被害者のニーズに応えながら、被害後の複雑な問題に対処できるように支える」ことにあるといえます。あくまでも被害者が中心であり、被害者が痛みを抱えながらも問題に向き合えるように支えていく。そして、被害者が自らの力で自信をもって迫り来るあつれきや難題に対処できるよう協力していく。それらは、まさに「エンパワーメント」の原則に基づいているといえます。

エンパワーメントに基づく支援は、どちらかというと被害者が潜在的にもっている健康的な側面、あるいは「強み（ストレングス：strength）」[1]に注目し、被害者の対処能力を高めることをめざします。「強み」とは、さまざまなストレスに打ち勝ってきた過去の経験、家族の協力、友人や職場などの社会的サポート、経済的な支えなど多岐にわたります。それらをうまく回復に活かすことが、エンパワーメントにとって大切だとされています（Gutierrez et al., 2000）。

しかし、長期的に被害者の回復を支えるためには、被害者が受けた苦しみや痛みそのものから目をそらすわけにはいきません。支援者は、被害者とともにその苦悩に向き合い、寄り添うことも必要になります。そして、被害者がその苦難の経験から、新たに生きていくための光明を見いだしていけるように、力添えすることも大切な支援の目標となります。

それは、被害者が、痛みや苦しみを自分の人生に位置づけて、その経験の中に意味（meaning）を見いだしていくことを支えることに通じます。「意味の探求」から人生の目的を再構築していく。この「意味の探求プロセス」に寄り添っていくことも、被害者支援の根本的命題なのです。

三つの問い

犯罪被害や災害など生死に関わるような強いストレスは、人に心理的・精神的なダメージに加え、その人がもっている人生観そのものを大きく揺さぶります。自分の人生に対して思い描いてきた希望や信念を、変えざるを得ない状況に追い込むのです。トンプソンとジャニジャンは、この点について以下のように説明しています（Thompson & Janigian, 1988）。

人は、多かれ少なかれ、自分がこの世に存在し、まわりの環境と交わりながら生活しているという感覚をもっています。「自分は社会の中で生きている」と感じているものです。

また、人はそれぞれ「世界観」をもっています。世界観とは、この世は無秩序に成り立っているわけではなく、何らかのルールによって支配されている、あるいは、この世は自分さえしっかりしていれば安全に暮らすことができる、といった感覚のことを表します。

さらに、人は、人生に何らかの「目標」をもつことでしょう。目標とは、社会的に成功する、あるいは家族を養い育んでいくなど、人それぞれ異なります。目標は、その時々で変わっていくものかもしれません。

人の手によって家族を奪われるというようなトラウマ体験は、社会における自分の存在や世界観を根底から覆します。そして、人生の目標を粉々に砕きます。この世は、おおむね公平で安全であるといった信念は、もはや通用しません。今後もずっと続くと信じて疑わなかった家族の営みも、突然打ち砕かれてしまうのです。「自分の人生は、手からこぼれ落ちてしまった」というような不安に満ちた状態に陥ることになります。

トンプソンとジャニジャンはまた、犯罪被害を含むトラウマ体験をした人は、被害直後から三つの問いを心に抱き、それらに対する答えを見いだすことで、不安に対処しようとすると述べています（Thompson & Janigian, 1988）。三つの問いとはどのようなものでしょうか。

一つ目は、「なぜこのような被害が起こったのか？」という問いです。事件が生じた「原因」に関係する問いかけといえます。被害状況や関わった人、さらに事件が起きたときの状況などを探索して、その原因を追求していこうとします。

二つ目は、「なぜ自分に（家族に）起きたのか？」という疑問です。他の人にではなく、なぜ自分に災難が降りかかったのか。ある人は、その災難を「運命」として受けとめるかもしれません。またある人は、過去の行いへの罰として災難を解釈し、自分自身を責めるかもしれません。

三つ目の問いは、「誰が悪いのか？」というものです。いわゆる事件が生じた「責任」の所在を探し求める問いかけです。ある人は、事件を容易に生じさせてしまった環境に責任を見いだすかもしれません。またある人は、自分の不用意さを責めるかもしれません。

これらの問いに対する答えは、被害のタイプや深刻さ、さらに被害者の価値観や人生観によっても大きく異なってきます。ただ、いずれの状況でも、これらの問いに対する答えが見いだせない場合、人は被害に圧倒されてしまい、生活を維持する自信や人への信頼を失ってしまうのは、容易に想像できます。

意味の探求

このように、人は、被害によってもたらされた混乱と不信に満ちた状況に対して、自ら問いかけを行い、答えを模索します。この自らへの問いかけは、どれだけ無慈悲で痛ましいと思われるような状況に追いやられても、人はその状況に何らかの「意味」を見いだそうとする力をもっていることを気づかせてくれます。被害者は、混沌とした状態から一筋の光を見いだすがごとく、被害に遭った現実に向き合い、その原因と自分の身に起きた「意味」を探そうとするのです。

さらに被害者は、被害に遭遇した意味を追求することで、被害体験を自分の人生の中に位置づけ、人生の目標を見いだそうとします。言い換えれば、人は「意味の探求」によって不条理な被害体験をなんとか咀しゃくし、再び自分の人生に向き合っていこうとするのです。

「『意味の探求』は、人間にしか備わっていない固有の精神性から紡ぎだされる欲求であり、人間の価値を決定づけるものである」と明言したのは、精神科医ヴィクトール・E・フランクル（一九〇五〜一九九七）です。フランクルは、「苦しみを抱える人への支援は、その人が苦悩から何らかの意味を探求し、人生の意味を再構築していくことを目標にするべきである」と主張したのです。

フランクルの支援は、のちに実存分析（ロゴセラピー）と呼ばれ、それまで主流だった精神分析や行動療法とは一線を画す「人間学的心理学」の一翼を担う重要な支援方法を提示するに至りました。

フランクルは、ウィーンで活躍したユダヤ人精神科医です。彼は、ナチス・ドイツのウィーン侵攻により、アウシュビッツ強制収容所に収監された経験をもちます。そのときの体験をまとめた『夜と霧――ドイツ強制収容所の体験記録』（みすず書房）は、いまだにアメリカ国会図書館の利用頻度トップ10に入るほど、世界中の人々に読まれている名著です（永田、二〇〇二）。

フランクルは、『夜と霧』の中で、自ら体験した過酷で残虐な仕打ちを克明に記録しています。フランクルがその極限状態で見いだしたものは、憎悪でも絶望でもなく、「意味への意志」と表現される究極の気づきでした。

そのことに関連する一節を『夜と霧』から引用します（Frankl, 1947）。

「被収容者には、彼らが生きる『なぜ』を、生きる目的を、ことあるごとに意識させ、現在のありようの悲惨な『どのように』に、つまり収容所生活のおぞましさに精神的に耐え、抵抗できるようにしてやらねばならない。ひるがえって、生きる目的を見出せず、生きる内実を失い、生きていても何もならないと考え、自分が存在することの意味をなくすとともに、がんばり抜く意味も見失った人は痛ましい限りだった。そのような人びとはよりどころを一切失って、あっというまに崩れていった。あらゆる励ましを拒み、慰めを拒絶するとき、彼らが口にするのは決まってこんな言葉だ。『生きていることにもう何にも期待できない』こんな言葉にたいして、いったいどう応えたらいいのだろう」（一二八～一二九頁）

フランクルは、強制収容所という人間の尊厳を否定する劣悪な環境を経験しました。その体験から悟ったことは、人はいかなる状況におかれても、精神の自由さを保持し、生きる意味を探求しようとする意志をもつことができるということでした。

自分の人生をできる限り意味で充たしたい。この「意味への意志」こそが、人間の本質的価値を決定づけるのだと明言したのです。

このことについて、フランクルは『生きる意味を求めて』（春秋社）において、次のように記しています（Frankl, 1978）。

「私が思うに、人生の意味について悩むと言うことは、精神的な病を表しているというより、むしろその人が人間であるということを証明するものではないだろうか。人生の意味の探求に関わって神経症になる必要はない。しかし、人が本当の意味で人間になる必要はあるのだ。……人が意味を求めていくことは、人間にしか見られない特質だからである」（三二頁）

このように、フランクルは、どんなに情け容赦のない状況でも、人は自ら人生の意味を問いかけ、意味を見いだし、目標をもつことができる可能性を示したのでした。そして、その意味への探求こそが人間固有の「精神」の存在を意味し、人間の本質的な姿を表していると述べたのです。

「人生はわれわれに何を期待しているのか」

フランクルは、生きる意味を自ら見いだし、自分の価値を再確認することを支援における究極の目標と位置づけました。では、犯罪被害など、日々の営みを突然破壊するような事態に見舞われた人に対して、「人生の意味を自ら探索し、見いだすように支える」とは、実際にどのような支援を意味するのでしょうか。

フランクルによると、意味の探求を支えるためには、まず人生に対する根本的なとらえ方の転換を被害者と共有することが必要になると述べています。フランクルは、『夜と霧』で、この人生のとらえ方の転換を「コペルニクス的転回」と表現しています。以下、その部分を引用してみます（Frankl, 1947）。

「ここで必要なのは、生きる意味についての問いを百八十度転換することだ。わたしたちが生きることから何を期待するかではなく、むしろひたすら、生きることがわたしたちからなにを期待しているかが問題なのだ、ということを学び、絶望している人間に伝えねばならない。哲学用語を使えば、コペルニクス的転回が必要なのであり、もういいかげん、生きることの意味を問うのをやめ、わたしたち自身が問いの前に立っていることを思い知るべきなのだ。生きることは日々、そして時々刻々、問いかけてくる。わたしたちはその問いに答えを迫られている。考え込んだり言辞を弄することによってではなく、ひとえに行動によって、適切な態度によって、正しい答えは出される。生きるとはつまり、生きることの問いに正しく答える義務、生きることが各人に課す課題を果たす義務、時々刻々の要請を充たす義務を引き受けることにほかならない」（一二九～一三〇頁）

フランクルは、「自分から人生がどうあるべきかを問う」のではなく、「人生が自分に問いかけるのだ」と述べ、人生に対する見方の転換を迫りました。後者の問いかけによってのみ、人は自らの人生の意味を探索していけるのだと主張したのです。

山田邦男氏は、「わたしたちが生きることから何を期待できるか」という観点は、自分が人生と世界の中心であり、自分は生きることから何を期待でき、何を得ることができるかという見方だと説明しています。つまり、「自分の人生は、自分のものであり、自分が創造していくものだ」という考え方ともいえるでしょう。彼は、人がこの観点にとどまると、強制収容所に似た限界状況、すなわち「人生から何も期待できない」という状況に追い込まれたとき、自分を支えることが難しくなると述べています（山田、一九九九）。

逆に、フランクルが示した「生きることがわたしたちから何を期待しているか」というもう一つの観点は、もはや「人生は自分のもの」という枠を越えた、新たな人生に対するとらえ方を提示しているといえます。山田氏は、以下のように続けています。

「人生とは自分を越えた何者かから与えられたものであり、自分はその何者かにたいして自分の人生を生き抜く責任を担っているのである。……この自覚は、もはや先の『人生から何をわれわれはまだ期待できるか』という自己中心的な観点ではなく、反対に『人生が何をわれわれから期待しているか』という、いわば世界中心的な観点である。この世界という意味は、自己に対立する意味での世界ではなく、自己の根底であり本質である世界という意味である」（一四六〜一四七頁）

強制収容所という究極の限界状況において、「もはや人生から何も期待できない」という思いを抱いた人は、現実に絶望し、自殺など死への道程をたどったことをフランクルは目の当たりにしています。フランクルはまた、この劣悪環境のなかで、「人生は自分に何を期待しているのか」という問いかけに何らかの答えを見いだせた収容者のみに、「生への道程」が開かれたことも同時に実感したのです。

人生は自分に何を期待しているのか。フランクルの考えに基づくと、犯罪被害者がこの問いに耳を傾け、自らその問いの意味を考え、答えを探求するとき、わが身に起きた悲惨な状況から、一筋の光明を見いだすきっかけを得ることができると考えられます。

●「意味の探求」を支える

実存分析では、支援者は、人生からの問いかけに耳を傾け、自ら人生に対して何ができるのか、人生の意味は何なのか、といった命題を被害者とともに考えていくことを重視します（Frankl, 1952）。具体的な支援のあり方として、ここでは二点に集約し、述べておきたいと思います(2)。

第一に、症状や苦悩から目を背けるのではなく、むしろ積極的に直面し、その症状や苦悩に対する人の態度を変容させることをめざす点です。フランクルは、症状や苦悩を避けてばかりいると、「また辛くなるのではないか」と絶えず不安にさいなまれてしまうと述べています。

逃げるのではなく、苦しみに向き合い、その現実を受けとめようとすること。そうすることで、その苦しみに対する態度が変わり、苦しみの意味づけが変わることになります。この姿勢から苦しみの意味を自らに問いかけ、意味の探求を促進させることができるのです。

もちろん、やみくもに被害者に現実を突きつけ、乗り越えるように説得することは避けなければなりません。実存分析では、支援者主導で被害者を苦しみに向き合わせることを容認していません。現実に直面し意味を模索するのは被害者自身であり、そのペースや方法は、被害者自身によって選択されるべきです。その被害者の選択に粘り強く寄り添うことが、もっとも重要な支援の原則といえます。

第二に、支援者であっても、被害者に人生の意味を教えることはできないという点です。フランクルは、「生きる意味を求めて」において、実存分析を次のように語っています（Frankl, 1978）。

「確かに、ロゴセラピストといえども患者に、その意味がいったい何であるのかを告げることはできない。しかし、少なくともロゴセラピストなら示すことはできるだろう……人生には意味が存在するのだということを。その人生の意味はすべての人に開かれているということを。そしてさらにはどんな条件のもとであれ、人生の意味は存在するのだということを。人生は、

文字通り、最後の瞬間まで、最後の一息まで、意味で満たされているのである」（五八頁）

実存分析でも、他の支援方法と同じく、支援者の中立的態度を重視します。永田（二〇〇二）は、実存分析を行う場合、支援者は、自らの人生観や世界観を被害者に押し付けるようなことは、絶対にあってはならないと主張しています。

彼は、支援者は被害者が探索する「生きる意味」を過小評価も過大評価もせず、その意味の価値に気づくことの大切さを強調しています。支援者自身がしっかりとした人生観や世界観、さらに死生観を保持することで、被害者が探求する人生の意味や価値に共感し、支持することができると述べています。

酒井さんとの長時間にわたるインタビューで、私がいつも感じていたことは、「家族を犯罪被害によって奪われるという苦悩から決して目をそらそうとはしていない」ということでした。事件のこと、そして麻希ちゃんのことをすべて知りたい。必要と思われることは、できる限り自分の身を投じて関わりたい。このような、酒井さんの「意志」をはっきりと感じることができました。

「この意志の力は、どこから生まれてくるのだろう」。私は、この疑問を抱かずにはいられませんでした。麻希ちゃんの死から意味を模索し、麻希ちゃんのたましいを心に抱き続ける。その決意のようなものを常に酒井さんのなかに感じながら、インタビューは進んでいきました。

インタビューが「DNA鑑定」の話になったとき、この意志が酒井さんのなかにどのようにして生まれ、育まれていったのかを知る手がかりを得たように感じました。愛するがゆえに、麻希ちゃんに起きたすべてのことを知りたい。これは心の叫びだったのでしょう。悲惨ともいえる現実を直視し、自分の人生から一体何が求められているのか、自らの人生に問いかけられた。そして、そこから聞こえてくる声に懸命に耳を傾け、歩んでこられたことを知るに至りました。

2 私たちの経験

酒井　肇・智恵

事実がわからない

今回の事件では、警察の捜査から、犯人がどのような経緯でこのような冷酷非道な犯行に及んだのか、その詳細について徐々に明らかにされていきました。

しかし、事件後、何日たっても麻希の被害状況に関する情報が得られず、多くの不明な点が残されていました。まわりの人からは、「麻希ちゃんは教室で被害に遭って、誰かが出入り口まで運んだのでしょう」といった漠然とした情報しか得られませんでした。どこで刺されて、どこで倒れたのか。被害に遭ってから救急搬送されるまでの経緯が、全くわからなかったのです。

今でも忘れられない出来事があります。事件から五日経った六月十三日、学校から当時の副校長先生らが来宅されました。その時、副校長先生が事件の概略を話された後、「最善を尽くしました」という言葉が加えられました。この言葉には、大きな驚きを感じざるを得ませんでした。

その時点では、警察も事件の検証中で、詳細は何もわかっていませんでした。麻希の様子や救助された経緯についても、全く不明だったのです。そのような段階で、学校の責任者の一人から「最善を尽くした」という言葉が発せられたのです。

私たちには、あまりにも唐突でした。その言葉を到底受け入れることはできず、私たちの心に「違和感」だけが残りました。

その一週間後、六月二十一日に、「遺族会」といったかたちで八遺族が集められ、事件後初めて大阪教育大学関係者を含めた学校側と話をする機会が設けられました。その席上で、今度は校長先生から、「慰霊祭を行いたい」という発言が飛び出しました。

私たちは、事件の事実確認も行わず、麻希の状況が何もわかっていない状況で、学校関係者から慰霊祭の話が出たこと自体に、強い不信感を抱きました。そのとき、私たちは、まだ事件現場にたった一度きりしか足を踏み入れていませんでした。

事件から一週間後の六月十五日、大阪府警の被害者支援対策室の方とともに現場に行きました。しかし、そのときも麻希の情報は何一つわかりませんでした。私たちは、麻希のものかもしれない、運動場へと下る階段に残っていた血痕を手でなぞり、涙することしかできなかったのです。

そのため、学校側に対し、慰霊祭のことよりも、まず事件時に一体何があったのか、その事実確認をしっかりと行い、説明できるように準備をしてほしいということを強く要望しました。

学校との事実確認作業

私たち遺族の要望により、ようやく先生方が断片的な情報を時系列でつなぎ合わせるかたちで、事実確認の作業が行われることになりました。第1章でも述べたとおり、教員と遺族間で、それぞれ得た情報をお互いにすり合わせ、事実を積み重ねていったのです。その作業は、結局三か月以上の時間を要しました。その間、私たちは何度も学校に足を運び、情報を整理し、事件経過について一つひとつ確認していったのです。

実際、先生方も被害に遭われています。先生方も、被害者に変わりはありません。惨状を目撃したのはもちろんのこと、目の前で倒れている子どもを救護された先生もいます。大変なストレスを抱えていたはずです。先生方にとっても、トラウマ体験後の事実確認作業は、並大抵のことではなかったと思います。

さらに、今回の場合、正式な調査委員会のようなものは組織されませんでした。したがって、第三者的立場の人が事実確認作業に加わることはありませんでした。ストレスや痛みを抱えた先生方が、私たち遺族の要請に応答するかたちで作業が行われたのです。お互いに、極限に近い疲労と苦悩を感じながらの作業となり、予想以上に多くの時間と労力がかかりました。

結果的に、事件から五か月後の二〇〇一年十一月八日、学校側から事件に関する最終報告書がまとめられました。しかし、この報告書にも、麻希の詳しい被害状況が記されることはありませんでした。

警察関係者も、できる限り各方面から情報を収集し、私たちに開示してくれました。しかし、決定的な情報を得ることはできませんでした。そのうち、時間の経過とともに入手できる情報も限られていき、麻希の最期の様子は空白のまま取り残されていったのです。

事実を知りたい

学校関係者との事実確認作業は、難航を極めました。事件後、麻希の喪失感と疲労とともに、犯人が起訴されるかどうかもわからない不安定な状況のなかでの作業でした。

それでも事実を知りたい。どうしても麻希の最期の様子を知りたかったのです。今思うと、そう強く願った理由は三つあったのではないかと思います。

一つ目の理由は、「なぜ自分の子どもが死んだのか?」という問いに突き動かされたためだと思います。犯人が、麻希の命を奪ったことは明らかでした。でも、「なぜこのような事件が起きたのか」「事件の渦中で命を落としたのはなぜ麻希だったのか」といったより広い文脈のなかで、子どもが亡くなった理由を確かめたいと思ったのです。

二つ目は、「被害に遭った、まさにそのときの麻希を全部受けとめてあげたい」という願いがあったからだと思います。私たちは、もう麻希と同じ状況に居あわせることはできません。しかし、つらい目に遭った麻希の気持ちに、少しでも近づきたかったのです。麻希はきっと痛かっただろうし、怖かっただろうと思います。そういった気持ちを、親として少しでも受けとめたいという思いがあったのです。

三つ目の理由として、「全国犯罪被害者の会（あすの会）」の方々との出会いを挙げることができます。事件後一ヶ月も経たない二〇〇一年七月一日、「あすの会」から岡村勲代表、諸澤英道顧問、会のメンバーである土師守さん（神戸児童殺傷事件遺族）、本村洋さん（山口母子殺害事件遺族）(3)、そして中村聖志さん（日野小学校児童殺害事件遺族）らが弔問に来てくださいました。今回の事件以外で子どもや家族を犯罪によって奪われた方とお会いするのは初めてのことでした。同じ被害経験をもつ方々との出会いによって、孤独感が和らぎ、絶望の淵から救われる本当に心強い支えとなりました。今でも心から感謝しています。

このとき、一九九九年十二月に京都市で起きた、日野小学校児童殺害事件で犠牲になった中村俊希君のお父様、中村聖志さんは、「私の子どもが亡くなってから、学校の安全を訴えてきました。でも、再びこういった大きな事件が学校の中で起こり、多くの子どもたちが亡くなってしまいました。私の子どもの死は一体何だったのでしょうかね」とおっしゃいました。

私は、この中村さんの言葉を今でも忘れることができません。私たちがもしここで何もしなければ、中村さんが感じられた以上の無力感を味わってしまうのではないかと思い、恐怖感さえ抱きました。

麻希が被害に遭ったときの状況、そのとき麻希は何を見て、何を感じたのか。その詳細がわからず、私たちはどこにも動き出せないジレンマを感じていました。麻希が一番辛い思いをした部分が、私たちの中から抜け落ちている状態が続いていたのです。

麻希の苦しむ様子や逃げる姿を想像しては、いろいろな思いがぐるぐると頭をめぐりました。でも、想像はあくまでも想像です。結局は麻希の痛みや苦しみに近づくことができず、もどかしさを感じるしかありませんでした。出口の見えない葛藤をずっと感じていました。

ＤＮＡ鑑定

麻希の最期の足取りは、最終的に警察による支援によって明らかにされました。警察が、現場に残っていた数々の血痕にＤＮＡ鑑定を施し、麻希の血痕を特定してくれたのです。二〇〇一年九月末、事件から四か月近くが経っていました。

二〇〇一年九月のある日、大阪府警の担当者から電話がかかってきました。電話は、「お嬢さんが被害に遭われたときの状況について説明したい」という内容でした。それから一週間も経たない九月二十八日、担当者が来宅されました。そこで初めてＤＮＡ鑑定が行われたことを知りました。

担当者は、図面を示しながら麻希の様子を丁寧に説明してくれました。説明後、私たちはその担当者に、「明日、現場に行って確かめてもいいですか」と尋ねました。担当者は、「もちろんです」と快諾してくれました。早速、翌日の九月二十九日に、まだ事件当日のまま保存されていた校舎へと、足を踏み入れたのでした。

私たちが、大阪府警にＤＮＡ鑑定を依頼したわけではありません。ＤＮＡ鑑定で麻希の足取りがわかるなど、想像すらしていませんでした。私たちは、大阪府警と担当検事に「どうしても麻希の最後の様子も含め、事件時の詳細を知りたいのです。そうしなければ一歩も前に進めないのです」と繰り返し訴え続けていただけでした。

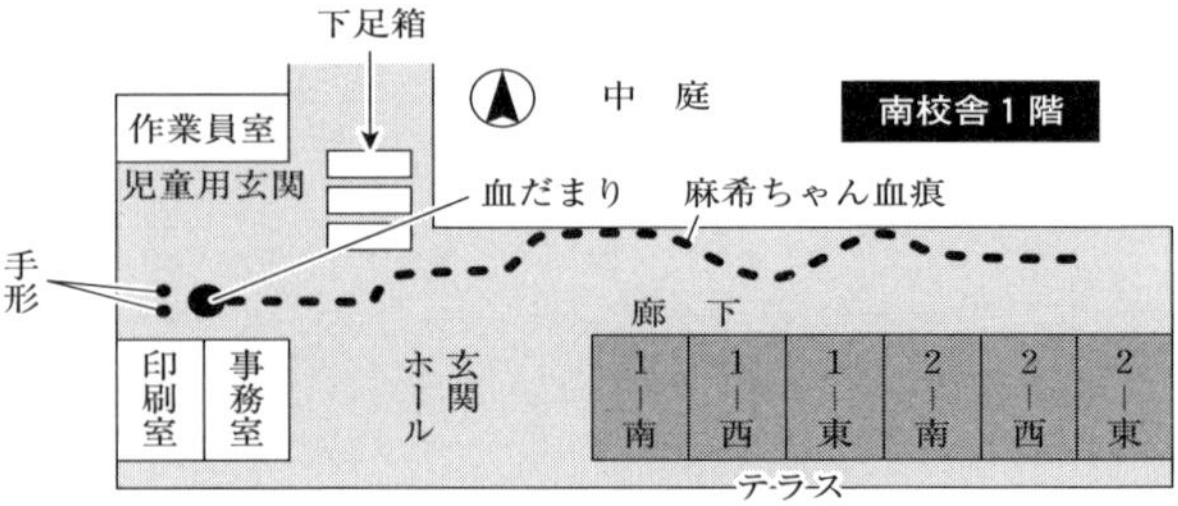

図14　DNA 鑑定による検証結果

「事実を知りたい」という私たちの願いを真摯に受けとめてくれたのでしょう。大阪府警は、自らの判断で校舎内に残る血痕を一つひとつ精査してくれました。そして、麻希がいた二年西組の後方出口前から、廊下北側の壁伝いに西へ五〇メートルほどの児童用出口まで続く血痕が、麻希のものであることを探り当ててくれたのです。[4] 搬送された阪大病院に麻希の血液が保存されており、その血液との照合の結果、判明したのでした（附属池田小事件、二〇〇一）（図14参照）。

二年西組の教室内からは、麻希の血痕は検出されませんでした。麻希は、教室の後方出口付近で犯人に刺されたことがわかりました。その後、自力で廊下を五〇メートルほど移動して力尽きたのです。廊下の壁には三か所、刷毛《はけ》で書いたような血痕があり、それも麻希のものとわかりました。恐らく、時折よろけて廊下の壁に体をこすりながら走ったのでしょう。

麻希が倒れていたところには、血だまりと左右の手形が残っていました。左の手形には、床を引っかいたような跡が残っていました。一歩でも前に逃げようとしていたのだと思います。

学校との間で長期にわたって事実確認を行ったことは、先に述べました。しかし、麻希が廊下を五〇メートルあまりにわたって移動していたことは、学校との事実確認でもわかりませんでした。その意味で、もしＤＮＡ鑑定の支援がなかったなら、永遠に麻希の最期の様子はわからなかったといえます。

現場では、担当者が麻希の血痕を一つひとつ示してくれました。その麻希の足跡を私たちはともにたどって歩きました。私たちは、溢れる涙をこらえることはできませんでした。傷ついた体で五〇メートルも移動し、倒れた後も、最後まで力を振り絞り、一歩でも前に進もうとした麻希。その姿が、目の前に鮮やかな幻影となって現れるようでした。麻希の気持ちにやっと触れることができたと思えた瞬間でした。

こうして、事件から四か月が経とうとしていた二〇〇一年九月二十九日、事件現場において、私たちは麻希の最期を知ることができたのです。

回復の原点

事件当日の朝、私たちは麻希を学校に送り出し、次に会ったときには、麻希は阪大病院の救急部の処置室に横たわっていました。麻希は、すでに心臓マッサージを受けている状態でした。

ですから、事件が起きてから麻希が病院に搬送されるまでの間が、私たちにとって空白の時間となっていました。この時間が埋まらない限り、私たちの心が麻希のところに届くことはあり得ません。なぜならば、麻希が一番苦しみ、つらい思いをしたその瞬間のことをわかってあげることができなかったからです。

今思うと、麻希の状況がわからなかった期間、私たちはずっとどこかで立ち止まっていたように思います。あの六月八日に、というわけではなく、、全く違うところに立ち止まっていました。混沌として、何をどう考えればいいか分からない状態だったといえます。

次から次へと押し寄せてくる課題に、対処しようとがんばってはいました。でも、麻希の思いをわが身に抱いてやることができず、私たちはどこを向いて歩んでいけばいいのか、その方向性すらあいまいだったように思います。

ＤＮＡ鑑定によって、私たちもようやく六月八日の原点に立つことができたと感じています。私たちは、麻希のこの世での最後の思いにやっとたどりつくことができました。麻希にむかって、「本当に最後までがんばったんだね」「怖かったよね」「痛かったよね」「辛かったよね」「今まで麻希のことがわからなくてごめんね」と声をかけてあげることができたのです。

意味を求めて

ＤＮＡ鑑定から、私たちは、麻希の大切なメッセージを受け取ることができたように思います。麻希は、本当に最後までがんばりました。まだ小さい子どもですから、それは親でもわからないほどの恐怖感があったと思います。刺された後は、想像を絶する痛みを感じていたでしょう。それでも、一歩でも前へ進もうとしました。「何としても生きたかった」という麻希のメッセージです。

麻希の最後の足取りがわかってから、私たちのなかに変化が生じました。麻希が最後までがんばって生きようとした事実を知り、「事件の最大の被害者は遺族ではなく、亡くなった子ども自身なのだ」という思いを強く抱くようになりました。一番つらい思いをしたのは遺族ではなく、幼いながらも夢をもって生きたいと願っていた子どもなのだ、と心から思えるようになったのです。

よく人に、「酒井さん、どうしてそんなにがんばれるのですか？」と聞かれることがあります。でも、麻希の受けた痛みや恐怖、そして「生きたい」という思いに比べたら、自分たちの苦労はたいしたことではありません。

麻希は亡くなってしまいました。普通の親がするように、日々の生活の中で目をかけたり手をかけたりすることはできません。日曜日に公園に行って一緒に楽しんだり、勉強ができているかどうかを気にかけてあげたり、食事を一緒に食べたりすることも、もうできません。でも、自分に残された時間のなかで、麻希が生きていれば、麻希に費やしたであろう時間とエネルギーは、やはり麻希のために使ってあげたいと思うようになりました。

「亡くなったから終わり」ではないのです。麻希が生きていたとしたら、成人して、結婚して、子どもを産んでいたかもしれません。こういった麻希の歩んだであろう、人生の営みに寄り添ってあげられるすべての力を、麻希のたましいのために費やしたいと心から思えるようになりました。

ＤＮＡ鑑定によって、麻希の「生きたい」というたましいの叫びに触れることができました。この麻希の思いを、どうやって私たちのなかで生かしていけばいいのか。この問いから、私たちは再びスタートしたように感じます。私たちの今後の人生、そしてさまざまな活動に、新たな「意味」を見いだす契機になったことは間違いないでしょう。

二度とこのような悲劇を引き起こさないために、努力を惜しんではならない。今後の人生から与えられた、この新たな「生きる意味」は、麻希の最期の思いに応えるなかで生まれてきました。「このようなつらいことは誰にも起きてはいけない」という、麻希のたましいの声が私たちの耳に届いたのです。

3　今後の被害者支援に向けて

池埜　聡

情報の開示

ストレスのタイプの違いや強さの差はあるにせよ、トラウマを引き起こすストレスを受けた場合、人はその逆境から何らかのかたちで「意味」を模索していきます。「なぜ？」という問いかけをもとに、被害の原因や自分に起きた現実に対する「意味の探求」を始めるのです。

受けた痛みから新たな生きる意味を模索していく道程は、決して容易なものではありません。多くの犯罪被害者は、長い年月をかけて、その意味を探求し続けます。何かのきっかけで新たな意味を急に見いだす人もいるでしょうし、意味を模索すること自体が一生の課題（ライフ・ワーク）になる人もいるでしょう。

しかし、どのような場合にも共通することは、支援者が被害者の「意味への探求」を支えるためには、被害者に対して、できる限り情報を開示していくという姿勢が必要だという点です。もちろん、被害者のペースやニーズを無視して、情報をどんどん開示していけばいいということではありません。被害者の心理状態に注目しながら、自己決定の原則を尊重し、情報の開示を行っていく必要があるのです。

被害者が求めている情報について、支援者からの適切な開示がなく、隠蔽されるとどうなるでしょうか。被害者は、被害を受けた現実に向き合うことができず、受けた痛みの意味を見いだす道程が遮断されてしまうような感情をもってしまいます。

もちろん法律で定められている規制や条件があり、事件に関わるすべての情報を知ることは不可能かもしれません。しかし、犯罪被害者の多くは、事件や被害に関する情報を知りたいという希望をもつことを知っておいてほしいと思います。

被害者に、事件の詳細を伝えるのは、かえって心の傷を深めてしまうのではないか、と危惧する人も少なくないと思います。支援者の中にもそのような懸念をもち、現実を回避した話に終始する人がいるかもしれません。当然のことですが、被害後の心理的ダメージが強く、ＰＴＳＤやその他の精神症状を呈している被害者には、事件や被害の現実から距離をおけるように支援することが優先されるべきでしょう。

しかし、回復過程において、いつかは事件の真相や現実に起こった事柄について知りたいと思うときが訪れます。そのときに、被害者の精神状態を十分に評価しつつ、基本的には情報を開示するように心がけることが重要だと思います。

酒井さんはインタビューで次のように述べています。

「私たちの場合、事件直後から麻希に何が起きたのか、すべてを知りたいと思いました。『すべて』とは何か、と問われれば、本当に『すべてのこと』としか答えられません。事実関係がどんなにつらいものであっても、麻希に関わるありとあらゆることを知りたいと思いました。私たちにとって、子どもが亡くなったという事実以上に、もうつらいことはないのです。何を聞いても、どんなことを知っても、子どもが亡くなったという、その事実以上に衝撃を受けることはありません。ですから、私たちは、情報をすべて開示してほしいと願ったのです」

事件や被害に関する可能な限りの情報開示は、被害者が人生の意味をもう一度問い直し、生きる価値を取り戻すための最低条件であると考えます。今回の場合、ＤＮＡ鑑定は大阪府警の判断で行われました。警察が、刑事事件の立証を最優先するのは当然だと思います。しかし、そればかりではなく、事件現場に残った情報から被害者支援が展開できる、という視点をこれからも維持し、積極的な情報開示を継続してほしいと思います。

寄り添うということ

先にも述べたように、支援者が、犯罪被害者の代わりに新たな人生の意味を模索し、教えることはできません。あくまでも被害者自身が苦悩と向き合い、現実を認識するなかで、受けた痛みの意味やこれからの人生への価値を見いだしていかなければなりません。支援者は、その道程に寄り添うことが求められます。

寄り添うこと。言葉にすると簡単なことように思えるかもしれません。しかし、実際にはそう簡単なことではありません。支援者としての倫理や価値、そして専門的な技術を伴う作業となります。では、寄り添うとは、具体的にどのような支援を指すのでしょうか。

犯罪被害者など苦悩を抱えた人に寄り添うためには、まずその人の話や思いに耳を傾けることが何よりも重要です。心で聴く姿勢といえるでしょう。この姿勢は、心に痛みをもつ人を支えるための基本的態度ともいえます。しかし、支援者にとって、この姿勢を維持し続けることは、決して容易いことではありません。

支援者は、相談を投げかける人に対して、「支えなければ」という思いをもつものです。犯罪被害者（遺族）のように、心に痛手を負い、弱い立場におかれた人に対しては、なおさら「自分が何とかしなければ」というプレッシャーを感じることも少なくないでしょう。

このような気負いを感じてしまうと、被害者の言葉を聴くことよりも、つい何かアドバイスをしたり、被害者に対して無理な先導役を引き受けようとしてしまいます。結果的に、被害者の心の痛みを勝手に解釈したり、支援者から生きる意味を提供するようなことに陥ってしまいます。これでは、被害者の気持ちはどこかに置き去りにされてしまい、「被害者不在の支援」になってしまいかねません。

藤井理恵氏は、藤井美和氏との共著『たましいのケア』（いのちのことば社）で、終末医療を実践する支援者の立場から、安易にアドバイスしたり、何か人生の意味に関わる客観的な答えを示そうと試みるのは、支援者が何かを提供することで自らの安心感を得ようとしているに過ぎない行為であると指摘しています（藤井・藤井、二〇〇〇）。

支援者は、安易な励ましやアドバイスをしようとせず、ときには沈黙にも耐えながら被害者の言葉に心から寄り添う姿勢が求められます。この支援者の姿勢から、犯罪被害者は「生きる意味を探求する道程」をたどることができるようになるのです。

ただし、支援者も人間です。常に、被害者の心の痛みや苦悩に寄り添うことは容易ではありません。仕事がたて込んだり、プライベートで多くの苦難を抱え込むときもあるでしょう。ストレスの多いときに、無理をして被害者のために尽くすことは、決して被害者のためになりません。

第3章でも述べたとおり、犯罪被害者など理不尽な被害を受けた人は、「たましいが裸になる」状態にあります。

支援者自身がどのような心理状態にあるのか、またその支援者が、心から支えようとしてくれているか、被害者はたましいのレベルで感じとろうとします。

被害者は、支援者の状態をちょっとした言動や非言語的なメッセージから察知します。被害者は、支援者の「心ここにあらず」といった状態を容易に見抜き、結果的に信頼を寄せることにためらいを感じてしまうこともあります。これでは、より良い援助関係を保つことはできないでしょう。

支援者は、常に自分自身の状態を吟味し、被害者に向き合える状態かどうかを評価する必要があります。正直に自分の状態を被害者に伝える勇気をもってほしいと思います。隠そうとしても、被害者にはわかるものです。そして、支援者の口から支援の限界を述べる方が、被害者にとっても信頼感を維持しやすいといえます。

学校の校庭の樫の実から芽を出した「どんぐりの木」

たましいに寄り添うということ

犯罪被害を含むトラウマ体験をした人にとって、人生の意味と新たな価値を見いだす道程は、決して平坦な道ではありません。苦しみと痛みを伴う過酷なものとなるはずです。その道は、家族の価値、人生の意味、神の存在といった「人の生と死」、あるいは「人間の実存」に関わる問答を繰り返すことによって、一歩一歩進んでいくものだと思います。この道程に伴う痛みは、まさに「たましいの痛み（スピリチュアル・ペイン）」（窪寺、二〇〇〇：藤井・藤井、二〇〇〇）と呼べるものでしょう。

スピリチュアル・ペインとは、犯罪被害で家族を失う、あるいは治る見込みのない病に侵されるといったきわめて強いストレス状況に置かれたときに、自分の存在意義や人生の意味に対して抱く苦悩を表します。

世界保健機構（ＷＨＯ）では、一九九八年のＷＨＯ執行理事会において従来の「健康」の定義を見直し、新たに霊的（スピリチュアル）という概念を盛り込む改正案が出されました（ＷＨＯ：http://www.who.int/en）。その改正案は、現在も検討されています。このように、「霊的（スピリチュアル）な領域は、人の健康を左右するものである」という考え方が世界規模で認識され始めています。

犯罪被害者遺族の場合、家族を突然喪失する苦悩から、その失ったものを再び自分の手に抱きしめたいと願わずにはおれません。「家族を返してほしい」という率直な願いです。しかし、それは叶うことはありません。でも、亡くなった家族のたましいの声に、耳を傾けることはできるのではないでしょうか。酒井さんの場合、麻希ちゃんのたましいの声とは、麻希ちゃんが最後まで「生」に対して一生懸命であった思いや、麻希ちゃんが生き抜いた人生すべてからたぐり寄せられる命の輝きから発せられるかもしれません。

このたましいの声によって、麻希ちゃんは確実に酒井さんご夫婦の心に、そして麻希ちゃんを知る多くの人の心に存在し、今も生き続けているという実感をもたらすのではないでしょうか。

亡くなった家族のたましいの声に耳を傾け、心に生かそうとする遺族の思いを真摯に受けとめ、その思いに寄り添っていく。この姿勢は、犯罪被害者遺族の支援に携わるすべての人になくてはならないものだと思います。

先ほど紹介した『たましいのケア』の共著者、藤井美和氏の言葉をここに引用したいと思います。

「わたしたちのまわりには、大切な人を亡くした方がたくさんいます。大切な家族が友人や他の人の心の中で生き続けていることを確認することは、遺された家族にとって大きな支えになることでしょう。私たちにとって、家族や大切な人の死は決してすべての終わりではありません。その人が亡くなったからといって、私たちと亡くなった人との関係はゼロになるわけではありません。亡くなった人との目に見えるかたちでの関係や接触はなくなりますが、別のかたちで、つまり、残された人の心の中で、その人との関係は新しい関係として継続していくのです。亡くなった人と関わった家族、友人、医療者が、その人のことを胸に抱いて生きる――これがたましいのレベルで関わることだと思います」（一八七～一八八頁）

たましいのレベルで関わること。これが、犯罪被害者（遺族）支援の根幹を表す言葉かもしれません。このような関わりは、一朝一夕でできるものではありません。多くの知識と経験、そして専門的トレーニングが必要です。さらに、支援者自身が自らの人生観や死生観に謙虚に向き合い、生きる意味と価値を高めていく努力も必要です。「たましいに関わる支援者」の養成は、犯罪被害者支援を発展させていく上で、急務といえるでしょう。

注

（1）ストレングス――ストレングスとは、人が上手だと思うもの、生得的な才能、獲得した能力、スキルなど、潜在的能力のようなものを意味する。

（2）被害者の「意味の探求」を支える方法論として、実存分析（ロゴセラピー）を取り上げているが、実存分析だけが唯一の支援方法というわけではない。被害者の「意味の探求」を支えるために、支援者が保持すべき基本的姿勢について考察するために、ここでは実存分析のエッセンスを取り上げていると理解していただきたい。

（3）山口母子殺害事件――一九九九年四月十四日、山口県光市のアパートで、母子殺害事件が発生した。被害者は当時二三歳の主婦とその長女（同十一カ月）の二人。母親を暴行目的で襲い、抵抗されたため殺害。その後、長女が泣き続けたため絞殺した。元会社員の被告が事件当時、一八歳の少年だったため死刑の適否が焦点になっていた。二〇〇二年三月十四日午後、広島高裁で控訴審の判決言い渡しがあり、「更生の余地がある」とした一審の無期懲役（求刑・死刑）の判決を支持し、検察側の控訴を棄却した。なお、検察は判決を不服とし、最高裁に上告し、現在係争中である。

（4）後日、酒井さんが曲線を測定できる巻尺で麻希ちゃんの足取りを正確に計測したところ、実際には刺されてから五九メートル移動していたことがわかった。

犯罪被害者支援の窓⑥

意味の探求を支える支援

1．犯罪被害者（遺族）は，一般的に事件経過や被害状況に関する情報について，できる限り詳しく知りたいという希望をもつことを自覚して支援にあたる。
2．犯罪被害者（遺族）への情報開示を支援の基本原則として据える必要がある。
3．警察や司法関係者は，刑事事件の立件を優先しつつも，警察・司法機関でしか入手し得ない情報が，時には遺族の回復になくてはならないものとなるという認識をもつことが望まれる。
4．情報の開示は，犯罪被害者（遺族）のニーズ・要望に基づき，行われなければならない。
5．情報の開示は，犯罪被害者（遺族）の心理状態やタイミングを評価しながら行われなければならない。心理的ダメージが大きく，精神症状を呈している場合，あらゆる情報開示は慎重に行われなければならない。
6．情報の開示は，すなわち犯罪被害者（遺族）が受けた痛みから再び生きる意味や人生の価値を探求する回復プロセスを支えることを理解する。
7．犯罪被害者（遺族）が，再び生きる意味や人生の価値を探求しようとするプロセスに解釈を加えたり，良い悪いといった判断を示すことは避けなければならない。
8．支援者は，犯罪被害者（遺族）の思いやたましいの痛みに耳を傾け，共感しながら寄り添っていく姿勢が求められる。
9．支援者は，犯罪被害者（遺族）に何かを提供することで，自分は役に立っているという安心感を得ようとしていないか，常に自己覚知していく必要がある。
10．支援者は，自分の心理状態を常に吟味し，自らを偽って過剰な責任を引き受けたり，無理をして支援に携わることは避けなければならない。

第8章

回復を支える——被害者からサバイバーへ

麻希の人生は、あまりにも短いものでした。だからこそ、私たちが自律してしっかりと生きていかなければ、麻希の生きていた輝きを育んであげることはできないと悟りました。私たちが主体的に生きることは、すなわち麻希のたましいや生きていた証を大切に育てることに通じると認識するようになりました。

ＤＮＡ鑑定によって、ようやく空白の時間が埋まり、麻希の最期の思いをうかがい知ることができました。そして、麻希のたましいの声に耳をすます日々が続きました。私たちのなかでは、「なぜ麻希が亡くならなければならなかったのか」という問いかけから、「麻希のために何をするべきなのか」という問いへと変容していったように感じます。

前章でも述べたとおり、ＤＮＡ鑑定を契機に、麻希が生きていたなら、当然麻希のために費やしたであろう時間とエネルギーを、麻希のために使いたいと思うようになりました。でも、具体的にどのように行動すればよいのか、明確な答えはすぐには出ませんでした。「麻希のために、どのように生きていけばいいのだろうか」「このつらく苦しい日々はずっと続くのだろうか」といった不安をもちながら過ごしていたように思います。

ＤＮＡ鑑定から数か月、事件から一年が経とうとしていたころです。「同じように犯罪で子どもを亡くす経験をした人は、何を感じ、何を考え、今を生きているのだろうか」「その人たちは、亡くなった子どものたましいの声にどのように応えているのだろうか」といった疑問をもつようになりました。

それまで、絶えず押し寄せてくる課題に対処するのが精一杯で、同じような被害を受けた人に会ってみたいと感じる余裕などありませんでした。そのころ、ちょうど裁判が始まり、きわめて慌ただしい毎日を過ごしていました。でも、ＤＮＡ鑑定によって麻希の最期がわかったことで、私たちのなかに何か変化が生じてきたのだと思います。

そのような折、長井進先生の支援により、アリゾナ州ツーソンにある「殺人事件遺族の会（Homicide Survivor Inc.）」の運営者で、ご自身も犯罪によって子どもを失った経験をもつゲイル・リーランド氏に会えることになりました。同時に、一九九九年四月、コロラド州デンバー郊外のコロンバイン高校で起きた銃乱射事件の遺族にも面会できる機会を得ることになりました。

この両者との出会いは、私たちにとってかけがえのないものになりました。この出会いから、自分たちが一人の生きる人間として、もう一度両足で立ち、自分たちの人生を歩んでいくことの大切さを再発見することができたように思います。被害者からサバイバー（生き残って苦難を克服する者）として生きていく。そのための勇気を得ることができたと感じています。

1　被害者支援の視点

池埜　聡

第8章では、犯罪被害者の回復を支える意味について、さらに深く考えていきます。第7章で取り上げた「意味の探求」とともに、被害者が受けた痛みを抱きつつ、もう一度「自律」した人として再生していく大切さとそれを阻む要因について考察していきます。

犯罪被害者が、人との信頼関係を再構築していく途上に立ちはだかるステレオタイプや偏見と闘い、被害者を支えていく方法について酒井さんとともに提言していきます。

人生の主導権を取り戻す

犯罪は、被害者の「自分は自律した存在である」という、生きていくための基盤となる信念を崩壊させてしまいます（Zehr, 1995）。これは、想像に難くないでしょう。犯罪は突然人の日常生活を脅かし、その人の人生を奪い取るような行為なのですから。犯罪被害は、一時的にしろ、被害者の自律心を破壊し、他人が被害者の世界を支配します。被害者は全く無防備で、自己の尊厳や人間性を失ってしまったかのような感覚をもつことになります。

前章で示したように、犯罪被害者の回復を支えるためには、被害者が被害体験から生まれた教訓を受け入れ、新たな人生の意味や生きていく価値を見いだしていけるように寄り添うことが必要となります。それは、被害者が、被害によって失われた「自律心」を取り戻し、一人の人間としてもう一度生きていく自信を回復できるように支援していくことにもつながります。

トラウマ研究で有名なJ・L・ハーマンは、トラウマ体験から回復していくための核心部分は「エンパワーメントとつながりの再生にある」と説明しています（Herman, 1992）。

「エンパワーメント」については、本書でも取り上げてきました。エンパワーメントとは、無力感に彩られ、なかば押しつけられた「被害者」という枠組みを脱し、再び人生に向き合っていく力を取り戻せるように支援していくことを表します。

「つながりの再生」とは、被害者が回復していくにあたり、自分の人生の主導権を取り戻し、人との信頼関係を再び築いていくことを表します。ハーマンは、被害者が「一人の自律した人間である」という認識を新たにし、再び信頼できる人々と親交を深めていくことは、回復にとって不可欠な作業であると位置づけているのです。

「意味の探求」に寄り添い、たましいのレベルに関わり支えていく。さらに、信頼に裏づけられた人とのつながりを再生できるように力添えをしていく。このようなプロセスが犯罪被害者支援に求められるのです。

つながりの再生を阻むもの

「無力な被害者」という自己意識から、「自律した一人の人間」として、人と交わり生きていく勇気をもつ。犯罪被害者は、この道程をスムーズに歩んでいけるわけではありません。被害の程度や社会資源、さらに被害後の支援のあり方によって回復過程は変わってきます。さらに、被害を受ける前の生活や、その人の人生観などによっても回復の道筋は大きく異なってくるでしょう。

一方、個々の状況とは別に、社会全体が、犯罪被害者の自律心の回復と人間関係の再構築を阻む構造を有していることを、私たちは理解しておかなければなりません。

私たちは、社会において、常に人と交わりながら生活を送っています。その交わりにおいて、相手の社会的な地位や年齢、そして性格や人柄といった、さまざまな要素を常に察知しています。そうすることで、その人との関わり方や心理的な距離のとり方をうまくコントロールしているのです（大村・宝月、一九七九）。

このとき、私たちは、つい人の一部分にすぎない特徴から、その人全体を類別してしまうことがあります。これは、「ラベルを貼る」あるいは「レッテルを貼る」といった言葉で表される現象です。

たとえば、大村英昭氏が著書『非行のリアリティー』（世界思想社）で述べているように、非行歴をもつ少年の場合、私たちは、その少年に「非行少年」というレッテルを貼ってしまうことがあります。「言うことを聞かない少年」「道徳心をもたない少年」など、その少年の人格全体が、まるで非行に裏づけされたような印象をもってしまう傾向があります（大村、二〇〇二）。

犯罪被害者の場合も例外ではありません。まわりの人々から、特定のラベルやレッテルによってイメージがつくり上げられることがあります。社会には、犯罪被害者に対するステレオタイプあるいは偏見が存在することは否定できません。

犯罪被害者に対して、一般の人々は「不運な人」「かわいそうな人」「悲しみにくれている人」といった否定的な印象をもってしまいがちです。とくに、殺人事件の遺族が受ける痛みや衝撃は、一般の人々の想像を超えるものかもしれません。そのため、よりいっそう悲惨なイメージを強く抱いてしまうのではないでしょうか。その否定的なイメージが先行してしまい、固定化した「犯罪被害者像」が一般の人々の中に生まれてしまうのです。

見落としてはならないのは、レッテルを貼る行為は、「貼ったら終わり」とはいかない現実があるという点です。

一度偏ったイメージでレッテルが貼られてしまうと、犯罪被害者は、まわりからそのイメージ通りに行動しなければならないという「無言の圧力」を感じてしまいます。言い方を換えると、人々は犯罪被害者を特定のイメージでとらえ、無意識のうちにそのイメージに合うように行動することを期待してしまうのです。その期待が、知らず知らずのうちに犯罪被害者にプレッシャーを与えることになってしまうのです。

「被害者なのになぜ笑っていられるの？」「なぜ楽しそうにしているの？」犯罪被害者は、人からこのような好奇の目で見られることも少なくありません。犯罪被害者にとって、普通に生活していることが、もはや「普通ではない」と受け取られてしまうこともあります。このような歪められた社会からの期待によって、犯罪被害者は無意識のうちに固定されたイメージに見合うように行動するようになります。そうなると、まわりの人々は、ますます犯罪被害者に対するステレオタイプを強化してしまいます。まさに悪循環です。

特定のラベルが貼られることにより、その人が貼られたラベル通りに行動せざるを得ない状況に追いやられ、結果的にまわりの期待に添うような行動をとってしまうことを、社会学では「予言の自己成就」と呼んでいます（大村、二〇〇二：大村・宝月、一九七九）。

この状況では、犯罪被害者が回復の道をたどり、日常の生活を取り戻そうとしても、まわりの人々がもつ被害者像とのギャップが生じてしまいます。こうなると、まわりとの心理的距離が生じてしまいます。これでは、再び信頼を伴う人間関係を構築していくことは困難になってしまうのです。

犯罪被害者に対する反応のタイプ

犯罪被害者に対する一般の人々の反応は、望ましくないラベルを貼り、排除しようとするものだけではありません。犯罪被害者のつらさや痛みの中で、部分的なところだけに注目し、先入観をもって理解しようとすることもあ

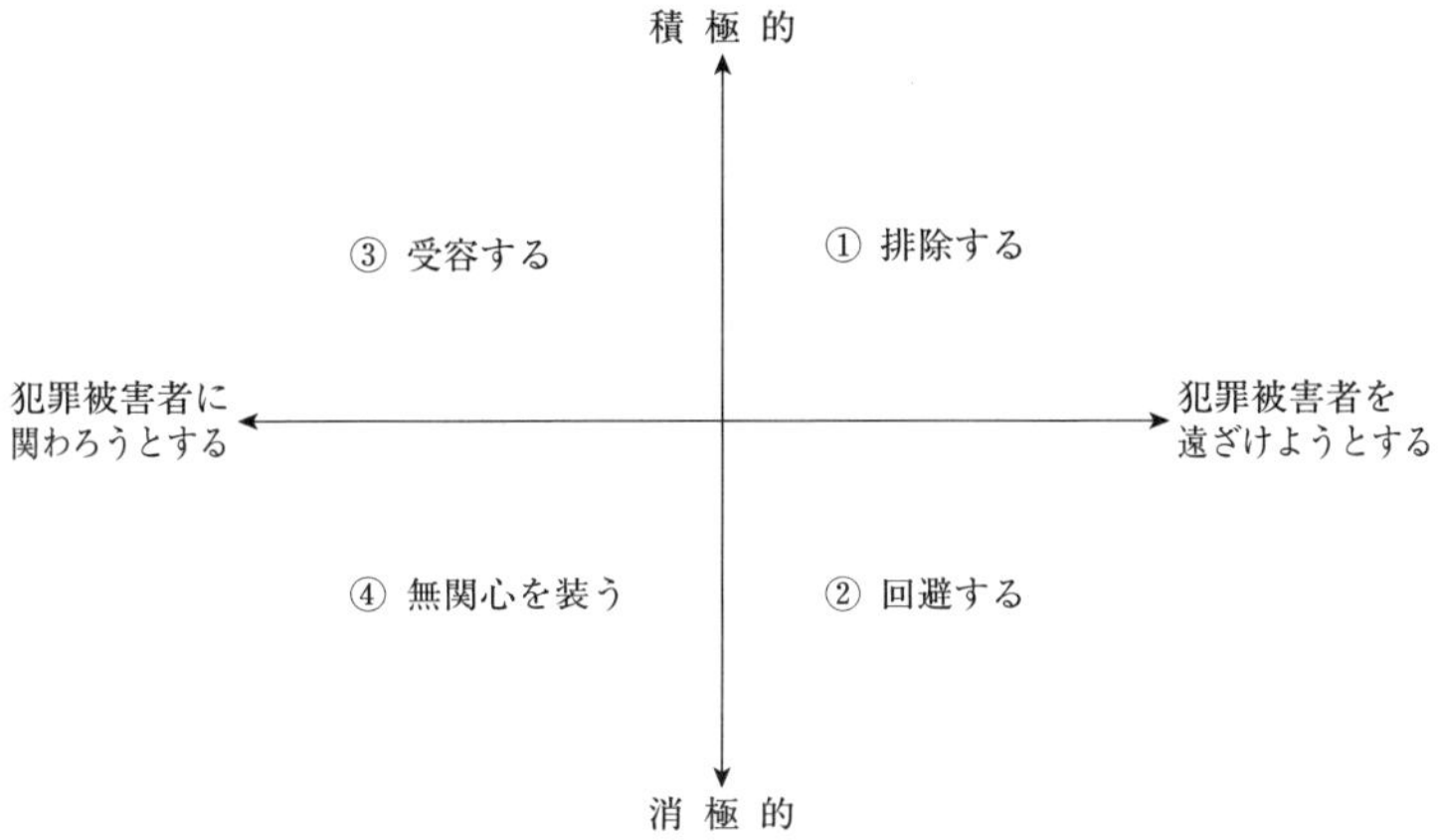

図15　ラベルを貼られた犯罪被害者に対する一般の人々の反応類型

大村英昭・宝月誠（1979），『逸脱の社会学：烙印の構図とアノミー』新曜社：p. 264の表７－２を参考にして筆者が作成

るでしょう。このように、一般の人々のなかでも、犯罪被害者に対するとらえ方やレッテルの貼り方には、それぞれ違いがあります。

大村英昭・宝月誠の両氏は、非行少年など社会から何らかのレッテルを貼られた逸脱者に対する接し方の類型化を試みました（大村・宝月、一九七九）。この理論を犯罪被害者に応用すると、犯罪被害者に対する人々の接し方を四つに分類することが可能となります。

図15をご覧ください。横軸は、一般の人々が犯罪被害者と関わる際の姿勢を表しています。すなわち、右にいくほど、犯罪被害者を自分の交流範囲から遠ざけようとする姿勢を表し、左にいくほど犯罪被害者を自分の交流範囲にとどめて関わろうとする姿勢を表しています。

一方縦軸は、「遠ざける」とか「関わろうとする」といった被害者に対する姿勢にいかんにかかわらず、その態度が積極的に示されるか、消極的に示されるかという度合いを表しています。上方にいくほど積極的な態度を表し、下方にいくほど消極的な態度を表しています。

この二つの軸を交差させることで、一般の人々の犯罪被害者に対する接し方を四つのタイプに分類することができます。それらは、①排除する、②回避する、③受容する、そして④無関心を装う、といった四タイプとなります。それぞれのタイプについて簡単に説明しましょう。

①は、積極的に犯罪被害者を遠ざける姿勢で、被害者を「排除」しようとするタイプを表しています。この姿勢を示す人は、犯罪被害者を自分の交流範囲から排除することによって、自分の生活や人間関係を保とうとします。

②は、消極的ではあるけれども、犯罪被害者を遠ざけようとするタイプです。このタイプの人は、犯罪被害者を「回避」する姿勢をとると考えられます。これは、①のタイプとは違い、犯罪被害者に対して積極的には排除しないかわりに、被害者に対してよそよそしい態度を示したり、暗黙のうちに距離を置いて関わろうとします。いわゆる「冷たい壁」のようなものを作る人です。この姿勢を示す人は、犯罪被害者が自主的に遠ざかっていくことを暗に期待しているともいえます。

③のタイプは、積極的に被害者との関係を維持しようとする人を表します。この人たちは、被害者を「受容」する姿勢を示すといえます。このタイプの人は、被害者に貼られたレッテルに関わりなく、自ら被害者との人間関係を促進しようとします。このような姿勢を示す人に対して、犯罪被害者は、自分の被害状況や痛みなどを隠す必要はなく、積極的に開示していくことができます。

④のタイプは、消極的ではあるけれども、被害者との交流を受け入れようという人で、被害に対して「無関心を装う」タイプと理解することができます。このタイプの人たちは、犯罪被害者との交流は継続させるにしても、被害そのものに関する話題は避け、自分たちの関係に持ち込まないようにします。また、犯罪被害に関することは関心外にあるという態度を示し、まるで仮面をかぶったような演技を伴います。このような関係には、常に心理的な緊張が伴い、表面的な交流に終始する可能性が高いといえます。

このように、人々の犯罪被害者に対する接し方はさまざまです。しかし、③のタイプ、すなわち積極的に交流しようとする人は限られているといわざるを得ません。第４章でも示したとおり、カウンセラーなど支援者と呼ばれている人でも回避的な態度を示したり、無理解から生じる二次被害をもたらしたりすることもあるのです。

他の三タイプ（①、②、④）においては、いずれの接し方も、被害者との間に溝を作ります。信頼関係とはほど遠い関係といえます。この溝は、被害者の真の姿を理解しようとせず、無関心な態度をとることによってますます深まってしまうでしょう。その結果、被害者は孤立感を深め、自律した一人の人間として人との信頼関係を再構築していくことがますます困難になってしまいます。

被害者側の落ち度を見つける

犯罪被害者が自律心を取り戻し、人とのつながりを再生していくことを阻む要因は、特定のレッテル貼りや「予言の自己成就」によるものだけではありません。私たちは暗黙のうちに、犯罪被害者のなかに、犯罪に巻き込まれる原因となった「落ち度」を探そうとしてしまいます。そして、被害者との間に無意識の「上下関係」を構築してしまうのです。

人々は、加害者側だけではなく、被害者側にも犯罪を招くような原因を探し求めてしまいます。それは、被害者側に何か原因を見つけ出し、「自分はそんな原因を作らないから大丈夫、犯罪に巻き込まれる心配はないのだ」と考え、安心感を得ようとするためです（Zehr, 1995）。

たとえば、性暴力被害者に対して、「夜道を一人出歩いていたからではないか」あるいは「服装が派手だったからではないか」といったように、被害者側に原因を見いだそうとする人がいます。その人は、自分はそんな行為はしないと考え、「自分は被害には遭わない」と思い込むことで安心感を得ようとするのです。

このように、犯罪被害者のなかに落ち度を見つけることで、人は、犯罪被害者は「自分とは関係のない人」「不運な人」として距離を置いてしまいがちです。その気持ちの裏返しとして、「私には、犯罪被害者のような落ち度はない」「私は犯罪被害者のような不運には見舞われない」といった心理的な階層関係をつくり上げてしまうことにもなるのです。

被害者への先入観

以上の見解をまとめてみます。犯罪被害者は、まわりの人からステレオタイプ、あるいは偏見を伴うレッテルが貼られ、そのレッテルに見合った行動をするように期待される傾向があります。被害者は、その役割期待から暗黙の圧力を感じてしまい、その期待に添うような行動様式を知らず知らずのうちに身につけてしまいます。

さらに、一般の人々は、被害者のなかに落ち度を見つけようとし、「被害者は自分とは違う世界の人である」と言わんばかりの「目に見えない境界」を築いてしまうことも考えられます。前述した反応のタイプにもあるように、すべての人々が、被害者に対して否定的なレッテルを貼るとは限りません。しかし、何らかの先入観をもって、犯罪被害者を見ようとする人は少なくないのです。

このような社会のなかで、被害者は悲しみや痛みを抱え、あつれきを乗り越えながら一人の自律した人間として自分を取り戻し、再出発していかなければなりません。

犯罪被害者といっても、被害を受ける前までは、普通の日常生活を送っていた人がほとんどです。しかし、犯罪被害に遭った途端、「犯罪被害者」という枠のなかに追いやられてしまいかねないのです。

犯罪被害者にとって、被害による痛みや苦しみは一生消えるものではありません。しかし、犯罪被害者という、いわば社会から押しつけられたアイデンティティをもって生きていく必要もありません。犯罪被害によってもたらされた負荷を感じながらも、もう一度一人の自律した人間として生きていく権利があるはずです。

支援者には、長期的な視点に立ち、社会から押しつけられた犯罪被害者像を凌駕し、新しく生きていくための意味と豊かな人間関係を再構築していけるよう、被害者を支えることが求められているのです。

酒井さんは、ＤＮＡ鑑定によって麻希ちゃんの最後の様子を知ることができました。麻希ちゃんの痛みに触れることで、これから先の人生から一体何を期待されているのか、自分たちの使命とは何なのかを考えるようになりました。人生から期待される新たな生きる価値、そして意味を体現していく方法を模索されたのです。

酒井さんにとって、「殺人事件遺族を支える会」のメンバーであるゲイル・リーランド氏やコロンバイン高校事件の遺族との出会いは、この新たな人生の意味と価値を体現する方向性を見いだし、一人の自律する人間として、人々と交わる勇気を得るきっかけになりました。社会に存在する犯罪被害者への固定観念や偏見に向き合いながらも、一人の「サバイバー」として再生しようと懸命に歩んでこられたのです。

2　私たちの経験

酒井　肇・智恵

アメリカへ

二〇〇一年九月二十九日、大阪府警によるＤＮＡ鑑定の支援によって、私たちは麻希の最期の様子を知ることになりました。空白の時間を埋めることができ、ようやく六月八日の原点に立つことができました。

その日から、「麻希のために何をしなければいけないのか」「このような事件を阻止するためには、具体的にどう動けばいいのか」といった新たな疑問が私たちの心に芽生えてきました。押し寄せる課題に対応するだけではなく、人生から自分たちに課せられた使命のようなものについて考え始めたのだと思います。

このころから、アメリカ、コロラド州デンバー郊外のコロンバイン高校で起きた銃乱射事件の遺族に会って話をしてみたいという希望をもつようになりました。

一九九九年四月二〇日、附属池田小学校事件の約二年前にその惨劇は起きました。コロンバイン高校在校生の二人が自ら「トレンチコート・マフィア」と称し、校内で銃を乱射したのです。十二名の生徒と一名の教員が犠牲となりました。あの世界を震撼させた事件の遺族に会いたいと思ったのです。

コロンバイン高校事件の遺族は、どのように衝撃を受けとめ、乗り越えてきたのか。現在どのような課題をもち、対応しようとしているのか。私たちよりも二年先を歩んでいた遺族の話を聞いてみたいと思いました。

その当時、私たちは、附属池田小学校と協力して事件の報告書を作ったり、校舎改築問題に向き合っていました。しかし、今後の学校の安全対策を講じていくための具体案について、少し見通しが立たなくなっていたのも事実でした。そのあたりについて、コロンバイン高校事件の遺族の経験を聞かせてもらい、明確な指針をもって校舎改築問題に取り組みたいという気持ちもありました。

事件から一年が経とうとしていた二〇〇二年五月、そのチャンスはやってきました。ゴールデンウイークを前に、アリゾナ州フェニックスにいる友人から「ぜひ訪問してほしい」という誘いを受けました。この友人とは、麻希がまだ一歳にも満たないころから親交があり、彼女が仕事で来日したときは、わが家に泊まってもらうという関係でした。

もし麻希が生きていれば、亡くなった年の夏休みに、この友人を訪ねる予定にしていました。友人は、麻希のためにわざわざ自宅に日本庭園風の池を作り、鯉を飼って麻希が来るのを楽しみに待っていてくれたのです。この友人は、麻希にとって「アメリカの母」のような存在でした。

ですから、本来なら麻希とともに行くはずだった旅行を、この機会に実現しようと考えたのです。そして、フェニックスの友人宅を訪れるのであれば、デンバーまで足を伸ばし、コロンバイン高校事件の遺族に会いに行こうと思い立ったのです。

コロンバイン高校事件の遺族との面会を実現するため、コロラド州の大学で日本語教師をしていたＢ氏に間に入ってもらい、調整してもらうことができました。Ｂ氏は、附属池田小学校事件後、コロンバイン高校の遺族からメッセージを取り寄せ、私たち八遺族のためにわざわざ小学校まで足を運んで届けてくれた方です。Ｂ氏は、現地でも、私たちの訪問のためにいろいろと手助けをしてくれました。

さらに、私たちだけで行くよりも、長井先生のような犯罪被害者支援の専門家に同行してもらうことで、よりよい情報を得ることができ、今回の訪米をさらに有意義なものにできるのではないかと考えました。そこで、長井先生に連絡し、現地でのネットワークについて尋ねると同時に、思い切って同行してもらえるように依頼してみました。すると、ありがたいことに、ちょうど先生のスケジュールが合うということで、一緒に行ってもらえることになったのです。

長井先生は、「フェニックスに行くのであれば、郊外のツーソンという町に『殺人事件遺族を支える会（Homicide Survivors Inc.)』を運営しているゲイル・リーランドさんがいます。ぜひ会ってください」と言われました。

「殺人事件遺族を支える会」はＮＰＯ団体で、アリゾナ州ピナ郡に位置しています。この会は、犯罪被害者支援を行う団体として全米でも先駆的な役割を果たしてきました。とくに殺人事件遺族に対して、被害者の権利擁護、裁判や司法手続きに関する情報提供、心のケア、そして裁判の付き添いなど、幅広い犯罪被害者支援を実践しています。

紹介を受けたゲイル・リーランドさんは、この会を発足させた一人であり、長くこの会のディレクターとして関われた方です。ゲイルさんも、一九八一年、当時十四歳だった息子さんを殺人事件で亡くされています。彼女も犯罪被害者遺族の一人でした。

長井先生からの紹介をうけ、連絡をとったところ、私たちの滞在先の友人宅までゲイル・リーランドさんが訪ねてくれることになりました。その後、コロラド州デンバーで、コロンバイン高校事件の遺族と面会し、事件現場であるコロンバイン高校を訪れることになったのです。

自律した人として――ゲイル・リーランドさんとの出会い

二〇〇二年四月二十八日、母親と子どもは、先にフェニックスに向けて飛び立ちました。父親は少し遅れて五月二日にフェニックスに到着することになっていました。ここでは、主に母親（酒井智恵）の体験からふり返ってみたいと思います。

五月一日、私は、ようやくゲイル・リーランドさんと会うことができました。先ほど述べたように、ゲイルさんは、ツーソンから二時間ほど車を運転して、わざわざ私たちが滞在する友人宅まで来てくださいました。

このとき、私は、日本の煩雑な事柄から距離を置き、心許せる友人の暖かいもてなしのなかで、ゲイルさんに会うことができました。この安心に満ちた環境のなかでゲイルさんと交流できたことが、後のたましいに触れるような私自身の気づきに結びついたのではないかとふり返っています。

あいさつを交わし、お互いの被害体験を語り合いながら親交を深めていきました。そして、話はゲイルさんの支援活動の内容や、日米の犯罪被害者支援の違いに及んでいきました。

さらに、被害直後から現在に至るゲイルさんの回復過程や、亡くなった息子さんへの想いについても話を聞くことができました。ゲイルさんの経験に、今後の自分の回復を重ね合わせるようなかたちで話に聞き入ることができました。まるで良き師を得たような感覚でした。

しかし、ゲイルさんとの話のなかで最も衝撃を受けたのは、支援システムの違いでもゲイルさんの長年にわたる経験でもありませんでした。それは、ゲイルさんの「ある一言」でした。ゲイルさんは、まっすぐ私を見つめ、こう尋ねたのです。

「あなたは私に何が聞きたいのですか」

「あなたは何を知ろうと思ってここまで来られたのですか」

ゲイルさんにすれば、何気ない言葉だったかもしれません。しかし、私にとっては目が覚めるような問いかけとなりました。

これまで、多くの人から「大変ですね、何かできることがあったら言ってください」といった声をかけてもらいました。しかし、「あなたは何を求めているのですか」といったかたちで、私自身の考えを問われることは、事件後ほとんどなかったように思います。

私はＤＮＡ鑑定後、「亡くなった麻希のために何をすればいいのか」、また「麻希の死を無駄にしないために何をすればいいのか」といったように、麻希の死から何らかの「意味」を見いだそうともがいていました。そして、あわよくばそれを誰かに教えてもらいたいと望んでいました。

内心は、ゲイルさんにも麻希のために何をすればいいのか教えてもらおう、という思いがありました。しかし、いざゲイルさんから「何を聞きたいのか」「何を求めてやってきたのか」と尋ねられると、私のそんな思惑は飛んでしまいました。一瞬体が固まるような感覚をもったことを今でも憶えています。

「麻希のために何をすればいいのか」と絶えず自問自答していたのは確かです。しかし、「私が麻希のために何をしてあげたいのか」という「私」を主語として、問いかけることはありませんでした。ゲイルさんの問いかけによって、その事実に気づかされたのです。

麻希の最期の様子を知ってから、麻希の無念さに思いを寄せ、麻希のたましいの声に耳をすまして日々を送ってきました。「どうすれば麻希のつらさをわかってあげることができるだろう」「麻希は今、何を望んでいるだろう」といった問いを絶えずもっていたように思います。

しかし、麻希の思いを汲もうとするあまり、知らず知らずのうちに、私自身が麻希のつらさや痛みに同一化してしまったのだと思います。「麻希に成り代わって、麻希のために生きなければならない」といった「暗黙の掟」のようなものを自分に課していました。麻希を守ってあげることができなかった罪悪感も手伝い、自分のためではなく、麻希のために生きることを無意識のうちに自分に強いていたのです。

ゲイルさんの一言で、私は、自分自身を見失いかけていたことを悟りました。事件後初めて、「麻希を想い、麻希のために生きる自分」ではなく、「一人の生身の人間」として自分に向き合い、「自分はどうしたいのか」ということを考えるきっかけを得たような気がします。

今でも、麻希の受けた傷や痛みを代わってやれるのであれば、代わってやりたいと思います。一日たりとも、この気持ちを抱かない日はありません。しかし、「麻希のために」という想いを強く抱けば抱くほど、麻希と自分との境界がなくなってしまうことに気づきました。これまで、私自身を麻希の姿に映し出しては消えていく、ということを繰り返してきたのだと思えるようになりました。

私は、もう麻希の代わりになってあげることはできません。ゲイルさんとの出会いで、それはかなわぬ願いなのだということを、頭ではなく心で理解したと思います。「麻希のため」ではなく、私が麻希のためにどう生きていけばいいのか。私は何をしなければならないのか、私は私自身の人生をどのように生きていくべきなのか。「私のあるべき姿」について見いだしていく、いわば「使命」のようなものをゲイルさんは私に気づかせてくれたのです。

ゲイルさんは、面会において次のように話をしてくれました。

「なぜお子さんが亡くならなければならなかったのか、ということに対して、答えが出るまでに本当に長い時間がかかるかもしれません。もしかしたら、答えは出ないかもしれません。多くの遺族が家族の死に対して、あるいは起きた事件に対して、理由や意味を見いだそうとします。しかし、有意義な意味をすぐに見いだすことはできないものです。また、あなたが亡くなったお子さんのために何ができるのか、あるいは、あなたが何をするべきなのかについて、私は答えを持っているわけではありません。しかし、少なくとも、あなたがいろいろなことに関わろうとするとき、何をするべきかということがだんだん見えてくるかもしれません。いつの日か、あなたがすべきことがきっと見つかると思います」

今では、麻希を失った悲しみだけに彩られ、自分の人生を麻希のためにすべて捧げるようなかたちでは、決して麻希のたましいを生かすことはできないと感じています。麻希のために何かをしてあげたい、と思っている私自身が、今後どうやって生きていけばいいのか。それを自分自身で見つけていく。自分の足で立って、自分でしっかり選択できるようなることが、私に求められていることなのだと思えるようになりました。

私にも何かできるかもしれない。私も、自律して自分自身の力で目の前の課題に前向きにかかわっていくことができるかもしれない。そうすることで、「麻希のために、そして自分のために生きていけるかもしれない」と思うようになったのです。ゲイルさんとの出会いを通じて、「自分が一人の人間として何かできるのではないか」と思えるエネルギーをもらったのです。

◎織りなす信頼の再生――コロンバイン高校事件の遺族との出会い

フェニックスの友人宅でゲイルさんと面会した二日後、今度はコロラド州デンバーに飛び、コロンバイン高校事

OLINGER
CHAPEL HILL MEMORIAL GARDENS HAS ESTABLISHED
THE COLUMBINE MEMORIAL GARDEN
IN REMEMBRANCE OF
THE TWELVE STUDENTS AND ONE TEACHER
FROM THE COLUMBINE HIGH SCHOOL WHO
TRAGICALLY LOST THEIR LIVES
ON APRIL 20, 1999

コロンバイン高校事件の犠牲者が眠るメモリアル・ガーデンに刻まれた碑文

件の遺族に会うことができました。二〇〇二年五月三日のことです。

デンバー市のダウンタウンから車で約二十分、リトルトン地区の小高い丘にある瀟洒なレストランに私たちは招かれました。そこでは、事件で亡くなったローレン・タウンゼントさん、ジョン・トムリンさん、キャシー・バーナルさん、そして教員で唯一人犠牲となったウイリアム・D・サンダースさんのそれぞれの家族や親族、あわせて八名が私たちを待っていてくれました。

あいさつを済ませ、雑談をしていると、ゲイルさんの時と同じく、遺族から「何を知りたくて、ここまで来たのですか」と聞かれました。このときは、ゲイルさんに会った後でもあり、その質問に圧倒されることはありませんでした。

私たちは、遺族に対して「これまで何を悩み、何を問題として感じ、どうやって乗り越えてきたのか、私たちは皆さんのこれまでの経験について知りたいのです」と率直に尋ねました。そこから、お互いのさまざまな体験や思いを語る場になっていきました。

校舎改築の問題について尋ねると、コロンバイン高校でも校舎を建て替えるかどうかについて大きな問題になったことを知りました。遺族たちは、私たちと同じように議論を重ね、大変な労力を費やして、この問題に向き合ってきたことを教えてもらいました。ある遺族は、次のように語ってくれました。

「私たちも、校舎建て替えについては、大変な議論をしました。時には、涙を流しながら話し合いをしました。でも、私たちは結局建て替えではなく、改築を決めました。事件現場となった校舎は、一階がカフェテリア、二階が図書館という構造になっていました。そこで、図書館を別の場所に移し、一階の天井部分を吹き抜けにして、新しいカフェテリアにすることを決めたのです。図書館は、別な場所に新たに建設することにしました。その改築や図書館建設工事にも、私たちはできるだけかかわるように努めました。工事の途中も、ヘルメットをかぶって現場に入り、いろいろと情報を得ながらかかわっていったのです。今では、結果もさることながら、自分たちがちゃんと話し合い、主体となって取り組めたことがとても大事なことだったのだと思っています」

コロンバイン高校の事件現場を
改装したカフェテリア

コロンバイン高校の場合、あくまでも遺族が主体となり、「自分たちがどうしたいのか」という点について率直に語り、議論を重ねて問題を解決してきたことがよくわかりました。単に慰霊碑を作るだけではなく、亡くなった子どもたちの姿を思い出せる空間を作るため、事件現場の校舎を残して改築しようと力を合わせてきたのです。

時には、笑いも生まれ、和やかな雰囲気で多くのことを語り合うことができました。そこには、「学校」

という安全だと信じて疑わなかった場所で子どもを奪われた苦しみを共有し、言葉を介さなくても想いが通じ合う、柔らかなぬくもりがありました。

子どもを奪われた苦悩を抱えながらも、自分の人生を見据え、一つひとつの課題に向き合いながら闘ってきた遺族の姿に、私たちは心から勇気づけられました。そこには、犯罪被害者あるいは遺族といった言葉では表せない、一人の自律した「サバイバー」の存在がありました。

生きていた証のために——ドーン・アナさんとの出会い

「亡くなってしまったから終わりではなく、彼女が生きていたということが大切なのだと思います」

レストランでの会合において、亡くなられたローレン・タウンゼントさんの実母であるドーン・アナさんが投げかけてくれたこのメッセージは、私たちにとってとても大きな意味をもちました。ドーンさんは、会合の間、ずっと私の隣に座り、常にやさしく語りかけてくれました。

このメッセージによって、私たちは、「麻希が亡くなったこと」に意味を見いだそうとしていたことに気づくことができました。「生きていた麻希」のために、私たちは何をしたいと思っているのか。この問いかけが大切なのだということを理解するようになったのです。

麻希の人生は、あまりにも短いものでした。だからこそ、私たちが自律してしっかりと生きていかなければ、麻希の生きていた輝きを守り育んであげることはできないのだと悟りました。私たちが主体的に生きることは、すなわち麻希のたましいや生きていた証を大切に育てることになると認識するようになったのです。

ドーンさんの言葉から、亡くなってしまった事実ではなく、麻希が生きていた事実をもう一度自分たちの胸に抱き、その生を忘れずに、自分の人生に対して主体的に生きることの大切さを感じとることができたように思います。

ドーンさんは、さらに心温まるメッセージを私たちに語ってくれました。彼女のメッセージからは、亡くなったローレンさんの生きていた姿を大切に心に抱き、ローレンさんのたましいを生き生きと心に宿らせようとしているドーンさんの姿がうかがえます。

「私たちもこんな風に麻希を想える日がくるかもしれない」

心から励まされたメッセージでした。以下、そのメッセージを記します。

「あなた方の麻希ちゃんへの愛情が薄れることなど決してありません。もう一人のお子さんへの愛情が日ごとに深まるのと同じように、麻希ちゃんへの愛情も日ごとに深まるはずです。

麻希ちゃんは、あなた方の心の中で育まれていくでしょう。これからは、花を見ていると麻希ちゃんの姿が見えるかもしれません。鳥が飛んでいるのを見ても、麻希ちゃんの姿が見えるかもしれません。そよ風の中にも麻希ちゃんの姿が見えるかもしれません。

これからは、何かあるたび麻希ちゃんの声を聞くことでしょう。麻希ちゃんの匂いがすることでしょう。麻希ちゃんを肌で感じることでしょう。そんなときは、いつも麻希ちゃんを抱きしめたい気持ちが募ると思います。

このような体験が、あなた方の中からなくなってしまうことはありません。今、あなた方は麻希ちゃんのことを思い、泣くことしかできないかもしれません。でも、いつか麻希ちゃんの思い出があなた方に微笑みをもたらす日が来ます。

でも同時に、深く悲しみ、いつも心の中で麻希ちゃんの死を悼むことでしょう。それは、麻希ちゃんがあなた方の娘であり、いつもそばにいてほしいと願ってしまうからでしょうね。本当に、麻希ちゃんはあなた方のそばにいるべき人だったのですから。

私には亡くなった娘の姿が見えます。もちろん、娘にそばにいてほしいです。でも、もう娘は神様とともに天国にいます。私は、いつか娘と再会します。

でも、忘れないでください。私はいつだって、いつだって、あなた方のそばにいます。麻希ちゃんのたましいがここに残っていることを願ってやみません。麻希ちゃんのたましいは、もう一人のお子さんの中に、また麻希ちゃんの友だちの中にしっかり宿っていることでしょう。すべてが消え去ったりすることなど決してないのです。最近、事件後初めて娘の写真を見ることができました。泣かずに、にっこり微笑むことができました。それは、娘の誕生日のことでした。

あなた方がそのようになれることを心からお祈りしています」

穏やかな微笑み

翌日の五月四日、私たちは、命を奪われた教員、ウイリアム・D・サンダースさんの妹、メロディー・スミスさんの案内で、コロンバイン高校から少し離れた墓地にある十三名の犠牲者の名前が刻まれたモニュメントを訪れ、花を捧げました。

その後、引き続いてコロンバイン高校を訪れました。そこには、前日リトルトンのレストランでお会いした遺族たちが私たちを待っていてくれました。彼らとともに、事件現場を改装したカフェテリアの中に足を踏み入れました。天井までの吹き抜けをもつ広々としたカフェテリアには、事件の凄惨さを感じさせるものは何もありませんでした。

天井に描かれたまっすぐに伸びる樹々と柔らかな太陽の光は、まるで天国を想わせる暖かみを放っていました。その吹き抜けの天井を見つめるスミスさんや遺族たちの表情には、穏やかな微笑みが浮かんでいました。「もしかしたら、私たちにも、麻希を想ってこんな微笑みを浮かべることができる日がくるのかもしれない」彼らの柔らかなまなざしを見て、そう感じました。これから先の人生に、ほんの少し希望を見いだした瞬間でした。

事件現場を改築したカフェテリアの吹き抜けの天井

サバイバーとして社会に生きるために

帰国後、人生から逃げようとせず、痛みを乗り越えようとするゲイルさんやコロンバイン高校事件の遺族の姿に、自分たちの姿を重ね合わすことが多くなりました。私たちがしっかり自律して人生を歩み、麻希のためにしてあげたいと思うことを素直に行動に移していこうと思えるようになりました。そして、一つひとつのことに主体的に関わっていくことが、結果的に麻希を生かすことになるのだと信じるようになったのです。

犯罪被害者（遺族）が、自律した一人の人間として生きていく。残念ながら、社会はこの被害者の回復過程を支える状態には至っていません。前述したように、犯罪被害者に対するステレオタイプや偏見を、私たちも少なからず感じてきました。

犯罪被害者（遺族）といっても、悲しむときは悲しむし、笑うときは笑うのです。また私たちの場合、もう一人の子どもを育てていかなければなりません。子どもを悲しみのなかだけで育てるわけにはいきません。子どもと一緒に買い物をしている時には、子どもに笑いながら楽しんでもらいたいし、私たちも一緒に笑いたいと思うこともあるのです。

でも、どうしても日本では「犯罪被害者は笑ってはいけない」という風潮を感じてしまいます。私たちが、笑いながら買い物をしている場面がマスコミによって撮影され、テレビで放映されることを想像してみてください。「犯罪被害で子どもを亡くしているのに、あの人たちは笑っている」と不思議な感覚をもってしまう人も少なくないのではないでしょうか。

また、私たちは、人からよく「あれだけ大変な思いをされたのに、明るくがんばっておられますね」「いつも前向きで偉いわ」といった内容のことを言われます。確かにがんばっている部分もあります。あえて明るく振る舞おうと努めているところもあります。でも、今でも、どうしようもない悲しみと喪失感で身動きが取れなくなることもあります。「がんばっておられますね」という言葉を聞くと、私たちの現実の姿は十分理解されていないな、と感じてしまいます。

目に見えるところだけで「回復した」と思われたり、「悲しみがなくなった」と判断されたりすると、どうしてもその人に自分の本当の姿を伝えたい衝動に駆られます。その言葉の背景には、「犯罪被害者＝悲しみにくれている人」というステレオタイプが存在し、その範疇に入りそうにない私たちは、「異質な人」として見られているのだと思います。

そういった場合、私たちは、「子どもがこういったかたちで亡くなったのは事実であり、もう避けることはできません。亡くなった麻希を含めて『家族としてこれからどうしていくか』ということが大事ですから、できる限りのことはしていきたいと思っています」と伝えるようにしています。

日本では、いまだに犯罪被害者は犯罪被害者のままで留まらなければならない、無言の圧力が存在していると思います。それは社会が、「被害者はかわいそうな人」という見方をしてしまい、どうしても優劣をつけてしまう傾向があるためだと思います。支援も、「一般の人々が上で、犯罪被害者がなんとなく下の立場。だから何か手助けをしてあげなくてはならない」というような、暗黙の上下関係に立脚して展開されているようなところもあると感じています。

犯罪被害とは外から襲ってきたものです。私たちの場合、被害を受ける前は、自分たちで普通に生活を送ってきたという自負があります。私たちは、犯罪被害者という枠組みのなかだけで生きていかなければならないとは思っていません。まして、下の立場になったわけでは決してありません。私たちは、常に対等な関係を望んでいるのです。

不運といったレッテルを貼られ、下の位置に置かれてしまう。この構造では、社会から孤立してしまいます。これでは、被害体験から意味を探求し、一人の自律した人間として人との交わりを回復していくことは、きわめて困難な作業になってしまいます。

もちろん、すべての人が、そういったレッテルを貼るとは限りません。ゲイルさんやコロンバイン高校の遺族を含め、積極的に私たちの経験に耳を傾け、共感し理解しようとしてくれた人はたくさんいました。本書で紹介した支援者や友人たちも、私たちの思いを心から理解しようとしてくれました。

これから一人でも多くの人に、犯罪被害者の真実の姿を理解してもらうことが大切だと思います。偏見やレッテルから解放された対等な関係が育まれる社会を作り上げていく必要があるでしょう。私たちも、できる限り、自分たちの経験と思いを発信し続けていきたいと思っています。

3　今後の被害者支援に向けて

池埜　聡

信頼関係の回復を支える

酒井さんは、ＤＮＡ鑑定によって、麻希ちゃんが最もつらい体験をした、まさにその瞬間を知ることができました。そして、麻希ちゃんの痛みを受けとめ、麻希ちゃんの死から意味を見いだそうと模索してきました。しかし、酒井さんの意味を探求する過程では、あくまでも「麻希ちゃんのために」という問いをたて、その問いに対する答えを探すかたちで歩んでこられました。

このとき、麻希ちゃんは酒井さんのなかに取り込まれ、二人が融合したような関係にあったのかもしれません。酒井さんは、麻希ちゃんのたましいの声に耳をすませ、その思いを少しでも汲んであげることが、何よりも麻希ちゃんを悼むことになると感じていたのでしょう。

ゲイル・リーランド氏やコロンバイン高校事件の遺族に会うことで、酒井さんは、麻希ちゃんの痛みを受けとめるのも、麻希ちゃんの死から意味を見いだすのも、すべて「自分自身なのだ」という気づきに至りました。

そして、麻希ちゃんのたましいを生かし、意味のあるものにしていくためには、まず自分自身がしっかりと自律し、麻希ちゃんの死から問いかけられるもの、さらには自分の人生から問いかけられるものをしっかりと見定めて生きていくことが何よりも大事なのだということに気づかれたのです。これは、ハーマンが主張する回復にとって必要な自律心を取り戻す体験をされたといえるでしょう。

「『麻希のために何ができるのか』ではなく、『私が麻希のために何ができるのか』という気づきが生まれた」

　この酒井さんの言葉は、「自律心の再構築」を象徴するものとして受けとめることができます。自分自身の人生を自分がしっかりと歩んでいく。この価値は、自ら積極的に困難に立ち向かい自らの人生を歩んでいるアメリカで出会った遺族の姿から学び取られたことはいうまでもありません。

　このように、同じような被害体験をもつ人との出会いは、犯罪被害者の回復にとって大変貴重なものになることがあります。同じ境遇の人との間では、自分の痛みが少なからずわかってもらえるという安心感を抱くものです。その安心感のなかで、比較的自由に感情を表すことができます。

　さらに、自分よりも先の回復過程を歩んでいる人は、回復におけるロールモデルになることがあります。もちろん、回復における不可欠な情報をお互いに共有することもできるでしょう。このように、同じ被害体験を持つ人との触れ合いは、被害者にとって安心できる時間と空間となり、回復に向けて歩みだすきっかけとなる場合があるのです。

　この意味で、犯罪被害者に対してセルフ・ヘルプ・グループのような、同じ体験をした人同志の交わりを支えることは、今後も重要な支援になってくるでしょう。実際、「全国犯罪被害者の会（あすの会）」などが犯罪被害者の自助活動を支え、年々盛んになる傾向にあります。

　ただし、セルフ・ヘルプ・グループへの参加は、あくまでも被害者の自己決定に委ねられなければなりません。酒井さんの場合も、アメリカでゲイルさんやコロンバイン高校の遺族たちに会おうとしたのは、あくまでも酒井さんの意志に基づくものでした。

　警察やカウンセラーが、パンフレットを渡すだけといった型通りの方法で、自助活動やセルフ・ヘルプ・グループを紹介するだけでは十分とはいえないでしょう。支援者が、暗黙のうちに被害者に対して参加を強要するようなことにならないように注意しなければなりません。

とくに、被害者が危機状態にあり、心理状態も不安定な時には、セルフ・ヘルプ・グループの支援は、かえって回復の弊害になる場合があります。被害者の状態を見極め、セルフ・ヘルプ・グループに関する詳しい情報を得ながら、参加について被害者と一緒に考え判断していく慎重さが求められます。

偏見と闘う

酒井さんも体験したように、いくら同じ被害体験をもつ人から回復に向けてのロールモデルを得たとしても、その回復過程を阻む犯罪被害者に対する偏見が、いまだに根強く残っています。

犯罪被害者といっても、犯罪のタイプや被害の状況は千差万別です。個々のケースによって、被害者に対する人々の反応は、異なってくるはずです。そのため、酒井さんの経験だけから、犯罪被害者に対するステレオタイプや偏見への対処方法を具体的に導き出すことは避けるべきかもしれません。ここでは、一般的な見解にとどまりますが、現在重要と思われる偏見への対処方法について提示したいと思います。

犯罪被害者に対する固定観念をなくすためには、私たちは、まず犯罪被害者の真実の姿を知る必要があります。日本における犯罪被害者への支援や人権擁護の歴史は、まだ始まったばかりです。私たちは、これまで犯罪被害者の経験や真の思いに十分耳を傾けることができなかったといえます。「運の悪い人」「悲しみにくれている人」といったレッテルを通じて犯罪被害者を見るのをやめ、苦難を乗り越える勇気ある存在として尊重し、被害者の言葉に耳を傾けていく必要があります。

具体的には、やはり「教育」が何よりも重要になってくるでしょう。小・中・高校といった教育機関だけではなく、広く社会全体が犯罪被害者の体験を知る機会が増える必要があると考えます。

「全国被害者支援ネットワーク」を基盤とした犯罪被害者の支援と人権擁護を目的としたＮＰＯ団体が各地に設

立されるようになりました。「全国被害者支援ネットワーク」は、山上皓氏（東京医科歯科大学教授）のもと東京医科歯科大学犯罪被害者相談室が中心となり、全国各地において民間被害者援助組織の設立を推進した結果、一九九八年五月に設立されました。加盟組織は年々増加し、二〇〇四年四月の時点で、三三都道府県、三五組織を数えるまでになっています（全国被害者支援ネットワーク：http://www.nnvs.org）。草の根的な啓発活動の充実は、ステレオタイプや偏見と闘っていく上で、きわめて重要な動きといえます。

また、二〇〇三年秋に「国際被害者学研究所」が常磐大学に設立され、国際的な規模で被害者の心理・社会的な問題と回復に関する総合的な研究拠点が形成されようとしています（常磐大学国際被害者学研究所：http://www.tokiwa.ac.jp/~tivi/index.html）。このような動きをうけ、大学レベルで被害者学（victimology）の活性化と犯罪被害者支援を主軸にした教育プログラムの充実が望まれます。大学の社会福祉学や臨床心理学のプログラムにおいて、犯罪被害者問題を積極的に取り上げていくことも、犯罪被害者の真の姿を広く理解していく一助になるはずです。

臨床心理士会は、定期的に全国レベルや自治体レベルで臨床心理士に対する犯罪被害者支援の研修会を開催しており、被害者支援に対する関心が高まっています。犯罪被害者支援を専門とする臨床心理士も現れ、各県警レベルの被害者対策室で臨床的な業務に就く臨床心理士も増えています。今後もこの流れを受け、広く一般社会に対しても、臨床心理士会が被害者問題に関する啓発的な活動を展開し、ステレオタイプや偏見と闘うことが期待されます。

社会福祉士会においては、犯罪被害者支援に関する研修や専門家養成といった方向性を打ち出すには至っていません。社会福祉実践（ソーシャルワーク）は、長年にわたって人権擁護（アドボカシー）をひとつの軸として実践方法を蓄積してきた分野といえます。少数派（マイノリティー）のエンパワーメントなど、ソーシャルワークが中心となって社会にアプローチしてきた経緯があります。犯罪被害者を取り巻く社会との溝や被害者の人権問題にも、もっと積極的にソーシャルワークの専門家がかかわり、支援活動を展開していく必要があるでしょう。

マスコミの役割も見逃せません。マスコミが犯罪被害者に対するステレオタイプや偏見を助長し、「予言の自己成就」に一役買っている部分もあります。被害者バッシングともとれる報道は後を絶ちません。正確さを欠く報道や明らかに被害者の人権を無視した報道は、否定的な被害者像を作り上げ、ますます固定したイメージを社会に定着させてしまいます。

第4章でも述べたとおり、マスコミと犯罪被害者が協働で被害者の人権問題について語り合い、お互いに理解を深めようとする動きが始まっています。酒井さんも、自らの努力により、多くのマスコミ関係者を巻き込んだ勉強会を開催しています。

マスコミが、被害者が回復のために努力し、人生の意味を見いだして再生していこうとする被害者のありのままの姿も報道していく姿勢をもってもらいたいと思います。マスコミとの協働はまだ始まったばかりです。今後の動向に注目していきたいと思います。

犯罪被害者の真実を知ろうとすること。「無知」が偏見を助長するのです。そのためにも、犯罪被害者に対する正しい知識と理解を促す教育システムの構築や啓発活動の活性化が欠かせません。この両輪が備わったとき、犯罪被害者に対する偏見やステレオタイプを克服する道筋が見えてくるかもしれません。

犯罪被害者支援の窓⑦

被害者の自律を支える支援

1．犯罪被害者（遺族）の回復のためには，「被害者」という枠組みから一人の「自律した人」であるという感覚を取り戻すことを支えていくことが重要な課題となる。

2．犯罪被害者（遺族）の回復のためには，人生の主導権を取り戻す感覚をもち，人との信頼関係を再構築していくプロセスを支えていくことが必要になる。

3．犯罪被害者（遺族）に対して，不運，不幸な人といったレッテルを貼り，ステレオタイプや偏見が生み出される社会的要因が存在していることを直視し，そのあつれきの中で被害者が苦悩していることを理解する。

4．犯罪被害者（遺族）は，「予言の自己成就」，すなわち社会から「被害者」の役割や行動を期待され，無意識のうちにその期待に添うようなかたちで行動せざるを得ない無言の圧力を感じていることを理解する。

5．一般の人々は，犯罪被害者（遺族）に被害の原因となる「落ち度」を探しだし，自分には起こりえないと思うことで，安心感を抱く傾向がある。この心理作用によって，被害者との間に目に見えない溝が形成されてしまう危険性が存在していることを理解する。

6．犯罪被害者（遺族）に対するステレオタイプや偏見をなくしていくために，正確な被害者の経験や心情を知る機会を一般に広めていく粘り強い支援が求められる。

7．犯罪被害者（遺族）は，同じ経験をもつ人との交わり（セルフ・ヘルプ・グループなど）を通じて人との信頼関係を再構築していくきっかけを得ることがある。

8．犯罪被害者（遺族）が同じ経験をもつ人との交わり（セルフ・ヘルプ・グループなど）をもつかどうかは，犯罪被害者（遺族）自身の自己決定に委ねられなければならない。

第9章

「犯罪被害者中心の支援」を求めて——心の声を聴く

犯人は、麻希が生きていた過去を消し去ることはできません。麻希のたましいを奪い取ることもできません。麻希を愛する私たちの気持ちに指一本触れることもできません。麻希の、そして私たち家族の「尊厳」を決して侵すことはできないのです。

この苦難を乗り越え、麻希のたましいを抱き、家族として生きていきます。だから、私たちは決して犯人に負けません。私たちは決して事件に屈することはありません。

被害に遭ってから今日までの日々をふり返ってきました。「私たちの経験が少しでも今後の被害者支援に役立つことができれば」という思いから、池埜先生、倉石先生と共同で「犯罪被害者支援のあり方」について、さまざまな角度から考察してきました。

私たちは、あくまでも一犯罪被害者遺族です。すべての犯罪被害者が私たちと同じ経験をするとは限りません。私たちの事例にしかない、いわば特殊な部分も多々あるかと思います。「犯罪被害者」という画一化した枠組みで、すべての被害者をとらえるべきではありませんし、この本もそういった「一般化」を目的とはしていません。

一方で、私たちの被害経験とさまざまな理論を照合することによって、被害者支援の一つの可能性を示したいと思いました。その目的が果たされたかどうか、読者の皆様の評価を待ちたいと思います。

この本は、現行の犯罪被害者支援の至らなさを指摘することに、少なからず紙面を費やしました。また、「犯罪被害者支援はかくあるべき」という主張も展開してきました。しかし、私たちは、支援を当たり前のこととせず、感謝する謙虚さをもつことが大切であると常に思っています。

犯罪被害者支援が社会的に認識されてくると、皮肉なことに、被害者自身も「このくらいの支援は受けて当然だ」といった行き過ぎた考えをもってしまうことに危惧を感じます。私たちは、感謝の気持ちも機会あるごとに発信し続けたいと考えています。被害者の謙虚な姿勢が、支援者との信頼関係を熟成させ、今後の犯罪被害者支援の充実につながると思うからです。

附属池田小学校児童殺傷事件。その被害者遺族となり、私たちの生活は一変しました。しかし、多くの人々の支えにより、何とか家族の生活を取り戻しつつあります。「回復」という言葉は、今もって実感を伴いません。でも、被害直後の状態を思い起こすと、私たちのなかに「回復」と呼べる変化が生じているのも事実です。事件から私たちを支えてくれた一人ひとりに、感謝の気持ちを覚えずにはいられません。

1　終章として

池埜　聡

本書は、酒井さんの経験をもとに、被害後の多次元のあつれき（第1章）、被害直後の危機介入（第2章、第3章）、二次被害の防止（第4章）、生活モデルに基づく支援（第5章）、家族支援（第6章）、被害者の回復を支える意味と支援者の姿勢（第7章、第8章）といった側面から犯罪被害者支援について提言してきました。ふり返ってみると、本書では「心のケア」の重要性を認識しつつ、一貫して「心のケアだけに特化されない柔軟な支援のあり方」を模索してきたように思います。

第9章では、まず、倉石先生から、本書の重要な命題でもある「犯罪被害者支援における心のケアの位置づけ」を中心に、これからの犯罪被害者支援のエッセンスを示してもらいます。次に、酒井さんから附属池田小学校事件の動向をふまえ、今後の課題について述べてもらいます。

2　これからの犯罪被害者支援に向けて

倉石哲也

「心」への不安と「心のケア」の台頭

一九九五年に起きた阪神淡路大震災や地下鉄サリン事件をきっかけとして、「心のケア」という言葉が市民権を得ました。専門家のみならず、マスコミや一般市民にも、「心のケア」として「癒し」や「カウンセリング」といった援助が広く知られるようになりました。それ以来、事件や事故が起きるたびに、「心のケア」という言葉が頻繁に登場するようになりました。

耳慣れない言葉の新鮮さと響きの柔らかさが、市民権を得た要因でしょう。もうひとつの要因は、人間関係が希薄になった社会の中で、心の営みに対する人々の不安がこの言葉に投影され、大きく注目されるようになったとも考えられます。

実際の「心のケア」は、「心理療法」と「精神療法」という二つの専門的治療の意味合いを含んでいます。とくに犯罪被害など、突発的な強いストレスを受けた後の「心のケア」は、ＰＴＳＤや抑うつなどの症状除去から人間関係の回復を目的とした実存的なアプローチまでの幅広い心理的支援を包含すると考えられます。

近年日本では、トラウマ・ケアを含む被害者支援を専門とする支援者が増加してきました。被害者に対するより効果的な心理治療が開発されるようになっています。これらの傾向は、よりよい被害者支援システムを構築するために、さらに促進されるべきでしょう。

専門家が声高に叫ぶ「心のケア」

しかし、「心のケア」が常に被害者支援の中心を担い、先導していくことが果たして望ましいことなのかどうか、冷静に判断する必要があります。

現実を見てみると、世間を震撼させる事件が起きたとき、「心のケア」を声高に叫ぶのは、専門家やマスコミです。被害者ではありません。「心のケアをしたい」という専門家は多く存在します。しかし、事件直後から「心のケアを受けたい」と思う被害者はまれかもしれません。この両者のスタンスの違いは、無視できるものではありません。

犯罪被害者は、事件に巻き込まれた直後から何を求めているのでしょうか。酒井さんの場合、最初に支援を必要としたのは、事件当夜、麻希ちゃんが亡くなったことをきょうだいに伝えるときでした（第６章参照）。「どう伝えればいいのだろうか」「子どもは大丈夫だろうか」といった不安に対する具体的な助言を求めていました。

犯罪被害は多岐にわたり、被害のタイプや被害者の対応もさまざまです。けがをしていれば、けがの治療に専念せざるを得ないでしょう。気持ちが圧倒されてしまうと、床に伏してしまうこともあるでしょう。また、現実感覚のないまま休むこともせず、「自分は大丈夫」と言って無理をする人もあるでしょう。

また、酒井さんの経験からもわかるように、突発的な悲劇に遭遇したとき、人は「なぜこんなことが自分に起きたのか」「家族の生活をどうすればよいか」「悲しみや怒りはいつまで続くのか」「元の生活に戻れるか」といった、実にさまざまな疑問と不安を抱きます（第３章参照）。

このように、被害者は、専門家の言う「心のケア」を受ける心境には至っていないことが多いのです。さらに、酒井さんも経験されたように、被害者は「心のケア」の専門家から二次被害を受けることすらあるのです（第４章参照）。

「心のケア」の前提条件

ここで再度強調したいのは、「心のケア」が不必要であると言っているのでは決してないということです。被害者支援において、「心のケア」はなくてはならない支援であり、より一層の充実が求められます。問題は、「被害者支援全体における『心のケア』の位置づけ」にあると考えます。

酒井さんが置かれた厳しい状況をふり返ってみましょう。専門家が唱える「心のケア」を実践するためには、前提条件があったはずです。それは、家族にとって避けることのできない「身体のケア」であり「生活のケア」が十分行われているかどうか、という側面のチェックです。その両者の支援とともに「心のケア」が位置づけられるべきではないでしょうか（図16参照）。

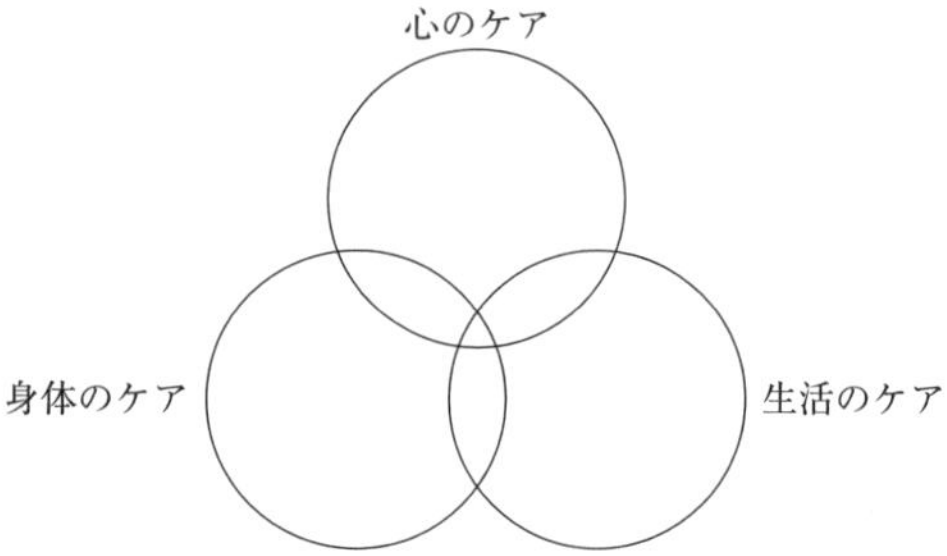

図16　身体のケア・生活のケア・心のケア

「身体のケア」とは、身体をいたわる過ごし方について情報提供を受け、医学的（西洋・東洋）ケアを受けることです。眠れなくても身体を横にして休む、眠れなければ必要に応じて医療的ケアを受ける、食欲がなくても栄養を考えて食べる、可能であれば軽く身体を動かす。これらが危機状態でのストレス・マネージメントの代表例です。酒井さんも、事件直後は眠る食べるといった基本的な「身体のケア」が何よりも必要だったはずです。

「生活のケア」とは、第5章でも示した「生活モデル」に基づく支援を意味します。仕事に復帰する、家事をする、学校生活を送るなどです。事件に遭うまで日常的に行っていた活動ができなくなったときには、個別に対処方法を考え具体的な援助を行う必要があります（第5章、第6章参照）。

酒井さんの生活からもわかるように、とくに犯罪被害者遺族の場合、警察、マスコミ、学校、弔問とその対応は極限に達し、生活は破綻寸前に陥ります。目前の対応や処理が優先され、本来大切にされなければならない日常が後回しになってしまうのです。この犠牲となった生活の部分をどのように代替するのか。この点が支援にとって大切な目標となります。支援者には、生活を支える柔軟な視点が求められるのです。「身体のケア」「生活のケア」ともに、被害者や家族の状況を見据えながら、出すぎた支援にならないように心がけたいものです。少しずつ提案する、本人の判断力を見極めながら方法の提示を行う、といった点を注意して実践する必要があります（第5章、第6章参照）。

「心のケア」は、これらの具体的な支援活動とともに姿を現すものではないでしょうか。被害者の身体、心、生活をとらえながら、的確な助言や情報提供を行うこと。これが専門職に求められていると考えます。

ひとつ例をあげましょう。阪神淡路大震災の災害現場に、「心のケア」をしようと駆けつけた支援者がいました。被災者から「今の被害状況を教えてほしい」と頼まれた際、その支援者は「それは私たちの仕事ではない」と答え、被災者を怒らせたという話を耳にしたことがあります。心理的側面だけに特化した支援は、被害者のニーズを無視したものになる危険性があることを認識する必要があるでしょう。

「心のケア」がもつスティグマ性

「犯罪被害者は弱く傷ついている人であり、支援を受け入れる必要がある」という思いが支援者に存在するとき、「心のケア」は専門家や社会が生み出した「スティグマ（偏見）」に発展してしまいます。

事件直後から「心のケア」が叫ばれることほど、被害者を傷つけることはありません。「傷ついているでしょう」という目が被害者を二次的被害にさらすことがあるからです。犯罪被害者は、事件に巻き込まれたことで十分に傷ついています。傷ついていて当然なのです。傷は癒されるものではなく、被害者は傷を抱えながらも何とか生活できるようになることを求めているのです。

「心のケア」とは、被害者と支援者との間に生まれる人間的な信頼関係によって、被害者が事件で失った人や社会への信頼を回復できるように支えることではないでしょうか。そのために、身体のケアや生活のケアも視野に入れて、支援者との信頼関係をもとに支援していくことが重要でしょう。

3 「これから」を考える

酒井　肇・智恵

私たちの立場からも、今後の犯罪被害者支援について考えてみたいと思います。私たちの回復、そして附属池田小学校事件は終結したわけではありません。事件から長い年月が経って、初めて問題として認識されることもあります。また年月を経て初めて解決に向かうこともあります。その意味において、事件はまだ始まったばかりといえるかもしれません。

個別ニーズと共通ニーズ

犯罪被害者のニーズは実に多様で、遭遇した犯罪、被害者や遺族のおかれている状況などによって異なります。充実した被害者支援を実践するためには、やはり被害者を「個別化」し、それぞれのニーズを十分に把握し、支えていくことが重要だと思います。そのためには、①被害者がたどっている回復過程とその状況把握、②被害者が直面している問題への傾聴、③その問題を解決するための計画立案と実行、といった行動が求められます。

同時に、犯罪被害者に共通するニーズも存在すると思います。とくに、被害者遺族の場合、①亡くなった家族と喪の時間を過ごしたい、②事件に関わるすべての事実を知りたい、③事件の発生原因とその責任の所在を知りたい、④その責任ある者からの誠実な謝罪を求めたい、そして⑤同種の事件の再発防止を促したい、といった共通の望みがあるのではないでしょうか。

このように、個別ニーズと共通するニーズの両側面から、被害者の置かれている状況を理解し、必要とされる支援を展開してほしいと思います。両ニーズについては、今後より多くの事例から事実を蓄積するなかで、明確な実態が浮かび上がってくると思います。私たちの経験も、その中の一事例として役立ててほしいと願っています。

支援の評価（エヴァリュエーション）の重要性

現在、あらゆる業界において、「サービスは、供給する側の自己評価ではなく、そのサービスを受ける側の満足度で評価されるべきである」ということが、いわば常識となっています。サービスを受ける側から肯定的な評価が示されない限り、そのサービスには改善の余地があると判断されても仕方がありません。

被害者支援も同様ではないでしょうか。支援する側は、支援に対する評価や満足度について、常に被害者からフィードバックを得ることが大切だと思います。そのフィードバックをもとに、支援を検証し、改善していく努力を怠ってはならないでしょう。支援の計画・実施・フィードバックという一連の過程を踏み、うまくいった部分とうまくいかなかった部分をともに分析し、支援の改善に役立ててほしいと思います（図17参照）。

支援の評価は、うまくいかなかった部分だけを浮き彫りにするのでは不十分だと思います。むしろ、うまくいった部分、被害者にとって有益となった支援をしっかりふり返り、そのノウハウを蓄積していくことの方が大切かもしれません。ポジティブな支援結果を支援者と被害者が共有することで、より一層回復への動機づけが高まることもあると思うからです。

支援する側としては、自らの支援を評価されることに、まだ抵抗があるのかもしれません。また、被害者支援とは、目に見えるサービスばかりではなく、思いやりや傾聴といった目に見えない部分も含まれます。ですから、支援の評価は決して容易なことではないのかもしれません。

しかし、支援を受ける側である被害者の声を聴こうとしない限り、支援方法の改善や洗練された支援システムの構築は果たせず、支援が支援者の自己満足だけに終わってしまいかねません。

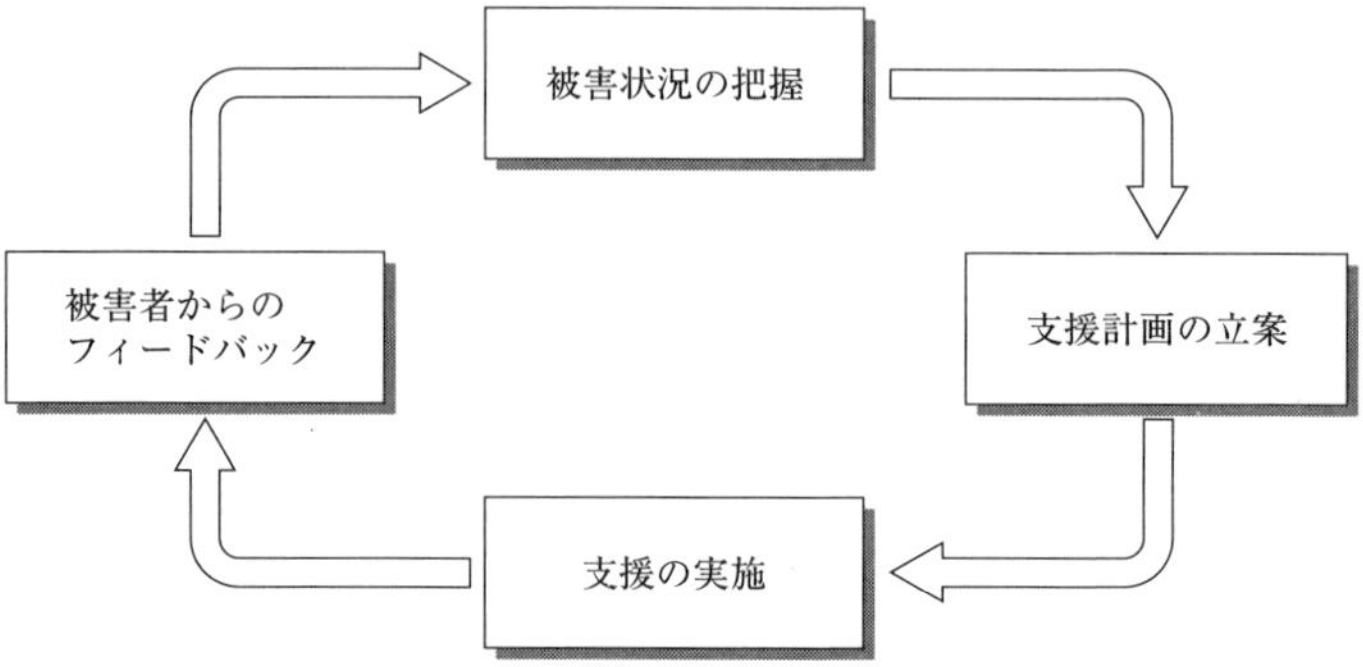

図17　支援の評価プロセス

支援の評価を、支援者だけが背負い込む必要はないと思います。必要な支援が得られたかどうか、支援に対して満足できているかどうか、また新たなニーズや改善点は何なのか、といった点を「被害者とともに」分かち合い、評価していくことが大切だと思います。そのような支援者の姿勢に、被害者も信頼を寄せるようになると思うのです。

附属池田小学校事件の場合、被害者の声を聞き、支援体制の評価と見直しといった作業が行われているとはいえません。附属池田小学校、大阪教育大学、そして学校危機メンタルサポートセンターは、被害者とともにこれまでの支援をふり返り、長期的な視点でよりよい支援体制を築いていく道筋をつけてほしいと切望しています。

事件の風化を防ぐ意味

事件から三年。「事件の風化」がささやかれ始めています。私たちも風化を実感することが少なくありません。事件を通じて得た安全対策の教訓が守られていなかったり、別の凶悪事件に人々の目が釘づけにされるとき、「附属池田小学校事件も過去のものになってしまうのではないか」という危惧を覚えます。今、ここで必要なことは、原点に立ち戻って「いったい何を風化させてはならないのか」という点をよく考えることだと思います。

被害者遺族の立場からすると、「私たちの子どもが生きていたことを忘れないでほしい」という思いは当然あります。ただ、それだけではなく、あの悲惨な事件から私たち大人が一体何を学び、教訓として何を後世に引き継ぐべきなのか、ということを真剣に考えることも、風化を防ぐことにつながると思います。

単に、「事件を忘れない」という言葉で風化の防止を語るのでは不十分だと思います。この事件を教訓に、「何が変わったのか」「何を変えなければならないのか」といった点を一つひとつ明確化し、それを受け継いでいくことが大切だと思うのです。

私たちも少しずつですが、今回の事件を教訓に「何かを変えなければ」という思いに駆られ、行動に移すようになりました。たとえば、第4章でも述べたように、私たちは、この事件を通じて「報道被害勉強会」を開催するようになりました。二〇〇二年八月、東京で行われた新聞記者の自主的な報道被害勉強会に参加したことがきっかけでした。

「マスコミ関係者と一緒に報道被害を考える機会をもちたい」

強くそう感じていたので、東京での勉強会を参考にして大阪でも活動を開始したのです。

私たちがめざしていることは、マスコミによる主体的な報道被害の低減と、それを実現するための仕組みづくりです。そのためには、まずマスコミ関係者に犯罪被害者の思いや経験を知ってもらう必要があります。私たちだけではなく、さまざまな被害者の方にも勉強会に参加してもらい、報道被害の実態について語ってもらうようにしています。

現在、勉強会において、多くのマスコミ関係者が私たちの声に耳を傾けてくれています。また、彼らの感じているジレンマ、すなわち「事実を報道したい」という思いと「被害者を傷つけたくない」という思いの間で板ばさみになっている心情も率直に語ってくれるようになりました。このようなやりとりの中で、少しずつお互いの理解と

平成13年６月８日
大阪教育大学教育学部附属池田小学校に
暴漢が侵入し
８人の子どもたちの命が奪われ，
多くの子どもたちが傷ついた。
我々は，このような出来事を
二度と起こさないことを誓い
子どもたちにとって学校が
安全で安心できる場所となることを願い
祈りを込めてこのモニュメントを建立する。

大阪教育大学
大阪教育大学附属池田小学校
大阪教育大学附属池田小学校ＰＴＡ

附属池田小学校モニュメント「祈りと誓いの塔」

信頼が芽生えるようになっている感じています。

また、私たちは、機会があれば学校における安全性や犯罪被害者へのよりよい支援の必要性を訴えています。各県の警察、被害者支援団体、そして大学などから要請を受け、私たちの経験を話すこともあります。私たちの経験を語ることが、ほんの少しでも事件の風化を防ぐことにつながればと思い、できる限り講演やシンポジウムの要請を受けるようにしています。

学校の安全対策や被害者支援システムの形成などは、決して短期間に実現できるものではありません。長い年月をかけて、一つひとつ積み上げていくような作業になるはずです。その意味で、事件は決して終わってはいないのです。事件から少しでも教訓を読み取り、具体的な再発防止策の確立と被害者支援の向上を果たしていかなければなりません。本書がその一助になれば、これほどうれしいことはありません。

学校安全基本法の必要性

附属池田小学校事件の八遺族が、二〇〇三年六月八日に文部科学省、大阪教育大学、そして附属池田小学校と合意書を締結しました。再発防止策として合意書に組み入れてもらえなかったのが、「学校の安全に関する法律の制定」でした。驚くべきことに現在の日本においては、学校の安全を規定する法律は存在しません。学校に通う子どもたちを誰がどのように守るのか、その基本事項が法律で示されていないのです。

附属池田小学校事件のあとも、不審者が学校に侵入し、犯罪が繰り返されています。二〇〇三年一二月一八日に京都府宇治市立宇治小学校で起きた不審者による児童傷害事件（一年生男子二人が刃物による傷を頭部に負う）、その翌日に兵庫県伊丹市立桜台小学校で起きた不審者による児童暴行事件（六年生の女子が頭を殴られ、けがを負う）。結果的に、附属池田小学校事件の教訓が活かされませんでした。これほど悲しいことはありません。

これらの事件は、通達に頼る行政のあり方が限界にきていることを如実に語っています。単なる安全確保の啓発だけではなく、「学校安全基本法（仮称）」といった法的な枠組みをきちんと整備し、法律の側面から学校の安全を規定するべきだと考えます。

この法律には、①教師が児童の身の安全を守る義務、②事件発生後の事実関係に関する第三者機関の調査と報告書の提出義務、③責任所在の明確化、④再発防止策検討の義務化、などが盛り込まれるべきだと思います。

第二、第三の附属池田小学校事件は、もうすでに起きているのです。一刻の猶予も許されません。「まさか」ではもう済まされないのです。大切な子どもたちが学ぶ学校なのですから。二重三重の安全対策を法的に定め、具体的な施策に結びつけてほしいと願っています。

一般の人々にも被害者支援の情報を

犯罪被害者に対する支援の必要性が、ようやく社会にも認められつつあります。被害者支援のシステムも警察や司法、さらにＮＰＯなどを中心に整備されるようになってきました。

一方、現行の被害者支援について、一般の人々はどれだけ知っているでしょうか。私たちの場合、犯罪被害に遭った直後は、「専門家から支援を受けることができる」といった感覚は全くありませんでした。

被害者支援の専門家と言われても、何を依頼すればいいのか、それすらもわかりませんでした。弁護士にしても、事件から間もないころは、「裁判で活躍する人」という意識しかありませんでした（第５章参照）。ですから、弁護士から署名活動の情報をもらえたり、刑事裁判の手助けを得ることができるとは思いもしませんでした。弁護士は被害者のニーズにも応えてくれる専門家である、と認識するまでにかなりの時間を要したのです。

犯罪被害に遭ってから、支援機関や支援の中味について知るのでは遅いと思います。被害直後の危機時に、できるだけ早く実質的な支援を受けることが何よりも回復にとって重要なのですから。日ごろから、犯罪被害に遭ったときの対応と支援の可能性について知っておくことが重要だと思います。

けがをしたとき、私たちは内科ではなく外科を受診します。火事が起きたときは、一一〇番ではなく一一九番に電話をします。これらの行為は、すでに「常識」として一般社会に認知されています。ここまで行かなくとも、犯罪被害に遭った時に受けることができる支援についても、もっと広く一般社会に啓発していくことが必要でしょう。「全国被害者支援ネットワーク」「全国犯罪被害者の会（あすの会）」をはじめ、全国で展開されている被害者支援機関ならびに警察、司法機関による啓発活動は、そういった意味でとても貴重なものだと思います。被害者支援の機会と可能性を一般の人々に広めていくために、私たちも本書の出版を契機に粘り強く発信していきたいと思います。

エピローグ

池埜　聡

犯罪被害者基本法

二〇〇四年六月八日、三回忌の日、「犯罪被害者基本法（仮称）」の制定をめざす動きが報道されました。自由民主党が、党内の司法制度調査会の基本法制小委員会で骨格となる提言案をまとめたのです。「被害者は、現行制度では十分な支援を受けられず、社会で孤立している」という問題意識から同法制定が議論されるようになりました。

法案では、①被害者が裁判で被告や証人に質問できる、②被害者が捜査の経過や加害者の出所情報などの通知を受ける、③重い後遺症を負った被害者が医療などの支援を受ける、といった側面を盛り込んでいます。さらに、加害者に罰金を科し、被害者支援費に充てる制度も検討されています（犯罪被害者支援へ新法、二〇〇四）。

今後の動向に注目したいと思います。

被害者の声を聴くことの意味

同じく二〇〇四年六月八日、三回忌を迎えた附属池田小学校では、午前中から追悼式典が営まれました。そのとき、小学校では一つの事件が起きました。翌日の六月九日の朝日新聞朝刊によると、午前十時十分ごろ、まさに事件が起きた時間、一部の遺族が追悼のため、事件現場である旧南校舎一階に入ろうとしたところ、同小学校に隣接する学校危機メンタルサポートセンター長に入室を制止されました。その結果、一部の遺族は、事件が起きた時間に事件現場で追悼のときを過ごすことができなかったのです（4遺族、教室で慰霊できず、二〇〇四）。

学校やメンタルサポートチーム間の情報伝達の不具合から、このような事態が起きてしまったと思われます。一部の遺族にとっては心痛を伴う二次被害となり、大変残念な結果となりました。もう少し事前に、小学校、メンタルサポートチーム、そして遺族の間で当日の式典のことを含め、十分なコミュニケーションがなされていたら、このような事態にはならなかったかもしれません。

この出来事から浮かび上がってくるのは、事件から三年が経つにもかかわらず、被害者を含めた支援のふり返りと今後の支援方針作りが十分に行われていないのではないか、という疑問です。支援者側と被害者側の十分な意思疎通が行われているかどうか。支援が被害者のニーズにどれだけ応えたかを評価しているかどうか。これらの点が問われなければならない局面にきているのではないでしょうか。

犯罪被害者支援において、支援の評価は決して容易いことではありません。それは、評価を阻む要因があるためと考えられます。

被害者支援の評価を阻む大きな要因として、二点挙げることができます。一つは、被害者に過去をふり返ってもらおうとすると、被害者は過去の記憶をたどることになり、結果として被害者の回復にとって望ましくない、という支援者の考えによるものです。

もうひとつは、支援者の「怖れ（fear）」を挙げることができます。心を砕き「被害者のために」と思って手を差し延べた支援に対して、もしネガティブな評価を受けてしまうと、支援者は自信を失い、強い罪悪感を抱いてしまいかねません。支援者は、無意識のうちにこの事態を回避してしまうのではないでしょうか。

被害者の状況を考慮せず、やみくもに支援をふりかえることを被害者に強要してはなりません。しかし、被害者の声を聴かない限り、被害者支援の発展は望めないという点も心にとどめておくべきでしょう。率直に「これまでの支援をふり返って、思うところや感じていることなど、ぜひ教えてください」と被害者に尋ねることから評価は始まるのではないでしょうか。「怖れ」を抱く自分を否定せず、その怖れを感じながらも、勇気をもって被害者の声に耳を傾ける「謙虚さ」が、犯罪被害者に携わる支援者に求められます。

酒井さんとのインタビューから

「私たちは、被害を受けた直後、何をどうすればいいのか皆目見当もつきませんでした。混迷の渦の中に放り込まれたようでした。ですから今後、犯罪被害にあった人に少しでも役立つ支援について、私たちの経験から発信したいのです」

本書は、酒井さんご夫妻のこの思いから生まれました。二〇〇三年九月のことです。私は、酒井さんのこの言葉を受け、「事件から酒井さんご家族が体験された出来事や思いを整理する意味で、一度すべてをふり返ってみてはいかがでしょうか」と提案しました。

「その中から、きっと犯罪被害者支援のあり方やエッセンスが見えてくると思います」

酒井さんは、私の提案を快く承諾してくれました。しかし、今思うと、酒井さんにとって大変な作業をすすめてしまうことになってしまいました。

約五か月間、単独で、あるいは夫婦同席でインタビューに応えてもらいました。インタビューは、文部科学省との合意書が取り交わされ、刑事裁判の判決も確定した後に始まりました。それでも、酒井さんは、附属池田小学校関係者との調整や事件にかかわる雑務を断続的にこなしている状況でした。インタビューの時間を割くだけでも大変な労力だったと思います。

また、インタビューでは、つらい記憶をたぐり寄せてもらうことも少なくありませんでした。心身ともに疲労を感じることも少なからずあったと推測します。私が疲れを気遣うと、「池埜先生、大丈夫です」といつも気丈に応えてくれました。懸命に事件からの日々をふり返り、丁寧に言葉にしてもらうことができました。

最終的に、インタビューの逐語録は五〇万字を超えるものになりました。原稿作成段階で、酒井さんと一緒に逐語録を読み返し、詳細な事実確認を行うこともありました。数百ページにおよぶ関係書類と逐語録との照合作業にも、酒井さんに加わってもらいました。本書の作成期間、行き交った電子メールは二百通に達しています。酒井さんは、最後まで全力を尽くしてインタビュー、そして本書の作成に向き合われました。

インタビューに応える酒井さんの姿には、「麻希ちゃんの死を無駄にしたくない」「事件を風化させてはならない」「私たちのような被害者を出してはならない」といった信念を感じずにはおれませんでした。「個人の手記ではなく、今後の支援に役立つ本にしたい」

酒井さんの信念に、いわば突き動かされるように、酒井さんの経験と理論的な枠組みを相互往復しながら犯罪被害者支援の可能性を導き出すことに努め、共同作業で本書が作り上げられました。

犯人への思い

本書は、今後の犯罪被害者支援のあり方について、提案することを目的としています。インタビュー内容を精査し、酒井さんとも話し合うなかで、結果的に酒井さんの犯人に対する思いについては、詳しく取り上げないことにしました。

被害者支援を進める上で、犯人に対する被害者の思いに注目しなくてもいい、というわけでは決してありません。犯人に対する怒りや憎しみといった感情を受けとめていくことは、被害者支援にとって極めて重要な課題となるは

コロンバイン高校事件の遺族から贈られたバッジ（Never forgotten＝「決して事件を，被害者を忘れない」と記されている）

ずです。ただ、今回の場合、犯人への酒井さんの気持ちを語るには多くの紙面を要するのと、「犯人への処罰感情によって本書が彩られてしまうことを望まない」という酒井さんの思いがあったため、あえて取り上げないことにしたのです。

ただ、インタビューで語られた酒井さんご夫妻の犯人に対する思いを一つだけ、ここで紹介したいと思います。酒井さんが犯人に対してさまざまな思いを抱き、葛藤し、現在でもそれは続いていることを知ってもらいたいと思います。

「犯人は、『幸せそうに見える家庭を不幸に陥れたい』という、きわめて自己中心的な動機だけで、何の罪もない子どもたちを死に至らしめ、傷を負わせました。私たちの大切な麻希の命も、この犯人によって奪われてしまいました。私たち家族も、混乱の中に投げ込まれました。

しかし、犯人は、麻希が生きていた過去を消し去ることはできません。麻希のたましいを奪い取ることもできません。麻希を愛する私たちの気持ちに指一本触れることもできません。麻希の、そして私たち家族の『尊厳』を決して侵すことはできないのです。

この苦難を乗り越え、麻希のたましいを抱き、家族として生きていきます。だから、私たちは決して犯人に負けません。私たちは決して事件に屈することはありません」

一〇〇〇の風

酒井さんが、心から励まされた一編の詩があります。ここに、紹介したいと思います。

一〇〇〇の風

私の墓石の前に立って涙をながさないでください。
私はそこにはいません。
眠ってなんかいません。

私は一〇〇〇の風になって吹きぬけています。
私はダイアモンドのように雪の上で輝いています。
私は陽の光になって熟した穀物にふりそそいでいます。
秋にはやさしい雨になります。

朝の静けさのなかであなたが目ざめるとき
私はすばやい流れとなって駆けあがり
鳥たちを空でくるくる舞わせています。
夜は星になり、
私は、そっと光っています。

どうか、その墓石の前で泣かないでください。
私はそこにはいません。
私は死んでないのです。

（作者不明）

南風　椎訳『あとに残された人へ——一〇〇〇の風』（三五館）より

A THOUSAND WINDS

Do not stand at my grave and weep,
I am not there, I do not sleep.

I am a thousand winds that blow;
I am the diamond glints on snow.
I am the sunlight on ripened grain;
I am the gentle autumn's rain.

When you awake in the morning hush,
I am the swift uplifting rush
Of quiet in circled flight.
I am the soft star that shines at night.

Do not stand at my grave and cry.
I am not there, I did not die.

Author Unknown

最後に

最後に、酒井さんのもう一つのメッセージを引用し、私たちの思いをここに記したいと思います。

「私たちの発信は、水を蓄えた大きな水槽に一滴のインクを落とすようなものかもしれません。最初はほんのわずかでも、やがてどこかで広がり、少しでもよりよい犯罪被害者支援につながることができれば、これほどの喜びはありません」

附属池田小学校事件の被害者遺族と支援者による共同発信。本書が今後の犯罪被害者支援を考える一助になることを願ってやみません。

日本における犯罪被害者支援は、まだ始まったばかりです。

落ち度のない善良な被害者は、加害者によって人間社会全体に対する深い不信感を植えつけられます。被害者は圧倒的な無力感と孤立感を経験させられ、何事にも期待を抱けなくなります。本事件の被害者遺族や負傷者およびその家族のように、絶望の淵に突き落とされることもあります。理不尽なことに、絶望の淵に突き落とされた善良な被害者は、そこからはい上がるために主体的に取り組み、悪戦苦闘しなければならないのです。被害者自身のこの主体的な取り組みなしに精神的被害からの回復を期待することはできません。しかも、心からの謝罪を加害者から得られず、また事件の真相を知ることも叶わない現実状況の下で回復に取り組まなくてはなりません。

心理的支援あるいは心のケアという言葉はよく目や耳にしますが、被害者や遺族のもっぱら精神的側面にのみ注目し、それらに耳を傾けて共感しようとすることに限るものではありません。むしろ、それは無力感と孤立無援感に圧倒されている被害者のストレスをわずかでもやわらげ、また自律性ないし自己決定能力を回復するのに役立つ事務的な支援、家族支援、法律的な支援、医療的な支援等々を含む、多様な種類の支援を指す言葉だと思います。他の表現をすれば、心理的支援とは、被害者が「自分には自分で判断し、自分で意思決定する力がある」という感覚を取り戻すことの支援であり、また「自分にとって大切な人々との間に信頼に基づくつながりがある」という感覚を取り戻すことの支援なのです。

被害者支援に限ったことではありませんが、支援に際して忘れてならないのは、支援される人の自発性や主体性が侵されないようにという配慮です。さらに、支援される人が自ら回復しようとする力を最大限に尊重しようとする態度です。回復の主体はあくまでも被害者にあります。被害者自身が直面している困難に自ら取り組み、それを乗り越えられるように側面的な支援の手を差し伸べるように配慮することが肝要だと思います。ある程度精神的被害から回復した被害者が過去を振り返ったとき、「確かにいろいろな人に助けてもらったが、悲しみや辛さを乗り越えようとして多くの問題に私は主体的に取り組み、努力してきた」という記憶を被害者が持てるように配慮しながら支援することが肝要だと思います。

深い悲しみを抱えながらも、本書を出版するために多大のエネルギーを費やされた酒井さんご夫妻、またそれに協力された共同執筆者の池埜聡先生、倉石哲也先生に心から敬意を表します。

犯罪被害者が自ら受けた多面的な支援について著した書籍が他にあったとしても、本書はきわめて稀有であると思います。しかも、犯罪被害者の体験談に終わることなく、社会福祉の専門家の立場から詳細な解説や総括が付け加えられていることが本書を類例のないものにしています。被害者支援において大切なのは、だれが何をするかにあるというよりむしろ、何がどのように行なわれ、またそれがどのように被害者に伝わるのか、すなわちそれを被害者がどのように受け取るのかということにあると思います。そして、その記憶が被害者の心を癒したり、傷つけたりするのです。本書はそのことを伝えています。

本書によって犯罪被害者の問題に関心と理解を深める方が増えることを心から願っています。

常磐大学人間科学部教授　長井　進

犯罪被害者支援とは何か
附属池田小事件の遺族と支援者による共同発信

2004年7月27日　初版第1刷発行　〈検印省略〉
2018年5月20日　初版第3刷発行

定価はカバーに
表示しています

著　者　酒井　肇
　　　　酒井智恵
　　　　池埜　聡
　　　　倉石哲也
発行者　杉田啓三
印刷者　中村勝弘

発行所　株式会社　ミネルヴァ書房
607-8494　京都市山科区日ノ岡堤谷町1
電話(075)581-5191／振替01020-0-8076

中村印刷・清水製本

ISBN978-4-623-04123-7
Printed in Japan

〈**著者紹介**〉

酒井　　肇（さかい　はじめ）

大阪教育大学附属池田小学校児童殺傷事件 遺族。

主著：『たましいの共鳴：コロンバイン高校，附属池田小学校の遺族が紡ぐいのちの絆』（共著，明石書店，2013年）

酒井　智恵（さかい　ちえ）

大阪教育大学附属池田小学校児童殺傷事件 遺族。

主著：『たましいの共鳴：コロンバイン高校，附属池田小学校の遺族が紡ぐいのちの絆』（共著，明石書店，2013年）

池埜　　聡（いけの　さとし）

関西学院大学大学院社会学研究科社会福祉学専攻博士課程前期課程修了（社会学修士）。ワシントン大学（Washington University in St. Louis）社会福祉学部修士課程修了（M.S.W.），カリフォルニア大学ロサンゼルス校（UCLA）社会福祉学科博士課程修了（Ph.D.）。民間心理療法センター／心理カウンセラー・家族カウンセラー，Asian Pacific Development Center, Denver, Colorado／臨床ソーシャルワーカー等を経て，現在，関西学院大学人間福祉学部社会福祉学科教授。

主著：『たましいの共鳴：コロンバイン高校，附属池田小学校の遺族が紡ぐいのちの絆』（編著，明石書店，2013年）

『福祉職・介護職のためのマインドフルネス』（中央法規出版，2017年）

倉石　哲也（くらいし　てつや）

関西学院大学大学院社会学研究科社会福祉学専攻博士課程前期課程修了（社会学修士）。神戸大学大学院人間環境発達学研究科博士課程修了（博士・学術）。民間心理療法センター／心理カウンセラー・家族カウンセラー，大阪府立大学社会福祉学部助教授を経て，現在，武庫川女子大学文学部心理・社会福祉学科教授。大阪府児童措置審査部会委員，兵庫県子どもセンター（児童相談所）児童虐待対応専門アドバイザー等として活動中。

主著：『家族ソーシャルワーク』（ミネルヴァ書房，2004年）

『学齢期の子育て支援』（どりむ社，2013年）

『個と家族を支える心理臨床実践Ⅲ』（共著，金子書房，2017年）

参考文献

（ABC順）

梓澤和幸（1999）.「犯罪被害者報道改革試案」飯室勝彦・田島泰彦・渡辺眞次編『報道される側の人間：メディアと犯罪の被害者・被疑者』（p. 165-183）明石書店.

Biestek, F.P. (1957). *The casework relationship.* Loyola University Press. 尾崎新・福田俊子・原田和幸訳（1996）.『ケースワークの原則：援助関係を形成する技法』誠信書房.

Caplan, G. (1964). *Principles of preventive psychiatry.* New York : Basic Books.

デーケン，A.（1995）.『死への準備教育第1巻：死を教える』メヂカルフレンド社.

Eth, S. (1990). Post-traumatic stress disorder in childhood. In M. Hersen & C.G. Last (Eds.), *Handbook of child and adult psychopathology : A longitudinal perspective* (pp. 263-274). New York : Pergamon Press.

Eth, S., & Pynoos, R. (1985). *Post-traumatic stress disorder in children.* Washington, DC : American Psychiatric Press.

Figley, C.R. (1985). Introduction. In C.R. Figley (Ed.), Trauma and its wake : The study and treatment of post traumatic stress disorder Volume I (pp. xviii). New York : Brunner / Mazel Publishers.

Figley, C.R. (1988). Post-traumatic family therapy. In F.M. Ochberg (Ed.), *Post traumatic therapy and victims of violence* (pp. 83-109). New York : Mazel.

Figley, C.R. (1995). Systemic PTSD : Family treatment experiences and implications. In G.S. Everly, Jr., & J.M. Lating (Eds.), *Psychotraumatology : Key papers and core concepts in post-traumatic stress* (pp. 341-358). New York : Plenum Press.

Frankl, V.E. (1947). *Ein Psycholog Erlebt das Konzentrationslager : Österreichische dokuments zur Zeitgeschichte I.* Wien : Verlag fur Jugend und Volk. 池田香代子訳（2002）.『夜と霧：新版』みすず書房.

Frankl, V.E. (1952). *Aerztliche Seelsorge.* Wien : Franz Deuticke. 霜山徳爾訳『死と愛：実存分析入門』みすず書房.

Frankl, V.E. (1978). *The unheard cry for meaning.* Simon & Shuster Inc. 諸富祥彦・上嶋洋一・松岡世利子訳（1999）.『生きる意味を求めて』春秋社.

藤井理恵・藤井美和（2000）.『たましいのケア：病む人のかたわらに』いのちのことば社.

福島弘文（2002）．『法医学』南山堂．

「附属池田小事件」（2001.11.4）．読売新聞・大阪版朝刊（pp. 1）．

Germain, C.B., & Gitterman (1980). *The Life Model of Social Work Practice.* New York : Columbia University Press.

Grollman, E.A. (1990). *Talking about death.* Beacon Press. 重兼芳子訳（1992）．『死ぬってどういうこと？』春秋社．

Gutierrez. L.M., Parsons, R.J., & Cox, E.O. (1997). *Empowerment in social work practice : A source book.* Wadsworth Publishing Co. 小松源助監訳（2000）．『ソーシャルワーク実践におけるエンパワーメント：その理論と実際の論考集』相川書房．

「犯罪被害者支援へ新法」（2004.6.8）．読売新聞・東京版夕刊（pp. 2）．

Herman, J.L. (1992). *Trauma and recovery.* New York : Basic Books. 中井久夫訳（1999）．『心的外傷と回復』みすず書房．

Homicide Survivors Inc. (2000). *The aftermath of murder : Survivors of homicide victims.* Homicide Survivors Inc. Pamphlet.

池埜聡（2001）．「生存者罪悪感（survivor guilt）の概念的枠組みとソーシャルワーク実践の課題：ソーシャルワークにおけるトラウマ・アプローチに関する一考察」『社会福祉学』第42－2号，54-66.

人権と報道関西の会（2001）．『マスコミがやってきた：取材・報道被害から子ども・地域を守る』現代人文社．

加藤寛（1999）．「こころのケアの4年間：残されている問題」こころのケアセンター編『災害とトラウマ』（pp. 151-172）．みすず書房．

河原理子（1999）．『犯罪被害者：いま人権を考える』平凡社新書．

Kirst-Ashman, K.K., & Hull, G.H. (1999). *Generalist Practice.* Chicago : Nelson-Hall.

喜田村洋一（1999）．『報道被害者と報道の自由』白水社．

窪寺俊之（2000）．『スピリチュアルケア入門』三輪書店．

「心と向き合う」（2001.6.26）．朝日新聞・大阪版夕刊（pp. 12）．

河野義行（1996）．『疑惑は晴れようとも』文藝春秋．

河野義行（2001）．『松本サリン事件報道の罪と罰』講談社文庫．

Meyer, C. (1983). *Clinical Social Work in the Eco-Systems Perspective.* New York : Columbia University Press.

Michell, J.T., & Everly, G.S. (1999). *Critical incident stress management 2/E.* Chevron Publishing Co. 飛鳥井望監訳（2004）．『惨事ストレスケア：緊急事態ストレス管理の技法』誠信書房．

緑河実沙（1998).『心を殺された私』河出書房新社.
南風椎〈訳〉(1995).『あとに残された人へ：1000の風』三五館.
Moriarty, L.J. (2003). *Controversies in victimology.* Cincinnati : Anderson Publishing Co.
諸澤英道（1998).『新版被害者学入門』成文堂.
永田勝太郎（2002).『実存カウンセリング』駿河台出版社.
日本新聞協会ホームページ. http://www.pressnet.or.jp（2004.6.20取得）
小此木啓吾（1996).「日本人と心のケア」『月間福祉』79-1号，44-47.
大村英昭（2002).『非行のリアリティ：普通の男子の生きづらさ』世界思想社.
大村英昭・宝月誠（1979).『逸脱の社会学：烙印の構図とアノミー』新曜社.
大阪教育大学（2001). 大阪教育大学附属池田小学校校舎改築検討委員会（http://www.bur.osaka-kyoiku.ac.jp/shisetsu/kaitiku-iinkai.htm）(2004.5.5 取得).
大阪教育大学教育学部附属池田小学校における事件にて旅立った８人の天使達のＨＰ（2001). http://www.8angels.net（2004.2.28取得).
大和田攝子（2003).『犯罪被害者遺族の心理と支援に関する研究』風間書房.
尾崎新（1999).『ゆらぐことのできる力：ゆらぎと社会福祉実践』誠信書房.
Parad, H.J., & Parad, L.G. (1999). *Crisis intervention book 2 : The practitioner's source-book for brief therapy.* Manticore Publishers. 河野貴代美訳（2003).『心的外傷の危機介入：短期療法による実践』金剛出版.
Picher, G.D., & Poland, S. (1992). *Crisis intervention in the schools.* Guilford Press. 上地安昭・中野真寿美訳（2000).『学校の危機介入』金剛出版.
酒井安行（2002).「報道被害」『被害者学研究』第12号，58-68.
瀬川晃（2000).「被害者支援の歩み」宮澤浩一・国松孝次監修『犯罪被害者支援の基礎（pp. 41-91)』東京法令出版.
芝野松次郎編（2001).『子ども虐待：ケース・マネジメント・マニュアル』有斐閣.
塩野寛・清水恵子（1996).『身近な法医学－改訂２版』南山堂.
白石大介（1991).『対人援助技術の実際：面接技法を中心に』創元社.
Slaikeu, K.A. (1990). *Crisis Intervention : A handbook for practice and Research.* Boston : Allyn and Bacon.
Taplin, J.R. (1971). Crisis theory : Critique and reformulation. *Community Mental Health Journal,* 13-23.
Terr, L.C. (1991). Childhood traumas : An outline and overview. *American Journal of*

Psychiatry, 148, 10-20.

Thompson, S.C. & Janigian, A.S. (1988). Life schemes : A framework for understanding the search for meaning. *Journal of Social and Clinical Psychology, 7* (2), 260-280.

常磐大学国際被害者学研究所ホームページ．http://www.tokiwa.ac.jp/~tivi/index.html（2004.6.21取得）.

Williams, T. (1987). Diagnosis and treatment of survivor guilt : The bad penny. T. Williams (Ed.), *Post-traumatic stress disorders : A handbook for clinicians* (pp. 221-231), Cincinnati : The Disabled American Veterans National Headquarters.

Williams, T. (1993). Trauma in the workplace, In J.P. Wilson & B. Raphael (Eds.), *International Handbook of Traumatic Stress Syndromes* (pp. 925-933). New York : Plenum Press.

WHO.ホームページ. http://www.who.int/about/en/（2004.6.15.取得).

山田邦男（1999).『生きる意味への問い：V.E. フランクルをめぐって』佼成出版社.

「4遺族，教室で慰霊できず」(2004.6.9). 朝日新聞・大阪版朝刊（pp. 32).

Zeher, H. (1990). *Changing lenses.* Herald Press. 西村春夫・細井洋子・高橋則夫監訳（2003).『修復的司法とは何か：応報から関係修復へ』新泉社.

全国犯罪被害者の会（あすの会）ホームページ．http://www.navs.jp/index.html（2004.6.1取得）.

全国被害者支援ネットワークホームページ．http://www.nnvs.org/about.html（2004.6.1取得）.

資料１：署名活動依頼書

平成13年９月

　　　　　　　　　　　様

拝啓　一雨ごとに秋のけはいを感じます。

あの６月８日の朝，私たちは，いつものようにこどもを送り出しました。まさか，それが最後の別れになるとは，夢にも思っていませんでした。

あれから３ヶ月が経過した今でも私たち両親としては，こどもが亡くなった現実を受け入れる事ができていません。在りし日のかわいいしぐさや優しい言葉がおもいだされ，涙ばかり出てくる毎日を過ごしています。どうして，何の罪もないこどもたちがこんな残虐な事件の犠牲にならなくてはいけなかったのか，可哀想で悔しい気持ちでいっぱいです。ただ，皆様の心温まるご支援，励ましのお言葉をいただきどんなに勇気づけられてきたかわかりません。心から感謝いたします。

今，私たちに何ができるのか，何をしなければならないかを考えた時，このような悲しい出来事を二度と繰り返さないために力を尽くすことだと思いました。

無抵抗の幼い小学生８名の命を奪った犯人を検察庁には絶対に起訴していただき，また裁判所には，犯人にしかるべき刑を与えていただき，必ず罪を償ってもらいたいと切に望んでおります。また，同時に文部科学省をはじめとし学校においても，安全対策を講じるための本質的な検討をしていただきたいと望んでおります。そこで，私たちは署名活動を行わせていただき，署名いただいた嘆願書を検察庁や文部科学省に提出させていただくことにより，訴えかけていきたいと考え，皆様のご協力を求めております。私たちの切なる思いをご理解いただけましたら，お力をお貸し頂ければ幸いと存じます。ぜひとも宜しくお願い申し上げます。

敬具

大阪教育大学教育学部附属池田小学校

８人の天使の両親より

資料２：嘆願書

嘆　　願　　書

大阪地方検察庁検察官　殿
裁　　判　　所　御中

平成13年６月８日，大阪教育大学教育学部附属池田小学校において，児童８名が殺害され，児童ら15名が傷害された事件の被疑者宅間守を是非とも起訴していただきたく嘆願いたします。この被疑者宅間守が無抵抗の幼い小学生８名の尊い命を奪ったことは決して許されません。

是非とも厳罰に処していただきたく嘆願いたします。

住　　所	氏　　名
＊署名欄以下省略	印

嘆　　願　　書

文部科学大臣
　遠山 敦子 殿

平成13年６月８日，大阪教育大学教育学部附属池田小学校において，児童８名が殺害され，児童ら15名が傷害されるという大惨事に至ってしまった原因のひとつに，京都市立日野小学校児童殺傷事件後，国の学校に対する安全管理が不十分だったことが挙げられると考えます。

なぜ，このような事件を防止することが出来なかったのかを解明し，このような事件が繰り返されないよう学校の安全対策に十分な予算をつけて取り組んでいただき，日本国民が安心して子供を預けることの出来る学校作りを嘆願いたします。

住　　所	氏　　名
＊署名欄以下省略	印

資料3：署名活動協力者へのお礼

全国のご支援いただいた皆様へ

事件より100日余りが経過しましたが，私達は亡くなった子供達のことを思い，きっとこれからも変わることはないであろう，つらく，悲しい日々を暮らしています。

このたびは，おかげさまで起訴いただくことができ，やっとスタート地点にたどり着けたという安堵感と，感謝の気持ちでいっぱいです。起訴が早くなった理由のひとつに，「多くの方々から署名をいただけ，私達を支えていただけた」という事実があると思います。8月初旬に私達がじっとしていられず始めた署名活動は，皆様の協力をいただいて広がっていき，1月余りで『8人の天使の会』宛には約45万通が届き，街頭などで集めていただいた署名を加え，計62万通を本日提出することができました。今もPTAを通じて街頭で配布された署名用紙が，次々に届いていると伺っております。これも，署名をされた方がさらに多くの方々に広めるというように，その輪をどんどん広げていただけたおかげだと思っております。とりわけPTAの方々，『池田NPOセンター』をはじめとした多くのボランティアの方々には，本当にお世話になりました。また，『全国犯罪被害者の会（あすの会)』をはじめとした被害者支援のボランティアの方々には，活動にあたっての支援やアドバイスをいただき，誠にありがとうございました。心よりお礼を申しあげます。

さて，いよいよ裁判が始まります。厳正なる裁判を通じて，自らの犯した罪を真摯に受け止め，相当の量刑を受け入れて欲しいと思います。今後，安全な社会をつくるため，このような事件が再度繰り返されないためにも，また模倣犯がでないためにも，是非とも厳罰に処していただきたく，今後の裁判の行方をしっかりと見守っていきたいと思います。

また，引き続き私達の思いに皆様の支援をいただきたく，ホームページなどを通じた署名活動を継続させていただきますので，今後もご協力いただきますよう，よろしくお願い申しあげます。

8人の天使たちの父母より

資料４：判決に対する声明

判決を迎えた『８人の天使たち』の親の想い

本日，宅間に死刑判決が下されました。判決を聞くまでの１年８ヶ月間，待つこと自体精神的に大きな負担でした。この裁判は，被告人は反省する態度を微塵も示さないまま，被告人の権利が縷々主張された裁判でした。

宅間がまったく罪のない幼い子どもたちの命を奪ったことは絶対に許せません。残忍卑劣な宅間は自らの犯した罪に対する当然の報いを受けなければなりません。死刑判決が下されたのは，犯した罪の残虐さからして至極当然のことと受け止めています。わずか７，８歳でこの世を去らなくてはならなかった子どもたちの無念の思い，子どもたちが殺害された悲惨な状況，私たちが受けた重大かつ深刻な精神的苦痛などを鑑みるに，死刑判決をもってしても私たちにはきわめて不十分である，と言わざるを得ません。宅間の犯した大罪は，自らの命と引き換えにしても償えるものではありません。亡くなった子どもたちは戻ってくるわけでもありません。死刑判決が下り，たとえそれが執行されたとしても，かけがえのない大切な子どもの命を暴力で奪われた私たちに原状回復はありません。私たちが事件以前の生活に戻ることなど決してありません。深い悲しみと虚しさを心に抱きながら，私たちは生き続けるほかないのです。宅間には，この死刑判決を真摯に受けとめ，死の恐怖を感じ，自らの犯した罪の大きさを自覚してほしい。命を奪われた子どもたち，私たち遺族を含む被害者全員に対する謝罪の気持ちをもってほしい。宅間の裁判中における傍若無人な振舞いも決して許せるものではありません。

また，私たちにとって大切なのは，裁判において被告人に厳正な処罰が下されるだけでなく，事件発生前後に起きた事実を事実として一つひとつ明確にしていただくことにあります。私たちは事件に関連するどれだけ些細な事実も，すべて知りたいのです。無念にもこの世を去った子どもに関することはすべて知っておきたいのです。私たちはそれを期待して，今日に至るまで傍聴を続けてきました。しかし，今回の裁判では当初から被告人の責任能力のみが争点とされ，その争点に多くの時間が費やされました。残念ながら，宅間は重要な事実を何も明らかに

はしようとはせず，むしろ開き直る態度で終始し，私たちが期待していた事件の経過に伴う詳細な事実は整理されず，私たちが裁判開始の前から知っていた事実が羅列されただけでした。

被告人弁護人は，事実関係を認めながら宅間が精神の障害により精神病者に属するかのような弁論を延々と続けました。しかも心神喪失，心神耗弱によりあたかも無罪あるいは減刑すべきであるかのような印象を与える主張をしましたが，私達としては許すことができません。その主張には「私たち善良な国民の命が再び脅かされる結果につながる」という認識が欠如しています。同時に，純粋無垢な子どもたちの命の重さより，むしろその命を暴力で奪った犯人のそれの方が比較しようがないほど重いことが示唆されていますが，私たちにとっては納得がいきません。また，被告人弁護団は判決前にもかかわらず「死刑判決なら控訴」の合意をしたとの報道がなされました。しかし最終弁論で述べたように弁護人が「附属池田小学校事件の弁護人であることに，辛く悲しいものがある」と言うのであれば，宅間が多くの被害者に与え続けてきた苦痛や心情を察して，弁護人みずからの控訴は断念すべきです。

一日も早く宅間の刑が執行されることを願っています。今，死刑廃止論が議論されていますが，純粋無垢な子どもたちの魂と，これほどの大罪を犯しなお反省のかけらもない犯人の命を比べようとするだけでも理解しがたいことです。

最後になりますが，裁判所におかれましては証人尋問や意見陳述における遮蔽措置やビデオリンク方式，判決宣告の際の視聴など，また検察官におかれましては公判のたびごとの説明会など，裁判を進めるに際して，被害者の立場を配慮していただきましたことに感謝の意を表します。刑事裁判において，なおいっそう被害者の地位が向上し，被害者の権利が確立されるよう，今後の裁判と司法制度改革に期待する次第です。

平成15年８月28日

８人の天使の遺族

資料５：文部科学省と締結した合意書

合意書

前文

学校は，子どもたちが保護者から離れて学習する場であり，本来最も安全な場でなければならない。「開かれた学校」の視点は重要であるが，それを意識するあまり「安全な学校」という大前提が蔑ろにされることがあってはならない。

平成11年12月の京都市立日野小学校で発生した児童刺殺事件後の平成12年１月において，文部科学省（当時の文部省）は，附属学校を置く国立大学長に対し，安全管理に関する通知を発出したが，その通知後においても，平成12年１月の和歌山県かつらぎ町立妙寺中学校における不審者の校内侵入による生徒殺人未遂事件などが発生していた中で，通知の内容を見直すことなく，また，附属学校を設置管理する文部科学省及び大阪教育大学では，各附属学校の安全措置の状況を把握したり，特段の財政措置を講じたりしていなかった。さらに，大阪教育大学教育学部附属池田小学校（以下，「附属池田小学校」という。）においては，先の通知に関して，教職員に対して一度口頭で伝えたにとどまり，それ以外の格別の対応をとっておらず，別紙の事件（以下，「本件事件」という。）当日においても，不審者に対して教職員の十分な対応がなされていなかった。

このような状況の下で，本件事件において，８人の幼い児童の尊い命が奪われたことは，痛恨の極みである。文部科学省及び大阪教育大学並びに附属池田小学校は，その責任を深く自覚する。

本合意書は，文部科学省及び大阪教育大学並びに附属池田小学校が，本件事件について真摯に謝罪し，今後二度とこのような事件が発生しないよう万全を期することを誓うとともに，その誓いの証として実効性のある安全対策を掲げ，もって亡児童に捧げるものである。

以上の趣旨において，文部科学省及び大阪教育大学並びに附属池田小学校は，御遺族との間で，以下の事項について合意した。

第１条　謝罪

１　文部科学省は，亡児童に謹んで哀悼の意を表するとともに，亡児童及び御遺族に対し，過去に同種の事件が発生していたにもかかわらず，適切な防止

策を講じず，安全であるべきはずの学校で，何の罪もない８人の幼い児童の尊い命が奪われたことを，真摯に反省し，衷心より謝罪する。

2　大阪教育大学は，亡児童に謹んで哀悼の意を表するとともに，亡児童及び御遺族に対し，附属池田小学校の安全管理に十分な配慮をしなかったため，適切な防止策を講じず，また，緊急事態発生時の対応を教職員に徹底せず，安全であるべきはずの学校で，何の罪もない８人の幼い児童の尊い命が奪われたことを，真摯に反省し，衷心より謝罪する。

3　附属池田小学校は，亡児童に謹んで哀悼の意を表するとともに，亡児童及び御遺族に対し，学校安全についての危機意識の低さから，外部からの不審者を容易に侵入させてしまい殺傷行為の発生を未然に防止することができなかった，危機通報，救助要請，組織的情報伝達，避難誘導，救命活動，搬送措置が十分にはなされなかったため，殺傷行為の継続を許してしまい，また結果発生を最小限に止めることができなかった，それらの結果により，何の罪もない８人の幼い児童の尊い命が奪われたこと，及び，事件後の対応に不備があったことを，真摯に反省し，衷心より謝罪する。

第２条　損害賠償

国は，本件事件において，附属池田小学校の安全管理が十分ではなかったことについて，御遺族に対して損害賠償金の支払義務を認め，御遺族及び国は，本合意書に基づき，具体的な賠償金額を記載した合意条項を別途作成・締結するとともに，本件事件において，この合意条項に定めるもののほか，何ら債権債務がないことを相互に確認する。

第３条　再発防止策

1　文部科学省

御遺族の協力を受けながら，平成14年11月にハード面の防犯対策の報告書及び同年１２月にソフト面の危機管理マニュアルを作成し，既に全国の学校の設置者及び各学校等に配布したところであり，これらのマニュアル等を全国の学校に普及させていくため，防犯や応急手当等についての訓練等を実施する「防犯教室」の開催を推進するとともに，学校施設の防犯対策に関する

手引書の作成，学校の施設整備指針の改訂等を行う。また，「開かれた学校」の推進に当たっては，学校における子どもたちの安全確保が絶対条件であることについて，周知徹底を図っていく。さらに，各学校における安全管理の取り組みを定期的に調査し，その結果を公表するとともに，マニュアル等について，必要に応じて，外部の有識者の協力も受けながら見直しを図る。　そして，このような学校防犯を含む学校安全施策について，対症療法的な一時的対策にとどまらず，組織的，継続的に対応する。

2　大阪教育大学

全教職員の危機対応能力の向上を図るとともに，教員養成機関として，学校安全に関する実践的な教育・研究を充実し，適切な危機管理や危機対応を行える教員を養成する。

附属学校園における安全管理の状況について，定期的な実態調査を実施し，点検，見直し，改善を継続して行い，事件・事故の未然防止を図る。

また，平成15年4月に新設した「学校危機メンタルサポートセンター」において，学校の安全管理に資するための全国共同利用施設として，国内外の危機管理の取り組みや実際の学校危機事例等の調査研究，情報の収集・分析・発信を行う。同センターの機能をより実効性のあるものとするため，同センターの人的物的資源を充実して行く。

3　附属池田小学校

児童の学校生活上の安全保障を徹底するため，校務分掌として設置された学校安全部により不審者対応訓練を定期的に実施するなど，外部からの不審者を容易に侵入させることのないよう人的物的措置を講じる。また，PTAと連携し，登下校時や放課後の安全確保についても努める。

さらに，学校単独での安全対策にとどまらず，警察，消防，池田市をはじめとする近隣の自治体と連携し，総合的な児童の安全対策の推進に努める。

文部科学省が作成したハード面の防犯対策の報告書，ソフト面の危機管理マニュアルをもとに本校独自の実効性のある危機管理マニュアルを作成，実施し，必要に応じ随時改訂を行う。

そして，毎月8日を「安全の日」と定め，上記危機管理マニュアルの内容が確実に実施されているかを責任を持って点検していく。

これらの安全管理への取り組みのほか，児童の学習活動への取り組みとして，道徳・総合的な学習の時間等において「命の大切さ」を感じ取る教育内容の研究をさらに推進し，個々の児童が安全な社会の担い手となる教育に努める。

（別紙）

大阪教育大学教育学部附属池田小学校事件の概要

○　事件の概要

大阪教育大学教育学部附属池田小学校に出刃包丁を持った男１名（宅間　守被告人）が，平成13年６月８日（金）の２時間目の授業が終わりに近づいた午前10時過ぎころ，自動車専用門から校内に侵入し，校舎１階にある第２学年と第１学年の教室等において，児童や教員23名を殺傷した。

平成13年９月14日大阪地方検察庁は，被告人を殺人，殺人未遂，建造物侵入及び銃刀法違反で，大阪地方裁判所に起訴した。

【犠牲者】　死　者　８名［１年男子児童１名　２年女子児童７名］
　　　　　　負傷者　15名［児童13名（男子５名　女子８名）　教員２名］

○　事件の経過

平成13年６月８日午前10時過ぎころ，犯人は自動車で附属池田小学校南側正門前に至ったが，同所の門が閉まっていたことから，そのまま通り過ぎ，同所から離れた自動車専用門に至り，開いていた同小学校専用門の前に自動車を止め，出刃包丁及び文化包丁の入った緑色ビニール袋を持って，同専用門から同小学校敷地内に立ち入った。

２年南組の担任教員は，体育館の横で，犯人とすれ違い軽く会釈をしたが，犯人は会釈を返さなかったので，保護者でもなく教職員でもないと思ったにもかかわらず，何らかの雰囲気を察して振り返るなど，犯人の行く先を確認せず，不審者という認識を抱けなかった。

犯人は，10時10分過ぎころ，２年南組テラス側出入口から担任教員不在の２年南組教室内に入り，出刃包丁で５名の児童を突き刺し死に至らしめた。

犯人は２年南組の教室テラス側出入口からテラスに出て東に隣接する２年西組

の教室に向かい，10時15分ころテラス側出入口から同教室に入った。

当時２年西組では，児童全員前を向いて座り，担任教員は犯人の侵入方向に向いて教卓の席に着いていた。

犯人は教室に侵入する際大きな物音をたてたが，２年西組の担任教員は気付かなかった。　犯人は侵入したと同時に，３名の児童を次々と突き刺し，うち１名を死に至らしめた。

犯人に気付いた，２年西組の担任教員は，悲鳴をあげ，校内放送を用いて誰かに知らせようとしたが，利用を停止した。その後，同教員は，犯人が児童に向かって包丁を突き刺すのを見たが，児童の避難誘導をせず，警察へ通報するため廊下側前のドアから出て事務室に向かって廊下を走った。

途中，同教員は，廊下で倒れて苦しんでいる児童（この２年南組児童は他の教員がかかわるまで約６分間放置の状態であり，その後死亡した。）を見たが，そのまま事務室に飛び込み，10時18分（警察より確認済み），110番に通報した。

同教員は，事務室にて110番に通報した際，警察に事件の詳細を聞かれ，対応に時間がかかった（約８分間）。そのため，警察からの救急車の依頼が遅くなり，警察が，救急車を要請したのは，通報を始めてから５分後であった。

同教員不在の間に，犯人は逃げる児童を追い回し，教室内，出入口付近，廊下で５名の児童を突き刺し又は切り付け，うち１名の児童を死に至らしめた。

次いで，犯人は，２年西組教室後方廊下側出入口から廊下に出て，東隣にある２年東組に向かい，10時15分過ぎころ，２年東組廊下側出入口から教室内に入り，児童２名を出刃包丁で突き刺し又は切り付けた。

犯人は，教室内で状況を見た２年東組の担任教員から椅子を持って追い掛けられたことから，テラス側出入口に向かって逃げたが，その途中で教室後方にいた児童１名と，さらに同出入口付近で別の児童１名を突き刺した。

犯人は，教室テラス側出入口からテラスに出たところ，通り掛かった１年南組の担任教員にタックルされ，取り押さえられそうになったことから，同教員を殺害しようと考え，出刃包丁で突き刺した。

その際，犯人は２年東組の担任教員から椅子を投げ付けられたものの，これを意に介さず，テラス上にいた児童を見付けて，その児童らを西方向に追い掛け，10時20分ころ，犯人は，１年南組教室内に児童の姿を認め，同教室テラス側出入口から同教室内に入った。

それまでの間，３名の教員が１年南組の横を通過したにもかかわらず，１年南

組にいた児童に危険を知らせ，避難するように声かけできておらず，避難誘導が行われなかった。

犯人は，１年南組教室テラス側出入口から担任教員不在の１年南組教室内に入り，出刃包丁で３名の児童を突き刺し又は切り付け，うち１名を死に至らしめた。さらに，別の児童１名を同教室テラス側前方に追い詰め出刃包丁で突き刺した際，駆けつけた２年南組の担任教員に背後から出刃包丁を持っている右腕をつかまれたが，同教員目掛けて出刃包丁で切り付け，引き続き，出刃包丁を左手に持ち替え，倒れている同児童を突き刺した。

犯人は，10時20分ころ，２年南組の担任教員及び副校長によって殺人未遂の現行犯人として逮捕され，間もなく，現場に到着した警察官に引き渡された。

犯人を取り押さえてから犯人確保までの間，学校全体としての状況把握と組織的な対処行動ができなかった。死亡した８名の児童は即死ではなく，救命活動の遅れが死因に直結する失血死である。児童に対する組織的な避難誘導，救命活動，搬送処置が行えず，被害を最小限にくい止めることができなかった。

負傷児童の氏名，場所，人数，負傷の程度の確認など，学校全体としての状況把握ができず，救急車に付き添うよう申し出た教員もいたが，管理職や教務主任は，混乱の中で事件の全容をつかめず，20分前後も放置され既に致死的な状態になっている負傷児童の搬送に，ほとんどの教員が付き添うことができず，また，保護者への児童の搬送先病院の連絡が大きく遅れてしまった。

そのため，事件直後，ある死亡児童の保護者は早い段階で来校したにもかかわらず，学校内で負傷していた児童に会うことができず，自力で探し回った病院で既に死亡した我が子と対面することとなった。また，事件後において，学校からの説明や弔問が遅れ，教員の心ない表現，発言，行動が遺族の心を大きく傷つけた。

（注）事件の経過については，『平成13年12月27日，宅間守被告人の初公判における「冒頭陳述」（大阪地方検察庁作成）』，『平成13年11月８日付け，大阪教育大学教育学部附属池田小学校長作成「Ⅰ．学校の教育責任に関する反省点（事件後５ヶ月時点）」及び「Ⅱ．事件の経過および教職員の行動と課題」』からの引用又は要約したものである。

資料６：「祈りと誓いの集い」メッセージ

大阪教育大学附属池田小学校

児童，保護者，教員の皆様へ

（酒井　肇・智恵）

平成15年　「祈りと誓いの集い」メッセージ

本日は，「８人の子どもたちの家族のお話」という事で，私としての「祈りと誓い」の言葉を述べさせて頂きます。

私たちが，決して忘れる事の出来ない２年前のあの日から，今日でちょうど２年が過ぎました。あの日が，はるか遠い昔の様に感じる時もありますし，あたかも昨日の様に思い出す時もあります。

家内からの電話で，事件が起きた事を知った時，「どうか，うちの子が無事でありますように」と，どの親でも願う事を私もごく自然に願いました。急いで，小学校に向う途中で，家内から「小学校ではなく，病院に来てほしい」と連絡を受けた時もなお，同じ思いを抱いていました。

ところが現実は残酷でした。私たちの命より大切な子どもの命は，突然に奪われてしまったのです。

どうして愛する我が子の命が学校の中で，奪われてしまったのだろう，という辛い気持ちをかかえながら，亡くなった子どもの為に，親としてできる限りのことをしてやりたい，と思いながら無我夢中で，頑張ってきた２年間でした。

何の罪も無い子どもを，あの様な事件で喪った親として，生徒の皆さんに強くお伝えしたい事があります。

まず，あなた方のお父さん，お母さんが，皆さん，子どもの事をいかに「かけがえのない，代わりのない，この世でひとつの存在」として思っているかを知って下さい。そして，あなた方が，自分自身の事をそういう「大切な存在」であることを良く理解して欲しいと思います。

次に，皆さんそれぞれが，「この世に生きている価値と使命」を持ってこの世に生を授かってきている事を知って下さい。そしてあなた方，一人一人がそれを意識して生きて欲しいと思います。

そうした思いを抱いて，皆さんが毎日，暮らし，生きてぬいていくことによって，あなた方の心の中にも，私たちの心の中にも，私たちの子どもは生き続けま

す。

それが「私の祈り」です。

また，私たちは，あの日，子ども達を守る事が出来なかった，たくさんの大人と今日，約束をします。それは，学校がどこよりも安全で，安心出来る場所にしていく為の約束です。二度とあの様な悲しい事件が起きない様に，大人が頑張っていく事を誓う大切な約束です。

私は愛する我が子，麻希のお葬式で「学校は，苦しい事があるかもしれないけど，お友達や先生と楽しい思い出をたくさんつくる場所であるべきです。」とお話しました。

学校が，安全と安心のもとに，そういった場所になる様に，皆さんの為にも，皆さんのご兄弟，そしてお父さんやお母さんの為にも，これからも，大人，みんなで力を合わせて頑張りつづけていきます。

それが「私の誓い」です。

最後になりましたが，私たちは，私たちだけの力で，この日を迎えられたとは思っておりません。それは，今日，この場にいらっしゃる生徒の皆さん，保護者の方々，そして先生方をはじめとした，心温かい多くの方からご支援や励ましを頂いたおかげです。

だからこそ，私たちはこの2年間を何とか生き抜いて来られたのだと実感しています。この場をお借りして，改めて，多くのご理解ある方々に，心から感謝申し上げたいと思います。

本当にありがとうございました。

平成15年6月8日

＊資料1～6は，大阪教育大学附属池田小学校における事件にて旅立った8人の天使達のホームページ（http://www.8angels.net）より引用。